T&P BOOKS

ROMENO

VOCABULÁRIO

PORTUGUÊS BRASILEIRO

PORTUGUÊS ROMENO

Para alargar o seu léxico e apurar
as suas competências linguísticas

9000 palavras

Vocabulário Português Brasileiro-Romeno - 9000 palavras

Por Andrey Taranov

Os vocabulários da T&P Books destinam-se a ajudar a aprender, a memorizar, e a rever palavras estrangeiras. O dicionário é dividido em temas, cobrindo todas as principais esferas de atividades quotidianas, negócios, ciência, cultura, etc.

O processo de aprendizagem, utilizando os dicionários baseados em temáticas da T&P Books dá-lhe as seguintes vantagens:

- Informação de origem corretamente agrupada predetermina o sucesso em fases subsequentes da memorização de palavras
- Disponibilização de palavras derivadas da mesma raiz, o que permite a memorização de unidades de texto (em vez de palavras separadas)
- Pequenas unidades de palavras facilitam o processo de estabelecimento de vínculos associativos necessários para a consolidação do vocabulário
- O nível de conhecimento da língua pode ser estimado pelo número de palavras aprendidas

T&P Books Publishing
www.tpbooks.com

ISBN: 978-1-78767-293-2

Este livro também está disponível em formato E-book.
Por favor visite www.tpbooks.com ou as principais livrarias on-line.

VOCABULÁRIO ROMENO
palavras mais úteis

Os vocabulários da T&P Books destinam-se a ajudar a aprender, a memorizar, e a rever palavras estrangeiras. O vocabulário contém mais de 9000 palavras de uso comum organizadas tematicamente.

O vocabulário contém as palavras mais comummente usadas
Recomendado como adicional para qualquer curso de línguas
Satisfaz as necessidades dos iniciados e dos alunos avançados de línguas estrangeiras
Conveniente para o uso diário, sessões de revisão e atividades de auto-teste
Permite avaliar o seu vocabulário

Características especias do vocabulário

- As palavras estão organizadas de acordo com o seu significado, e não por ordem alfabética
- As palavras são apresentadas em três colunas para facilitar os processos de revisão e auto-teste
- As palavras compostas são divididas em pequenos blocos para facilitar o processo de aprendizagem
- O vocabulário oferece uma transcrição simples e adequada de cada palavra estrangeira

O vocabulário contém 256 tópicos incluindo:

Conceitos básicos, Números, Cores, Meses, Estações do ano, Unidades de medida, Roupas & Acessórios, Alimentos & Nutrição, Restaurante, Membros da Família, Parentes, Caráter, Sentimentos, Emoções, Doenças, Cidade, Passeios, Compras, Dinheiro, Casa, Lar, Escritório, Trabalho no Escritório, Importação & Exportação, Marketing, Pesquisa de Emprego, Esportes, Educação, Computador, Internet, Ferramentas, Natureza, Países, Nacionalidades e muito mais ...

TABELA DE CONTEÚDOS

Guia de pronunciação   11
Abreviaturas   12

CONCEITOS BÁSICOS   13
Conceitos básicos. Parte 1   13

1. Pronomes   13
2. Cumprimentos. Saudações. Despedidas   13
3. Como se dirigir a alguém   14
4. Números cardinais. Parte 1   14
5. Números cardinais. Parte 2   15
6. Números ordinais   16
7. Números. Frações   16
8. Números. Operações básicas   16
9. Números. Diversos   16
10. Os verbos mais importantes. Parte 1   17
11. Os verbos mais importantes. Parte 2   18
12. Os verbos mais importantes. Parte 3   19
13. Os verbos mais importantes. Parte 4   20
14. Cores   20
15. Questões   21
16. Preposições   22
17. Palavras funcionais. Advérbios. Parte 1   22
18. Palavras funcionais. Advérbios. Parte 2   24

Conceitos básicos. Parte 2   26

19. Opostos   26
20. Dias da semana   28
21. Horas. Dia e noite   28
22. Meses. Estações   29
23. Tempo. Diversos   31
24. Linhas e formas   32
25. Unidades de medida   32
26. Recipientes   33
27. Materiais   34
28. Metais   35

O SER HUMANO   36
O ser humano. O corpo   36

29. Humanos. Conceitos básicos   36
30. Anatomia humana   36

31. Cabeça 37
32. Corpo humano 38

Vestuário & Acessórios 39

33. Roupa exterior. Casacos 39
34. Vestuário de homem & mulher 39
35. Vestuário. Roupa interior 40
36. Adereços de cabeça 40
37. Calçado 40
38. Têxtil. Tecidos 41
39. Acessórios pessoais 41
40. Vestuário. Diversos 42
41. Cuidados pessoais. Cosméticos 42
42. Joalheria 43
43. Relógios de pulso. Relógios 44

Alimentação. Nutrição 45

44. Comida 45
45. Bebidas 46
46. Vegetais 47
47. Frutos. Nozes 48
48. Pão. Bolaria 49
49. Pratos cozinhados 49
50. Especiarias 50
51. Refeições 51
52. Por a mesa 51
53. Restaurante 52

Família, parentes e amigos 53

54. Informação pessoal. Formulários 53
55. Membros da família. Parentes 53
56. Amigos. Colegas de trabalho 54
57. Homem. Mulher 55
58. Idade 55
59. Crianças 56
60. Casais. Vida de família 56

Caráter. Sentimentos. Emoções 58

61. Sentimentos. Emoções 58
62. Caráter. Personalidade 59
63. O sono. Sonhos 60
64. Humor. Riso. Alegria 61
65. Discussão, conversação. Parte 1 61
66. Discussão, conversação. Parte 2 62
67. Discussão, conversação. Parte 3 64
68. Acordo. Recusa 64
69. Sucesso. Boa sorte. Insucesso 65
70. Conflitos. Emoções negativas 65

Medicina   68

71. Doenças   68
72. Sintomas. Tratamentos. Parte 1   69
73. Sintomas. Tratamentos. Parte 2   70
74. Sintomas. Tratamentos. Parte 3   71
75. Médicos   72
76. Medicina. Drogas. Acessórios   72
77. Fumar. Produtos tabágicos   73

HABITAT HUMANO   74
Cidade   74

78. Cidade. Vida na cidade   74
79. Instituições urbanas   75
80. Sinais   76
81. Transportes urbanos   77
82. Turismo   78
83. Compras   79
84. Dinheiro   80
85. Correios. Serviço postal   81

Moradia. Casa. Lar   82

86. Casa. Habitação   82
87. Casa. Entrada. Elevador   83
88. Casa. Eletricidade   83
89. Casa. Portas. Fechaduras   83
90. Casa de campo   84
91. Moradia. Mansão   84
92. Castelo. Palácio   85
93. Apartamento   85
94. Apartamento. Limpeza   86
95. Mobiliário. Interior   86
96. Quarto de dormir   87
97. Cozinha   87
98. Casa de banho   88
99. Eletrodomésticos   89
100. Reparações. Renovação   89
101. Canalizações   90
102. Fogo. Deflagração   90

ATIVIDADES HUMANAS   92
Emprego. Negócios. Parte 1   92

103. Escritório. O trabalho no escritório   92
104. Processos negociais. Parte 1   93
105. Processos negociais. Parte 2   94
106. Produção. Trabalhos   95
107. Contrato. Acordo   96
108. Importação & Exportação   97

109. Finanças 97
110. Marketing 98
111. Publicidade 98
112. Banca 99
113. Telefone. Conversação telefônica 100
114. Telefone móvel 100
115. Estacionário 101
116. Vários tipos de documentos 101
117. Tipos de negócios 102

Emprego. Negócios. Parte 2 105

118. Espetáculo. Feira 105
119. Media 106
120. Agricultura 107
121. Construção. Processo de construção 108
122. Ciência. Investigação. Cientistas 109

Profissões e ocupações 110

123. Procura de emprego. Demissão 110
124. Gente de negócios 110
125. Profissões de serviços 111
126. Profissões militares e postos 112
127. Oficiais. Padres 113
128. Profissões agrícolas 113
129. Profissões artísticas 114
130. Várias profissões 114
131. Ocupações. Estatuto social 116

Desportos 117

132. Tipos de desportos. Desportistas 117
133. Tipos de desportos. Diversos 118
134. Ginásio 118
135. Hóquei 119
136. Futebol 119
137. Esqui alpino 121
138. Tênis. Golfe 121
139. Xadrez 122
140. Boxe 122
141. Desportos. Diversos 123

Educação 125

142. Escola 125
143. Colégio. Universidade 126
144. Ciências. Disciplinas 127
145. Sistema de escrita. Ortografia 127
146. Línguas estrangeiras 128

147. Personagens de contos de fadas 129
148. Signos do Zodíaco 130

Artes 131

149. Teatro 131
150. Cinema 132
151. Pintura 133
152. Literatura & Poesia 134
153. Circo 134
154. Música. Música popular 135

Descanso. Entretenimento. Viagens 137

155. Viagens 137
156. Hotel 137
157. Livros. Leitura 138
158. Caça. Pesca 140
159. Jogos. Bilhar 141
160. Jogos. Jogar cartas 141
161. Casino. Roleta 141
162. Descanso. Jogos. Diversos 142
163. Fotografia 142
164. Praia. Natação 143

EQUIPAMENTO TÉCNICO. TRANSPORTES 145
Equipamento técnico. Transportes 145

165. Computador 145
166. Internet. E-mail 146
167. Eletricidade 147
168. Ferramentas 147

Transportes 150

169. Avião 150
170. Comboio 151
171. Barco 152
172. Aeroporto 153
173. Bicicleta. Motocicleta 154

Carros 155

174. Tipos de carros 155
175. Carros. Carroçaria 155
176. Carros. Habitáculo 156
177. Carros. Motor 157
178. Carros. Batidas. Reparação 158
179. Carros. Estrada 159
180. Sinais de trânsito 160

PESSOAS. EVENTOS · 161
Eventos · 161

181. Férias. Evento · 161
182. Funerais. Enterro · 162
183. Guerra. Soldados · 162
184. Guerra. Ações militares. Parte 1 · 163
185. Guerra. Ações militares. Parte 2 · 165
186. Armas · 166
187. Povos da antiguidade · 168
188. Idade média · 168
189. Líder. Chefe. Autoridades · 170
190. Estrada. Caminho. Direções · 171
191. Violação da lei. Criminosos. Parte 1 · 172
192. Violação da lei. Criminosos. Parte 2 · 173
193. Polícia. Lei. Parte 1 · 174
194. Polícia. Lei. Parte 2 · 175

NATUREZA · 177
A Terra. Parte 1 · 177

195. Espaço sideral · 177
196. A Terra · 178
197. Pontos cardeais · 179
198. Mar. Oceano · 179
199. Nomes de Mares e Oceanos · 180
200. Montanhas · 181
201. Nomes de montanhas · 182
202. Rios · 182
203. Nomes de rios · 183
204. Floresta · 183
205. Recursos naturais · 184

A Terra. Parte 2 · 186

206. Tempo · 186
207. Tempo extremo. Catástrofes naturais · 187
208. Ruídos. Sons · 187
209. Inverno · 188

Fauna · 190

210. Mamíferos. Predadores · 190
211. Animais selvagens · 190
212. Animais domésticos · 191
213. Cães. Raças de cães · 192
214. Sons produzidos pelos animais · 193
215. Animais jovens · 193
216. Pássaros · 194
217. Pássaros. Canto e sons · 195
218. Peixes. Animais marinhos · 195
219. Anfíbios. Répteis · 196

220. Insetos 197
221. Animais. Partes do corpo 197
222. Ações dos animais 198
223. Animais. Habitats 198
224. Cuidados com os animais 199
225. Animais. Diversos 200
226. Cavalos 200

Flora 202

227. Árvores 202
228. Arbustos 202
229. Cogumelos 203
230. Frutos. Bagas 203
231. Flores. Plantas 204
232. Cereais, grãos 205
233. Vegetais. Verduras 206

GEOGRAFIA REGIONAL 207
Países. Nacionalidades 207

234. Europa Ocidental 207
235. Europa Central e de Leste 209
236. Países da ex-URSS 210
237. Asia 211
238. América do Norte 213
239. América Central do Sul 213
240. Africa 214
241. Austrália. Oceania 215
242. Cidades 215
243. Política. Governo. Parte 1 216
244. Política. Governo. Parte 2 218
245. Países. Diversos 219
246. Grupos religiosos mais importantes. Confissões 219
247. Religiões. Padres 221
248. Fé. Cristianismo. Islão 221

TEMAS DIVERSOS 224

249. Várias palavras úteis 224
250. Modificadores. Adjetivos. Parte 1 225
251. Modificadores. Adjetivos. Parte 2 227

500 VERBOS PRINCIPAIS 230

252. Verbos A-B 230
253. Verbos C-D 231
254. Verbos E-J 234
255. Verbos L-P 236
256. Verbos Q-Z 238

GUIA DE PRONUNCIAÇÃO

Alfabeto fonético T&P   Exemplo Romeno   Exemplo Português

[a]	arbust [ar'bust]	chamar
[e]	a merge [a 'merdʒe]	metal
[ə]	brăţară [breˈtsare]	O xevá, som vocálico neutro
[i]	impozit [im'pozit]	sinônimo
[ɨ]	cuvânt [ku'vint]	sinônimo
[o]	avocat [avo'kat]	lobo
[u]	fluture ['fluture]	bonita
[b]	bancă ['banke]	barril
[d]	durabil [du'rabil]	dentista
[dʒ]	gemeni ['dʒemenʲ]	adjetivo
[f]	frizer [fri'zer]	safári
[g]	gladiolă [gladi'ole]	gosto
[ʒ]	jucător [ʒuke'tor]	talvez
[h]	pahar [pa'har]	[h] aspirada
[k]	actor [ak'tor]	aquilo
[l]	clopot ['klopot]	libra
[m]	mobilă ['mobile]	magnólia
[n]	nuntă ['nunte]	natureza
[p]	profet [pro'fet]	presente
[r]	roată [ro'ate]	riscar
[s]	salată [sa'late]	sanita
[ʃ]	cleştişor [kleʃtiˈʃor]	mês
[t]	statuie [sta'tue]	tulipa
[ts]	forţă ['fortse]	tsé-tsé
[tʃ]	optzeci [opt'zetʃi]	Tchau!
[v]	valiză [va'lize]	fava
[z]	zmeură ['zmeure]	sésamo
[j]	foios [fo'jos]	Vietnã
[ʲ]	zori [zorʲ]	sinal de palatalização

11

ABREVIATURAS
usadas no vocabulário

Abreviaturas do Português

adj	-	adjetivo
adv	-	advérbio
anim.	-	animado
conj.	-	conjunção
desp.	-	esporte
etc.	-	Etcetera
ex.	-	por exemplo
f	-	nome feminino
f pl	-	feminino plural
fem.	-	feminino
inanim.	-	inanimado
m	-	nome masculino
m pl	-	masculino plural
m, f	-	masculino, feminino
masc.	-	masculino
mat.	-	matemática
mil.	-	militar
pl	-	plural
prep.	-	preposição
pron.	-	pronome
sb.	-	sobre
sing.	-	singular
v aux	-	verbo auxiliar
vi	-	verbo intransitivo
vi, vt	-	verbo intransitivo, transitivo
vr	-	verbo reflexivo
vt	-	verbo transitivo

Abreviaturas do Romeno

f	-	nome feminino
f pl	-	feminino plural
m	-	nome masculino
m pl	-	masculino plural
n	-	neutro
n pl	-	neutro plural
pl	-	plural

CONCEITOS BÁSICOS

Conceitos básicos. Parte 1

1. Pronomes

eu	eu	[eu]
você	tu	[tu]
ele	el	[el]
ela	ea	['a]
nós	noi	[noj]
vocês	voi	['voj]
eles	ei	['ej]
elas	ele	['ele]

2. Cumprimentos. Saudações. Despedidas

Oi!	Bună ziua!	['bunə 'ziwa]
Olá!	Bună ziua!	['bunə 'ziwa]
Bom dia!	Bună dimineaţa!	['bunə dimi'n'atsa]
Boa tarde!	Bună ziua!	['bunə 'ziwa]
Boa noite!	Bună seara!	['bunə 's'ara]
cumprimentar (vt)	a se saluta	[a se salu'ta]
Oi!	Salut!	[sa'lut]
saudação (f)	salut (n)	[sa'lut]
saudar (vt)	a saluta	[a salu'ta]
Tudo bem?	Ce mai faci?	[tʃie maj 'fatʃi]
E aí, novidades?	Ce mai e nou?	[tʃe maj e 'nou]
Tchau! Até logo!	La revedere!	[la reve'dere]
Até breve!	Pe curând!	[pe ku'rind]
Adeus! (sing.)	Rămăi cu bine!	[rə'mij ku 'bine]
Adeus! (pl)	Rămâneţi cu bine!	[rəmi'nets ku 'bine]
despedir-se (dizer adeus)	a-şi lua rămas bun	[aʃ lu'a rə'mas bun]
Até mais!	Pa!	[pa]
Obrigado! -a!	Mulţumesc!	[multsu'mesk]
Muito obrigado! -a!	Mulţumesc mult!	[multsu'mesk mult]
De nada	Cu plăcere	[ku plə'tʃere]
Não tem de quê	Pentru puţin	['pentru pu'tsin]
Não foi nada!	Pentru puţin	['pentru pu'tsin]
Desculpa!	Scuză-mă!	['skuzəmə]
Desculpe!	Scuzaţi-mă!	[sku'zatsimə]

desculpar (vt)	a scuza	[a sku'za]
desculpar-se (vr)	a cere scuze	[a 'tʃere 'skuze]
Me desculpe	Cer scuze	[tʃer 'skuze]
Desculpe!	Lertaţi-mă!	[er'tatsimə]
perdoar (vt)	a ierta	[a er'ta]
por favor	vă rog	[və rog]

Não se esqueça!	Nu uitaţi!	[nu uj'tatsʲ]
Com certeza!	Desigur!	[de'sigur]
Claro que não!	Desigur ca nu!	[de'sigur kə nu]
Está bem! De acordo!	Sunt de acord!	[sunt de a'kord]
Chega!	Ajunge!	[a'ʒundʒe]

3. Como se dirigir a alguém

senhor	Domnule	['domnule]
senhora	Doamnă	[do'amnə]
senhorita	Domnişoară	[domniʃo'arə]
jovem	Tinere	['tinere]
menino	Băiatule	[bə'jatule]
menina	Fetiţo	[fe'titso]

4. Números cardinais. Parte 1

zero	zero	['zero]
um	unu	['unu]
dois	doi	[doj]
três	trei	[trej]
quatro	patru	['patru]

cinco	cinci	[tʃintʃ]
seis	şase	['ʃase]
sete	şapte	['ʃapte]
oito	opt	[opt]
nove	nouă	['nowə]

dez	zece	['zetʃe]
onze	unsprezece	['unsprezetʃe]
doze	doisprezece	['dojsprezetʃe]
treze	treisprezece	['trejsprezetʃe]
catorze	paisprezece	['pajsprezetʃe]

quinze	cincisprezece	['tʃintʃsprezetʃe]
dezesseis	şaisprezece	['ʃajsprezetʃe]
dezessete	şaptesprezece	['ʃaptesprezetʃe]
dezoito	optsprezece	['optsprezetʃe]
dezenove	nouăsprezece	['nowəsprezetʃe]

vinte	douăzeci	[dowə'zetʃi]
vinte e um	douăzeci şi unu	[dowə'zetʃi ʃi 'unu]
vinte e dois	douăzeci şi doi	[dowə'zetʃi ʃi doj]
vinte e três	douăzeci şi trei	[dowə'zetʃi ʃi trej]

trinta	treizeci	[trej'zetʃi]
trinta e um	treizeci şi unu	[trej'zetʃi ʃi 'unu]
trinta e dois	treizeci şi doi	[trej'zetʃi ʃi doj]
trinta e três	treizeci şi trei	[trej'zetʃi ʃi trej]
quarenta	patruzeci	[patru'zetʃi]
quarenta e um	patruzeci şi unu	[patru'zetʃi ʃi 'unu]
quarenta e dois	patruzeci şi doi	[patru'zetʃi ʃi doj]
quarenta e três	patruzeci şi trei	[patru'zetʃi ʃi trej]
cinquenta	cincizeci	[tʃintʃ'zetʃ]
cinquenta e um	cincizeci şi unu	[tʃintʃ'zetʃ ʃi 'unu]
cinquenta e dois	cincizeci şi doi	[tʃintʃ'zetʃ ʃi doj]
cinquenta e três	cincizeci şi trei	[tʃintʃ'zetʃ ʃi trej]
sessenta	şaizeci	[ʃaj'zetʃi]
sessenta e um	şaizeci şi unu	[ʃaj'zetʃi ʃi 'unu]
sessenta e dois	şaizeci şi doi	[ʃaj'zetʃi ʃi doj]
sessenta e três	şaizeci şi trei	[ʃaj'zetʃi ʃi trej]
setenta	şaptezeci	[ʃapte'zetʃi]
setenta e um	şaptezeci şi unu	[ʃapte'zetʃi ʃi 'unu]
setenta e dois	şaptezeci şi doi	[ʃapte'zetʃi ʃi doj]
setenta e três	şaptezeci şi trei	[ʃapte'zetʃi ʃi trej]
oitenta	optzeci	[opt'zetʃi]
oitenta e um	optzeci şi unu	[opt'zetʃi ʃi 'unu]
oitenta e dois	optzeci şi doi	[opt'zetʃi ʃi doj]
oitenta e três	optzeci şi trei	[opt'zetʃi ʃi trej]
noventa	nouăzeci	[nowə'zetʃi]
noventa e um	nouăzeci şi unu	[nowə'zetʃi ʃi 'unu]
noventa e dois	nouăzeci şi doi	[nowə'zetʃi ʃi doj]
noventa e três	nouăzeci şi trei	[nowə'zetʃi ʃi trej]

5. Números cardinais. Parte 2

cem	o sută	[o 'sutə]
duzentos	două sute	['dowə 'sute]
trezentos	trei sute	[trej 'sute]
quatrocentos	patru sute	['patru 'sute]
quinhentos	cincі sute	[tʃintʃ 'ɛute]
seiscentos	şase sute	['ʃase 'sute]
setecentos	şapte sute	['ʃapte 'sute]
oitocentos	opt sute	[opt 'sute]
novecentos	nouă sute	['nowə 'sute]
mil	o mie	[o 'mie]
dois mil	două mii	['dowə mij]
três mil	trei mii	[trej mij]
dez mil	zece mii	['zetʃe mij]
cem mil	o sută de mii	[o 'sutə de mij]
um milhão	milion (n)	[mi'ljon]
um bilhão	miliard (n)	[mi'ljard]

6. Números ordinais

primeiro (adj)	primul	['primul]
segundo (adj)	al doilea	[al 'dojlʲa]
terceiro (adj)	al treilea	[al 'trejlʲa]
quarto (adj)	al patrulea	[al 'patrulʲa]
quinto (adj)	al cincilea	[al 'ʧinʧilʲa]
sexto (adj)	al şaselea	[al 'ʃaselʲa]
sétimo (adj)	al şaptelea	[al 'ʃaptelʲa]
oitavo (adj)	al optulea	[al 'optulʲa]
nono (adj)	al nouălea	[al 'nowəlʲa]
décimo (adj)	al zecelea	[al 'zeʧelʲa]

7. Números. Frações

fração (f)	fracţie (f)	['fraktsie]
um meio	o doime	[o 'doime]
um terço	o treime	[o 'treime]
um quarto	o pătrime	[o pə'trime]
um oitavo	o optime	[o op'time]
um décimo	o zecime	[o ze'ʧime]
dois terços	două treimi	['dowə 'treimʲ]
três quartos	trei pătrimi	[trej pə'trimʲ]

8. Números. Operações básicas

subtração (f)	scădere (f)	[skə'dere]
subtrair (vi, vt)	a scădea	[a skə'dʲa]
divisão (f)	împărţire (f)	[împər'tsire]
dividir (vt)	a împărţi	[a împər'tsi]
adição (f)	adunare (f)	[adu'nare]
somar (vt)	a aduna	[a adu'na]
adicionar (vt)	a adăuga	[a adəu'ga]
multiplicação (f)	înmulţire (f)	[inmul'tsire]
multiplicar (vt)	a înmulţi	[a inmul'tsi]

9. Números. Diversos

algarismo, dígito (m)	cifră (f)	['ʧifrə]
número (m)	număr (n)	['numər]
numeral (m)	numeral (n)	[nume'ral]
menos (m)	minus (n)	['minus]
mais (m)	plus (n)	[plus]
fórmula (f)	formulă (f)	[for'mulə]
cálculo (m)	calcul (n)	['kalkul]
contar (vt)	a calcula	[a kalku'la]

| calcular (vt) | a socoti | [a soko'ti] |
| comparar (vt) | a compara | [a kompa'ra] |

Quanto?	Cât?	[kit]
Quantos? -as?	Câţi? Câte?	[kits], ['kite]
soma (f)	sumă (f)	['sumə]
resultado (m)	rezultat (n)	[rezul'tat]
resto (m)	rest (n)	[rest]

alguns, algumas ...	câţiva, câteva	[kits'va], [kite'va]
pouco (~ tempo)	puţin	[pu'tsin]
resto (m)	rest (n)	[rest]
um e meio	unu şi jumătate	['unu ʃi ʒumə'tate]
dúzia (f)	duzină (f)	[du'zinə]

ao meio	în două	[in 'dowə]
em partes iguais	în părţi egale	[in pərts' e'gale]
metade (f)	jumătate (f)	[ʒumə'tate]
vez (f)	dată (f)	['datə]

10. Os verbos mais importantes. Parte 1

abrir (vt)	a deschide	[a des'kide]
acabar, terminar (vt)	a termina	[a termi'na]
aconselhar (vt)	a sfătui	[a sfətu'i]
adivinhar (vt)	a ghici	[a gi'tʃi]
advertir (vt)	a avertiza	[a averti'za]

ajudar (vt)	a ajuta	[a aʒu'ta]
almoçar (vi)	a lua prânzul	[a lu'a 'prinzul]
alugar (~ um apartamento)	a închiria	[a inkiri'ja]
amar (pessoa)	a iubi	[a ju'bi]
ameaçar (vt)	a ameninţa	[a amenin'tsa]

anotar (escrever)	a nota	[a no'ta]
apressar-se (vr)	a se grăbi	[a se grə'bi]
arrepender-se (vr)	a regreta	[a regre'ta]
assinar (vt)	a semna	[a sem'na]
brincar (vi)	a glumi	[a glu'mi]

brincar, jogar (vi, vt)	a juca	[a ʒu'ka]
buscar (vt)	a căuta	[a kəu'ta]
caçar (vi)	a vâna	[a vi'na]
cair (vi)	a cădea	[a kə'dʲa]
cavar (vt)	a săpa	[a sə'pa]
chamar (~ por socorro)	a chema	[a ke'ma]

chegar (vi)	a sosi	[a so'si]
chorar (vi)	a plânge	[a 'plindʒe]
começar (vt)	a începe	[a in'tʃepe]
comparar (vt)	a compara	[a kompa'ra]
concordar (dizer "sim")	a fi de acord	[a fi de a'kord]
confiar (vt)	a avea încredere	[a a'vʲa in'kredere]
confundir (equivocar-se)	a încurca	[a inkur'ka]

conhecer (vt)	a cunoaşte	[a kuno'aʃte]
contar (fazer contas)	a calcula	[a kalku'la]
contar com ...	a conta pe ...	[a kon'ta pe]
continuar (vt)	a continua	[a kontinu'a]

controlar (vt)	a controla	[a kontro'la]
convidar (vt)	a invita	[a invi'ta]
correr (vi)	a alerga	[a aler'ga]
criar (vt)	a crea	[a 'krɪa]
custar (vt)	a costa	[a kos'ta]

11. Os verbos mais importantes. Parte 2

dar (vt)	a da	[a da]
dar uma dica	a face aluzie	[a 'fatʃe a'luzie]
decorar (enfeitar)	a împodobi	[a impodo'bi]
defender (vt)	a apăra	[a apə'ra]
deixar cair (vt)	a scăpa	[a skə'pa]

descer (para baixo)	a coborî	[a kobo'ri]
desculpar-se (vr)	a cere scuze	[a 'tʃere 'skuze]
dirigir (~ uma empresa)	a conduce	[a kon'dutʃe]
discutir (notícias, etc.)	a discuta	[a disku'ta]

disparar, atirar (vi)	a trage	[a 'tradʒe]
dizer (vt)	a spune	[a 'spune]
duvidar (vt)	a se îndoi	[a se indo'i]
encontrar (achar)	a găsi	[a gə'si]
enganar (vt)	a minţi	[a min'tsi]

entender (vt)	a înţelege	[a intse'ledʒe]
entrar (na sala, etc.)	a intra	[a in'tra]
enviar (uma carta)	a trimite	[a tri'mite]
errar (enganar-se)	a greşi	[a gre'ʃi]
escolher (vt)	a alege	[a a'ledʒe]

esconder (vt)	a ascunde	[a as'kunde]
escrever (vt)	a scrie	[a 'skrie]
esperar (aguardar)	a aştepta	[a aʃtep'ta]
esperar (ter esperança)	a spera	[a spe'ra]
esquecer (vt)	a uita	[a uj'ta]

estudar (vt)	a studia	[a studi'a]
exigir (vt)	a cere	[a 'tʃere]
existir (vi)	a exista	[a ekzis'ta]
explicar (vt)	a explica	[a espli'ka]

falar (vi)	a vorbi	[a vor'bi]
faltar (a la escuela, etc.)	a lipsi	[a lip'si]
fazer (vt)	a face	[a 'fatʃe]
ficar em silêncio	a tăcea	[a tə'tʃa]
gabar-se (vr)	a se lăuda	[a se ləu'da]
gostar (apreciar)	a plăcea	[a plə'tʃa]
gritar (vi)	a striga	[a stri'ga]

18

guardar (fotos, etc.)	a păstra	[a pəs'tra]
informar (vt)	a informa	[a infor'ma]
insistir (vi)	a insista	[a insis'ta]
insultar (vt)	a jigni	[a ʒig'ni]
interessar-se (vr)	a se interesa	[a se intere'sa]
ir (a pé)	a merge	[a 'merdʒe]
ir nadar	a se scălda	[a se skəl'da]
jantar (vi)	a cina	[a ʧi'na]

12. Os verbos mais importantes. Parte 3

ler (vt)	a citi	[a ʧi'ti]
libertar, liberar (vt)	a elibera	[a elibe'ra]
matar (vt)	a omorî	[a omo'ri]
mencionar (vt)	a menţiona	[a mentsio'na]
mostrar (vt)	a arăta	[a arə'ta]
mudar (modificar)	a schimba	[a skim'ba]
nadar (vi)	a înota	[a ino'ta]
negar-se a ... (vr)	a refuza	[a refu'za]
objetar (vt)	a contrazice	[a kontra'ziʧe]
observar (vt)	a observa	[a obser'va]
ordenar (mil.)	a ordona	[a ordo'na]
ouvir (vt)	a auzi	[a au'zi]
pagar (vt)	a plăti	[a plə'ti]
parar (vi)	a se opri	[a se o'pri]
parar, cessar (vt)	a înceta	[a anʧe'ta]
participar (vi)	a participa	[a partiʧi'pa]
pedir (comida, etc.)	a comanda	[a koman'da]
pedir (um favor, etc.)	a cere	[a 'ʧere]
pegar (tomar)	a lua	[a lu'a]
pegar (uma bola)	a prinde	[a 'prinde]
pensar (vi, vt)	a se gândi	[a se gin'di]
perceber (ver)	a observa	[a obser'va]
perdoar (vt)	a ierta	[a er'ta]
perguntar (vt)	a întreba	[a intre'ba]
permitir (vt)	a permite	[a per'mito]
pertencer a ... (vi)	a aparţine	[a apar'tsine]
planejar (vt)	a planifica	[a planifi'ka]
poder (~ fazer algo)	a putea	[a pu'tia]
possuir (uma casa, etc.)	a poseda	[a pose'da]
preferir (vt)	a prefera	[a prefe'ra]
preparar (vt)	a găti	[a gə'ti]
prever (vt)	a prevedea	[a preve'dia]
prometer (vt)	a promite	[a pro'mite]
pronunciar (vt)	a pronunţa	[a pronun'tsa]
propor (vt)	a propune	[a pro'pune]
punir (castigar)	a pedepsi	[a pedep'si]

quebrar (vt)	a rupe	[a 'rupe]
queixar-se de ...	a se plânge	[a se 'plɨndʒe]
querer (desejar)	a vrea	[a vrʲa]

13. Os verbos mais importantes. Parte 4

ralhar, repreender (vt)	a certa	[a tʃer'ta]
recomendar (vt)	a recomanda	[a rekoman'da]
repetir (dizer outra vez)	a repeta	[a repe'ta]
reservar (~ um quarto)	a rezerva	[a rezer'va]
responder (vt)	a răspunde	[a rəs'punde]

rezar, orar (vi)	a se ruga	[a se ru'ga]
rir (vi)	a râde	[a 'ride]
roubar (vt)	a fura	[a fu'ra]
saber (vt)	a şti	[a ʃti]
sair (~ de casa)	a ieşi	[a e'ʃi]

salvar (resgatar)	a salva	[a sal'va]
seguir (~ alguém)	a urma	[a ur'ma]
sentar-se (vr)	a se aşeza	[a se aʃe'za]
ser necessário	a fi necesar	[a fi netʃe'sar]

ser, estar	a fi	[a fi]
significar (vt)	a însemna	[a însem'na]
sorrir (vi)	a zâmbi	[a zim'bi]
subestimar (vt)	a subaprecia	[a subapretʃi'a]
surpreender-se (vr)	a se mira	[a se mi'ra]

tentar (~ fazer)	a încerca	[a întʃer'ka]
ter (vt)	a avea	[a a'vʲa]
ter fome	a fi foame	[a fi fo'ame]

ter medo	a se teme	[a se 'teme]
ter sede	a fi sete	[a fi 'sete]
tocar (com as mãos)	a atinge	[a a'tindʒe]
tomar café da manhã	a lua micul dejun	[a lu'a 'mikul de'ʒun]
trabalhar (vi)	a lucra	[a lu'kra]
traduzir (vt)	a traduce	[a tra'dutʃe]

unir (vt)	a uni	[a u'ni]
vender (vt)	a vinde	[a 'vinde]
ver (vt)	a vedea	[a ve'dʲa]
virar (~ para a direita)	a întoarce	[a înto'artʃe]
voar (vi)	a zbura	[a zbu'ra]

14. Cores

cor (f)	culoare (f)	[kulo'are]
tom (m)	nuanţă (f)	[nu'antsə]
tonalidade (m)	ton (n)	[ton]
arco-íris (m)	curcubeu (n)	[kurku'beu]

branco (adj)	alb	[alb]
preto (adj)	negru	['negru]
cinza (adj)	sur	['sur]

verde (adj)	verde	['verde]
amarelo (adj)	galben	['galben]
vermelho (adj)	roşu	['roʃu]

azul (adj)	albastru închis	[al'bastru i'nkis]
azul claro (adj)	albastru deschis	[al'bastru des'kis]
rosa (adj)	roz	['roz]
laranja (adj)	portocaliu	[portoka'lju]
violeta (adj)	violet	[vio'let]
marrom (adj)	cafeniu	[kafe'nju]

dourado (adj)	de culoarea aurului	[de kulo'arˈa 'auruluj]
prateado (adj)	argintiu	[ardʒin'tju]

bege (adj)	bej	[beʒ]
creme (adj)	crem	[krem]
turquesa (adj)	turcoaz	[turko'az]
vermelho cereja (adj)	vişiniu	[viʃi'nju]
lilás (adj)	lila	[li'la]
carmim (adj)	de culoarea zmeurei	[de kulo'arˈa 'zmeurej]

claro (adj)	de culoare deschisă	[de kulo'are des'kisə]
escuro (adj)	de culoare închisă	[de kulo'are i'nkisə]
vivo (adj)	aprins	[a'prins]

de cor	colorat	[kolo'rat]
a cores	color	[ko'lor]
preto e branco (adj)	alb-negru	[alb 'negru]
unicolor (de uma só cor)	monocrom	[mono'krom]
multicolor (adj)	multicolor	[multiko'lor]

15. Questões

Quem?	Cine?	['tʃine]
O que?	Ce?	[tʃe]
Onde?	Unde?	['unde]
Para onde?	Unde?	['unde]
De onde?	De unde?	[de 'unde]
Quando?	Când?	[kind]
Para quê?	Pentru ce?	['pentru tʃe]
Por quê?	De ce?	[de tʃe]

Para quê?	Pentru ce?	['pentru tʃe]
Como?	Cum?	[kum]
Qual (~ é o problema?)	Care?	['kare]
Qual (~ deles?)	Care?	['kare]

A quem?	Cui?	[kuj]
De quem?	Despre cine?	['despre 'tʃine]
Do quê?	Despre ce?	['despre tʃe]

Com quem?	Cu cine?	[ku 'ʧine]
Quantos? -as?	Cât? Câtă?	[kit], ['kitə]
Quanto?	Câți? Câte?	[kits], ['kite]
De quem? (masc.)	Al cui?	['al kuj]
De quem? (fem.)	A cui?	[a kuj]
De quem são ...?	Ai cui?, Ale cui?	[aj kuj], ['ale kuj]

16. Preposições

com (prep.)	cu	[ku]
sem (prep.)	fără	[fərə]
a, para (exprime lugar)	la	[la]
sobre (ex. falar ~)	despre	['despre]
antes de ...	înainte de	[ina'inte de]
em frente de ...	înaintea	[ina'int'a]
debaixo de ...	sub	[sub]
sobre (em cima de)	deasupra	[d'a'supra]
em ..., sobre ...	pe	[pe]
de, do (sou ~ Rio de Janeiro)	din	[din]
de (feito ~ pedra)	din	[din]
em (~ 3 dias)	peste	['peste]
por cima de ...	prin	[prin]

17. Palavras funcionais. Advérbios. Parte 1

Onde?	Unde?	['unde]
aqui	aici	[a'iʧi]
lá, ali	acolo	[a'kolo]
em algum lugar	undeva	[unde'va]
em lugar nenhum	nicăieri	[nikə'er']
perto de ...	lângă ...	['lingə]
perto da janela	lângă fereastră	['lingə fe'r'astrə]
Para onde?	Unde?	['unde]
aqui	aici	[a'iʧi]
para lá	acolo	[a'kolo]
daqui	de aici	[de a'iʧi]
de lá, dali	de acolo	[de a'kolo]
perto	aproape	[apro'ape]
longe	departe	[de'parte]
perto de ...	alături	[a'lətur']
à mão, perto	alături	[a'lətur']
não fica longe	aproape	[apro'ape]
esquerdo (adj)	stâng	[sting]
à esquerda	din stânga	[din 'stinga]

para a esquerda	în stânga	[in 'stinga]
direito (adj)	drept	[drept]
à direita	din dreapta	[din 'driapta]
para a direita	în dreapta	[in 'driapta]

em frente	în faţă	[in 'fatsə]
da frente	din faţă	[din 'fatsə]
adiante (para a frente)	înainte	[ina'inte]

atrás de ...	în urmă	[in 'urmə]
de trás	din spate	[din 'spate]
para trás	înapoi	[ina'poj]

| meio (m), metade (f) | mijloc (n) | ['miʒlok] |
| no meio | la mijloc | [la 'miʒlok] |

do lado	dintr-o parte	['dintro 'parte]
em todo lugar	peste tot	['peste tot]
por todos os lados	în jur	[in ʒur]

de dentro	dinăuntru	[dinə'untru]
para algum lugar	undeva	[unde'va]
diretamente	direct	[di'rekt]
de volta	înapoi	[ina'poj]

| de algum lugar | de undeva | [de unde'va] |
| de algum lugar | de undeva | [de unde'va] |

em primeiro lugar	în primul rând	[in 'primul rind]
em segundo lugar	în al doilea rând	[in al 'dojlia rind]
em terceiro lugar	în al treilea rând	[in al 'trejlia rind]

de repente	deodată	[deo'datə]
no início	la început	[la intʃe'put]
pela primeira vez	prima dată	['prima 'datə]
muito antes de ...	cu mult timp înainte de ...	[ku mult timp ina'inte de]
de novo	din nou	[din 'nou]
para sempre	pentru totdeauna	['pentru totdia'una]

nunca	niciodată	[nitʃio'datə]
de novo	iarăşi	['jarəʃ]
agora	acum	[a'kum]
frequentemente	des	[des]
então	atunci	[a'tuntʃi]
urgentemente	urgent	[ur'dʒent]
normalmente	de obicei	[de obi'tʃej]

a propósito, ...	apropo	[apro'po]
é possível	posibil	[po'sibil]
provavelmente	probabil	[pro'babil]
talvez	poate	[po'ate]
além disso, ...	în afară de aceasta, ...	[in a'farə de a'tʃasta]
por isso ...	de aceea	[de a'tʃeja]
apesar de ...	deşi ...	[de'ʃi]
graças a ...	datorită ...	[dato'ritə]
que (pron.)	ce	[tʃe]

23

que (conj.)	că	[kə]
algo	ceva	[ʧe'va]
alguma coisa	ceva	[ʧe'va]
nada	nimic	[ni'mik]
quem	cine	['ʧine]
alguém (~ que ...)	cineva	[ʧine'va]
alguém (com ~)	cineva	[ʧine'va]
ninguém	nimeni	['nimenʲ]
para lugar nenhum	nicăieri	[nikə'erʲ]
de ninguém	al nimănui	[al nimə'nuj]
de alguém	al cuiva	[al kuj'va]
tão	aşa	[a'ʃa]
também (gostaria ~ de ...)	de asemenea	[de a'semenʲa]
também (~ eu)	la fel	[la fel]

18. Palavras funcionais. Advérbios. Parte 2

Por quê?	De ce?	[de ʧe]
por alguma razão	nu se ştie de ce	[nu se 'ʃtie de ʧe]
porque ...	pentru că ...	['pentru kə]
por qualquer razão	cine ştie pentru ce	['ʧine 'ʃtie 'pentru ʧe]
e (tu ~ eu)	şi	[ʃi]
ou (ser ~ não ser)	sau	['sau]
mas (porém)	dar	[dar]
para (~ a minha mãe)	pentru	['pentru]
muito, demais	prea	[prʲa]
só, somente	numai	['numaj]
exatamente	exact	[e'gzakt]
cerca de (~ 10 kg)	vreo	['vrɘo]
aproximadamente	aproximativ	[aproksima'tiv]
aproximado (adj)	aproximativ	[aproksima'tiv]
quase	aproape	[apro'ape]
resto (m)	restul	['restul]
cada (adj)	fiecare	[fie'kare]
qualquer (adj)	oricare	[ori'kare]
muito, muitos, muitas	mult	[mult]
muitas pessoas	mulţi	[mulʦ]
todos	toţi	[toʦ]
em troca de ...	în schimb la ...	[in 'skimb la]
em troca	în schimbul	[in 'skimbul]
à mão	manual	[manu'al]
pouco provável	puţin probabil	[pu'ʦin pro'babil]
provavelmente	probabil	[pro'babil]
de propósito	intenţionat	[intenʦio'nat]
por acidente	întâmplător	[intimplə'tor]

muito	foarte	[fo'arte]
por exemplo	de exemplu	[de e'gzemplu]
entre	între	['intre]
entre (no meio de)	printre	['printre]
tanto	atât	[a'tit]
especialmente	mai ales	[maj a'les]

Conceitos básicos. Parte 2

19. Opostos

rico (adj)	bogat	[bo'gat]
pobre (adj)	sărac	[sə'rak]
doente (adj)	bolnav	[bol'nav]
bem (adj)	sănătos	[sənə'tos]
grande (adj)	mare	['mare]
pequeno (adj)	mic	[mik]
rapidamente	repede	['repede]
lentamente	încet	[in'tʃet]
rápido (adj)	rapid	[ra'pid]
lento (adj)	lent	[lent]
alegre (adj)	vesel	['vesel]
triste (adj)	trist	[trist]
juntos (ir ~)	împreună	[impre'une]
separadamente	separat	[sepa'rat]
em voz alta (ler ~)	cu voce tare	[ku 'votʃe 'tare]
para si (em silêncio)	în gând	[in gind]
alto (adj)	înalt	[i'nalt]
baixo (adj)	scund	[skund]
profundo (adj)	adânc	[a'dink]
raso (adj)	de adâncime mică	[de adɨn'tʃime 'mikə]
sim	da	[da]
não	nu	[nu]
distante (adj)	îndepărtat	[indepər'tat]
próximo (adj)	apropiat	[apropi'jat]
longe	departe	[de'parte]
à mão, perto	aproape	[apro'ape]
longo (adj)	lung	[lung]
curto (adj)	scurt	[skurt]
bom (bondoso)	bun	[bun]
mal (adj)	rău	['rəu]
casado (adj)	căsătorit	[kəsəto'rit]

solteiro (adj)	celibatar (m)	[tʃeliba'tar]
proibir (vt)	a interzice	[a inter'zitʃe]
permitir (vt)	a permite	[a per'mite]
fim (m)	sfârşit (n)	[sfir'ʃit]
início (m)	început (n)	[intʃe'put]
esquerdo (adj)	stâng	[sting]
direito (adj)	drept	[drept]
primeiro (adj)	primul	['primul]
último (adj)	ultimul	['ultimul]
crime (m)	crimă (f)	['krimə]
castigo (m)	pedeapsă (f)	[pe'dʲapsə]
ordenar (vt)	a ordona	[a ordo'na]
obedecer (vt)	a se supune	[a se su'pune]
reto (adj)	drept	[drept]
curvo (adj)	strâmb	[strimb]
paraíso (m)	rai (n)	[raj]
inferno (m)	iad (n)	[jad]
nascer (vi)	a se naşte	[a se 'naʃte]
morrer (vi)	a muri	[a mu'ri]
forte (adj)	puternic	[pu'ternik]
fraco, débil (adj)	slab	[slab]
velho, idoso (adj)	bătrân	[bə'trin]
jovem (adj)	tânăr	['tinər]
velho (adj)	vechi	[vekʲ]
novo (adj)	nou	['nou]
duro (adj)	tare	['tare]
macio (adj)	moale	[mo'ale]
quente (adj)	cald	[kald]
frio (adj)	rece	['retʃe]
gordo (adj)	gras	[gras]
magro (adj)	slab	[slab]
estreito (adj)	îngust	[in'gust]
largo (adj)	lat	[lat]
bom (adj)	bun	[bun]
mau (adj)	rău	['rəu]
valente, corajoso (adj)	curajos	[kura'ʒos]
covarde (adj)	fricos	[fri'kos]

20. Dias da semana

segunda-feira (f)	luni (f)	[lunʲ]
terça-feira (f)	marţi (f)	['martsʲ]
quarta-feira (f)	miercuri (f)	['merkurʲ]
quinta-feira (f)	joi (f)	[ʒoj]
sexta-feira (f)	vineri (f)	['vinerʲ]
sábado (m)	sâmbătă (f)	['sɨmbətə]
domingo (m)	duminică (f)	[du'minikə]
hoje	astăzi	['astəzʲ]
amanhã	mâine	['mɨjne]
depois de amanhã	poimâine	[poj'mine]
ontem	ieri	[jerʲ]
anteontem	alaltăieri	[a'laltəerʲ]
dia (m)	zi (f)	[zi]
dia (m) de trabalho	zi (f) de lucru	[zi de 'lukru]
feriado (m)	zi (f) de sărbătoare	[zi de sərbəto'are]
dia (m) de folga	zi (f) liberă	[zi 'liberə]
fim (m) de semana	zile (f pl) de odihnă	['zile de o'dihnə]
o dia todo	toată ziua	[to'atə 'ziwa]
no dia seguinte	a doua zi	['dowa zi]
há dois dias	cu două zile în urmă	[ku 'dowə 'zile in 'urmə]
na véspera	în ajun	[in a'ʒun]
diário (adj)	zilnic	['zilnik]
todos os dias	în fiecare zi	[in fie'kare zi]
semana (f)	săptămână (f)	[səptə'minə]
na semana passada	săptămâna trecută	[səptə'mina tre'kutə]
semana que vem	săptămâna viitoare	[səptə'mina viito'are]
semanal (adj)	săptămânal	[səptəmi'nal]
toda semana	în fiecare săptămână	[in fie'kare səptə'minə]
duas vezes por semana	de două ori pe săptămână	[de 'dowə orʲ pe səptə'minə]
toda terça-feira	în fiecare marţi	[in fie'kare 'marts]

21. Horas. Dia e noite

manhã (f)	dimineaţă (f)	[dimi'nʲatsə]
de manhã	dimineaţa	[dimi'nʲatsa]
meio-dia (m)	amiază (f)	[a'mjazə]
à tarde	după masă	['dupə 'masə]
tardinha (f)	seară (f)	['sʲare]
à tardinha	seara	['sʲara]
noite (f)	noapte (f)	[no'apte]
à noite	noaptea	[no'aptʲa]
meia-noite (f)	miezul (n) nopţii	['mezul 'noptsij]
segundo (m)	secundă (f)	[se'kundə]
minuto (m)	minut (n)	[mi'nut]
hora (f)	oră (f)	['orə]

meia hora (f)	jumătate de oră	[ʒume'tate de 'orə]
quarto (m) de hora	un sfert de oră	[un sfert de 'orə]
quinze minutos	cincisprezece minute	['tʃintʃsprezetʃe mi'nute]
vinte e quatro horas	o zi (f)	[o zi]

nascer (m) do sol	răsărit (n)	[rəsə'rit]
amanhecer (m)	zori (m pl)	[zorʲ]
madrugada (f)	zori (m pl) de zi	[zorʲ de zi]
pôr-do-sol (m)	apus (n)	[a'pus]

de madrugada	dimineața devreme	[dimi'nʲatsa de'vreme]
esta manhã	azi dimineață	[azʲ dimi'nʲatsə]
amanhã de manhã	mâine dimineață	['mɨjne dimi'nʲatsə]

esta tarde	această după-amiază	[a'tʃastə 'dupa ami'azə]
à tarde	după masă	['dupə 'masə]
amanhã à tarde	mâine după-masă	['mɨjne 'dupə 'masə]

esta noite, hoje à noite	astă-seară	['astə 'sʲarə]
amanhã à noite	mâine seară	['mɨjne 'sʲarə]

às três horas em ponto	la ora trei fix	[la 'ora trej fiks]
por volta das quatro	în jur de ora patru	[ɨn ʒur de 'ora 'patru]
às doze	pe la ora douăsprezece	[pe la 'ora 'dowəsprezetʃe]

em vinte minutos	peste douăzeci de minute	['peste dowə'zetʃi de mi'nute]
em uma hora	peste o oră	['peste o 'orə]
a tempo	la timp	[la timp]

... um quarto para	fără un sfert	['fərə un sfert]
dentro de uma hora	în decurs de o oră	[ɨn de'kurs de o 'orə]
a cada quinze minutos	la fiecare cincisprezece minute	[la fie'kare 'tʃintʃsprezetʃe mi'nute]
as vinte e quatro horas	zi și noapte	[zi ʃi no'apte]

22. Meses. Estações

janeiro (m)	ianuarie (m)	[janu'arie]
fevereiro (m)	februarie (m)	[febru'arie]
março (m)	martie (m)	['martie]
abril (m)	aprilie (m)	[a'prilie]
maio (m)	mai (m)	[maj]
junho (m)	iunie (m)	['junie]

julho (m)	iulie (m)	['julie]
agosto (m)	august (m)	['august]
setembro (m)	septembrie (m)	[sep'tembrie]
outubro (m)	octombrie (m)	[ok'tombrie]
novembro (m)	noiembrie (m)	[no'embrie]
dezembro (m)	decembrie (m)	[de'tʃembrie]

primavera (f)	primăvară (f)	[primə'varə]
na primavera	primăvara	[primə'vara]
primaveril (adj)	de primăvară	[de primə'varə]

verão (m)	vară (f)	['varə]
no verão	vara	['vara]
de verão	de vară	[de 'varə]
outono (m)	toamnă (f)	[to'amnə]
no outono	toamna	[to'amna]
outonal (adj)	de toamnă	[de to'amnə]
inverno (m)	iarnă (f)	['jarnə]
no inverno	iarna	['jarna]
de inverno	de iarnă	[de 'jarnə]
mês (m)	lună (f)	['lunə]
este mês	în luna curentă	[in 'luna ku'rentə]
mês que vem	în luna următoare	[in 'luna urməto'are]
no mês passado	în luna trecută	[in 'luna tre'kutə]
um mês atrás	o lună în urmă	[o 'lunə in 'urmə]
em um mês	peste o lună	['peste o 'lunə]
em dois meses	peste două luni	['peste 'dowə lunʲ]
todo o mês	luna întreagă	['luna in'trʲagə]
um mês inteiro	o lună întreagă	[o 'lunə in'trʲagə]
mensal (adj)	lunar	[lu'nar]
mensalmente	în fiecare lună	[in fie'kare 'lunə]
todo mês	fiecare lună	[fie'kare 'lunə]
duas vezes por mês	de două ori pe lună	[de 'dowə orʲ pe 'lunə]
ano (m)	an (m)	[an]
este ano	anul acesta	['anul a'tʃesta]
ano que vem	anul viitor	['anul vii'tor]
no ano passado	anul trecut	['anul tre'kut]
há um ano	acum un an	[a'kum un an]
em um ano	peste un an	['peste un an]
dentro de dois anos	peste doi ani	['peste doj anʲ]
todo o ano	tot anul	[tot 'anul]
um ano inteiro	un an întreg	[un an in'treg]
cada ano	în fiecare an	[in fie'kare an]
anual (adj)	anual	[anu'al]
anualmente	în fiecare an	[in fie'kare an]
quatro vezes por ano	de patru ori pe an	[de 'patru orʲ pe an]
data (~ de hoje)	dată (f)	['datə]
data (ex. ~ de nascimento)	dată (f)	['datə]
calendário (m)	calendar (n)	[kalen'dar]
meio ano	jumătate (f) de an	[ʒumə'tate de an]
seis meses	jumătate (f) de an	[ʒumə'tate de an]
estação (f)	sezon (n)	[se'zon]
século (m)	veac (n)	[vʲak]

23. Tempo. Diversos

tempo (m)	timp (m)	[timp]
momento (m)	clipă (f)	['klipə]
instante (m)	moment (n)	[mo'mənt]
instantâneo (adj)	momentan	[momen'tan]
lapso (m) de tempo	perioadă (f)	[perio'adə]
vida (f)	viață (f)	['vjatsə]
eternidade (f)	veşnicie (f)	[veʃni'tʃie]

época (f)	epocă (f)	[e'pokə]
era (f)	eră (f)	['erə]
ciclo (m)	ciclu (n)	['tʃiklu]
período (m)	perioadă (f)	[perio'adə]
prazo (m)	termen (n)	['termen]

futuro (m)	viitor (n)	[vii'tor]
futuro (adj)	viitor	[vii'tor]
da próxima vez	data următoare	['data urməto'are]
passado (m)	trecut (n)	[tre'kut]
passado (adj)	trecut	[tre'kut]
na última vez	data trecută	['data tre'kutə]

mais tarde	mai târziu	[maj tɨr'zju]
depois de ...	după	['dupə]
atualmente	acum	[a'kum]
agora	acum	[a'kum]
imediatamente	imediat	[imedi'at]
em breve	în curând	[in ku'rɨnd]
de antemão	în prealabil	[in prʲa'labil]

há muito tempo	demult	[de'mult]
recentemente	recent	[re'tʃent]
destino (m)	soartă (f)	[so'artə]
recordações (f pl)	memorie (f)	[me'morie]
arquivo (m)	arhivă (f)	[ar'hivə]

durante ...	în timpul ...	[in 'timpul]
durante muito tempo	îndelung	[inde'lung]
pouco tempo	puțin timp	[pu'tsin 'timp]
cedo (levantar-se ~)	devreme	[de'vreme]
tarde (deitar-se ~)	târziu	[tɨr'zju]

para sempre	pentru totdeauna	['pentru totdʲa'una]
começar (vt)	a începe	[a in'tʃepe]
adiar (vt)	a amâna	[a amɨ'na]

ao mesmo tempo	concomitent	[konkomi'tent]
permanentemente	mereu	[me'reu]
constante (~ ruído, etc.)	permanent	[perma'nent]
temporário (adj)	temporar	[tempo'rar]

às vezes	uneori	[une'orʲ]
raras vezes, raramente	rar	[rar]
frequentemente	adesea	[a'desʲa]

24. Linhas e formas

quadrado (m)	pătrat (n)	[pə'trat]
quadrado (adj)	pătrat	[pə'trat]
círculo (m)	cerc (n)	[tʃerk]
redondo (adj)	rotund	[ro'tund]
triângulo (m)	triunghi (n)	[tri'ungʲ]
triangular (adj)	triunghiular	[trjungju'lar]
oval (f)	oval (n)	[o'val]
oval (adj)	oval	[o'val]
retângulo (m)	dreptunghi (n)	[drep'tungʲ]
retangular (adj)	dreptunghiular	[dreptungju'lar]
pirâmide (f)	piramidă (f)	[pira'midə]
losango (m)	romb (n)	[romb]
trapézio (m)	trapez (n)	[tra'pez]
cubo (m)	cub (n)	[kub]
prisma (m)	prismă (f)	['prizmə]
circunferência (f)	circumferinţă (f)	[tʃirkumfe'rintsə]
esfera (f)	sferă (f)	['sferə]
globo (m)	sferă (f)	['sferə]
diâmetro (m)	diametru (n)	[di'ametru]
raio (m)	rază (f)	['razə]
perímetro (m)	perimetru (n)	[peri'metru]
centro (m)	centru (n)	['tʃentru]
horizontal (adj)	orizontal	[orizon'tal]
vertical (adj)	vertical	[verti'kal]
paralela (f)	paralelă (f)	[para'lelə]
paralelo (adj)	paralel	[para'lel]
linha (f)	linie (f)	['linie]
traço (m)	linie (f)	['linie]
reta (f)	dreaptă (f)	['drʲaptə]
curva (f)	curbă (f)	['kurbə]
fino (linha ~a)	subţire	[sub'tsire]
contorno (m)	contur (n)	[kon'tur]
interseção (f)	intersecţie (f)	[inter'sektsie]
ângulo (m) reto	unghi (n) drept	[ungʲ drept]
segmento (m)	segment (n)	[seg'ment]
setor (m)	sector (n)	[sek'tor]
lado (de um triângulo, etc.)	latură (f)	['laturə]
ângulo (m)	unghi (n)	[ungʲ]

25. Unidades de medida

peso (m)	greutate (f)	[greu'tate]
comprimento (m)	lungime (f)	[lun'dʒime]
largura (f)	lăţime (f)	[lə'tsime]
altura (f)	înălţime (f)	[inəl'tsime]

profundidade (f)	adâncime (f)	[adɨn'tʃime]
volume (m)	volum (n)	[vo'lum]
área (f)	suprafață (f)	[supra'fatsə]

grama (m)	gram (n)	[gram]
miligrama (m)	miligram (n)	[mili'gram]
quilograma (m)	kilogram (n)	[kilo'gram]
tonelada (f)	tonă (f)	['tonə]
libra (453,6 gramas)	funt (m)	[funt]
onça (f)	uncie (f)	['untʃie]

metro (m)	metru (m)	['metru]
milímetro (m)	milimetru (m)	[mili'metru]
centímetro (m)	centimetru (m)	[tʃenti'metru]
quilômetro (m)	kilometru (m)	[kilo'metru]
milha (f)	milă (f)	['milə]

polegada (f)	țol (m)	[tsol]
pé (304,74 mm)	picior (m)	[pi'tʃior]
jarda (914,383 mm)	yard (m)	[jard]

| metro (m) quadrado | metru (m) pătrat | ['metru pə'trat] |
| hectare (m) | hectar (n) | [hek'tar] |

litro (m)	litru (m)	['litru]
grau (m)	grad (n)	[grad]
volt (m)	volt (m)	[volt]
ampère (m)	amper (m)	[am'per]
cavalo (m) de potência	cal-putere (m)	[kal pu'tere]

quantidade (f)	cantitate (f)	[kanti'tate]
um pouco de ...	puțin ...	[pu'tsin]
metade (f)	jumătate (f)	[ʒumə'tate]
dúzia (f)	duzină (f)	[du'zinə]
peça (f)	bucată (f)	[bu'katə]

| tamanho (m), dimensão (f) | dimensiune (f) | [dimensi'une] |
| escala (f) | proporție (f) | [pro'portsie] |

mínimo (adj)	minim	['minim]
menor, mais pequeno	cel mai mic	[tʃel maj mik]
médio (adj)	de, din mijloc	[de, din 'miʒlok]
máximo (adj)	maxim	['maksim]
maior, mais grande	cel mai mare	[tʃel maj 'mare]

26. Recipientes

pote (m) de vidro	borcan (n)	[bor'kan]
lata (~ de cerveja)	cutie (f)	[ku'tie]
balde (m)	găleată (f)	[gə'lʲatə]
barril (m)	butoi (n)	[bu'toj]

| bacia (~ de plástico) | lighean (n) | [li'gʲan] |
| tanque (m) | rezervor (n) | [rezer'vor] |

cantil (m) de bolso	damigeană (f)	[dami'dʒanə]
galão (m) de gasolina	canistră (f)	[ka'nistrə]
cisterna (f)	cisternă (f)	[tʃis'ternə]

caneca (f)	cană (f)	['kanə]
xícara (f)	ceaşcă (f)	['tʃaʃkə]
pires (m)	farfurioară (f)	[farfurio'arə]
copo (m)	pahar (n)	[pa'har]
taça (f) de vinho	cupă (f)	['kupə]
panela (f)	cratiţă (f)	['kratitsə]

| garrafa (f) | sticlă (f) | ['stiklə] |
| gargalo (m) | gâtul (n) sticlei | ['gîtul 'stiklej] |

jarra (f)	garafă (f)	[ga'rafə]
jarro (m)	ulcior (n)	[ul'tʃior]
recipiente (m)	vas (n)	[vas]
pote (m)	oală (f)	[o'alə]
vaso (m)	vază (f)	['vazə]

frasco (~ de perfume)	flacon (n)	[fla'kon]
frasquinho (m)	sticluţă (f)	[sti'klutsə]
tubo (m)	tub (n)	[tub]

saco (ex. ~ de açúcar)	sac (m)	[sak]
sacola (~ plastica)	pachet (n)	[pa'ket]
maço (de cigarros, etc.)	pachet (n)	[pa'ket]

caixa (~ de sapatos, etc.)	cutie (f)	[ku'tie]
caixote (~ de madeira)	ladă (f)	['ladə]
cesto (m)	coş (n)	[koʃ]

27. Materiais

material (m)	material (n)	[materi'al]
madeira (f)	lemn (n)	[lemn]
de madeira	de, din lemn	[de, din lemn]

| vidro (m) | sticlă (f) | ['stiklə] |
| de vidro | de, din sticlă | [de, din 'stiklə] |

| pedra (f) | piatră (f) | ['pjatrə] |
| de pedra | de, din piatră | [de, din 'pjatrə] |

| plástico (m) | masă (f) plastică | ['masə 'plastikə] |
| plástico (adj) | de, din masă plastică | [de, din 'masə 'plastikə] |

| borracha (f) | cauciuc (n) | [kau'tʃuk] |
| de borracha | de, din cauciuc | [de, din kau'tʃiuk] |

tecido, pano (m)	ţesătură (f)	[tsesə'turə]
de tecido	de, din ţesătură	[de, din tsesə'turə]
papel (m)	hârtie (f)	[hir'tie]
de papel	de, din hârtie	[de, din hir'tie]

| papelão (m) | carton (n) | [kar'ton] |
| de papelão | de, din carton | [de, din kar'ton] |

polietileno (m)	polietilenă (f)	[polieti'lenə]
celofane (m)	celofan (n)	[ʧelo'fan]
madeira (f) compensada	furnir (n)	[fur'nir]

porcelana (f)	porțelan (n)	[porʦe'lan]
de porcelana	de, din porțelan	[de, din porʦe'lan]
argila (f), barro (m)	argilă (f)	[ar'dʒilə]
de barro	de lut	[de 'lut]
cerâmica (f)	ceramică (f)	[ʧe'ramikə]
de cerâmica	de, din ceramică	[de, din ʧe'ramikə]

28. Metais

metal (m)	metal (n)	[me'tal]
metálico (adj)	de, din metal	[de, din me'tal]
liga (f)	aliaj (n)	[a'ljaʒ]

ouro (m)	aur (n)	['aur]
de ouro	de, din aur	[de, din 'aur]
prata (f)	argint (n)	[ar'dʒint]
de prata	de, din argint	[de, din ar'dʒint]

ferro (m)	fier (n)	[fier]
de ferro	de, din fier	[de, din 'fjer]
aço (m)	oțel (n)	[o'ʦel]
de aço (adj)	de, din oțel	[de, din o'ʦel]
cobre (m)	cupru (n)	['kupru]
de cobre	de, din cupru	[de, din 'kupru]

alumínio (m)	aluminiu (n)	[alu'miniu]
de alumínio	de, din aluminiu	[de, din alu'miniu]
bronze (m)	bronz (n)	[bronz]
de bronze	de, din bronz	[de, din bronz]

latão (m)	alamă (f)	[a'lamə]
níquel (m)	nichel (n)	['nikel]
platina (f)	platină (f)	['platinə]
mercúrio (m)	mercur (n)	[mer'kur]
estanho (m)	cositor (n)	[kosi'tor]
chumbo (m)	plumb (n)	[plumb]
zinco (m)	zinc (n)	[zink]

O SER HUMANO

O ser humano. O corpo

29. Humanos. Conceitos básicos

ser (m) humano	om (m)	[om]
homem (m)	bărbat (m)	[bər'bat]
mulher (f)	femeie (f)	[fe'meje]
criança (f)	copil (m)	[ko'pil]
menina (f)	fată (f)	['fatə]
menino (m)	băiat (m)	[bə'jat]
adolescente (m)	adolescent (m)	[adoles'tʃent]
velho (m)	bătrân (m)	[bə'trin]
velha (f)	bătrână (f)	[bə'trinə]

30. Anatomia humana

organismo (m)	organism (n)	[orga'nizm]
coração (m)	inimă (f)	['inimə]
sangue (m)	sânge (n)	['sindʒe]
artéria (f)	arteră (f)	[ar'terə]
veia (f)	venă (f)	['venə]
cérebro (m)	creier (m)	['krejer]
nervo (m)	nerv (m)	[nerv]
nervos (m pl)	nervi (m pl)	[nervʲ]
vértebra (f)	vertebră (f)	[ver'tebrə]
coluna (f) vertebral	coloană (f) vertebrală	[kolo'ane verte'bralə]
estômago (m)	stomac (n)	[sto'mak]
intestinos (m pl)	intestin (n)	[intes'tin]
intestino (m)	intestin (n)	[intes'tin]
fígado (m)	ficat (m)	[fi'kat]
rim (m)	rinichi (m)	[ri'nikʲ]
osso (m)	os (n)	[os]
esqueleto (m)	schelet (n)	[ske'let]
costela (f)	coastă (f)	[ko'astə]
crânio (m)	craniu (n)	['kranju]
músculo (m)	muşchi (m)	[muʃkʲ]
bíceps (m)	biceps (m)	['bitʃeps]
tríceps (m)	triceps (m)	['tritʃeps]
tendão (m)	tendon (n)	[ten'don]
articulação (f)	încheietură (f)	[inkeje'turə]

pulmões (m pl)	plămâni (m pl)	[plə'minⁱ]
órgãos (m pl) genitais	organe (n pl) genitale	[or'gane dʒeni'tale]
pele (f)	piele (f)	['pjele]

31. Cabeça

cabeça (f)	cap (n)	[kap]
rosto, cara (f)	faţă (f)	['fatsə]
nariz (m)	nas (n)	[nas]
boca (f)	gură (f)	['gurə]

olho (m)	ochi (m)	[okⁱ]
olhos (m pl)	ochi (m pl)	[okⁱ]
pupila (f)	pupilă (f)	[pu'pilə]
sobrancelha (f)	sprânceană (f)	[sprin'tʃane]
cílio (f)	geană (f)	['dʒanə]
pálpebra (f)	pleoapă (f)	[pleo'apə]

língua (f)	limbă (f)	['limbə]
dente (m)	dinte (m)	['dinte]
lábios (m pl)	buze (f pl)	['buze]
maças (f pl) do rosto	pomeţi (m pl)	[po'metsⁱ]
gengiva (f)	gingie (f)	[dʒin'dʒie]
palato (m)	palat (n)	[pa'lat]

narinas (f pl)	nări (f pl)	[nərⁱ]
queixo (m)	bărbie (f)	[bər'bie]
mandíbula (f)	maxilar (n)	[maksi'lar]
bochecha (f)	obraz (m)	[o'braz]

testa (f)	frunte (f)	['frunte]
têmpora (f)	tâmplă (f)	['timplə]
orelha (f)	ureche (f)	[u'reke]
costas (f pl) da cabeça	ceafă (f)	['tʃafə]
pescoço (m)	gât (n)	[git]
garganta (f)	gât (n)	[git]

cabelo (m)	păr (m)	[pər]
penteado (m)	coafură (f)	[koa'furə]
corte (m) de cabelo	tunsoare (f)	[tunso'are]
peruca (f)	perucă (f)	[pe'rukə]

bigode (m)	mustăţi (f pl)	[mus'tətsⁱ]
barba (f)	barbă (f)	['barbə]
ter (~ barba, etc.)	a purta	[a pur'ta]
trança (f)	cosiţă (f)	[ko'sitsə]
suíças (f pl)	favoriţi (m pl)	[favo'ritsⁱ]

ruivo (adj)	roşcat	[roʃ'kat]
grisalho (adj)	cărunt	[kə'runt]
careca (adj)	chel	[kel]
calva (f)	chelie (f)	[ke'lie]
rabo-de-cavalo (m)	coadă (f)	[ko'adə]
franja (f)	breton (n)	[bre'ton]

32. Corpo humano

mão (f)	mână (f)	['minə]
braço (m)	braţ (n)	[braʦ]

dedo (m)	deget (n)	['dedʒet]
polegar (m)	degetul (n) mare	['dedʒetul 'mare]
dedo (m) mindinho	degetul (n) mic	['dedʒetul mik]
unha (f)	unghie (f)	['ungie]

punho (m)	pumn (m)	[pumn]
palma (f)	palmă (f)	['palmə]
pulso (m)	încheietura (f) mâinii	[inkeje'tura 'minij]
antebraço (m)	antebraţ (n)	[ante'braʦ]
cotovelo (m)	cot (n)	[kot]
ombro (m)	umăr (m)	['umər]

perna (f)	picior (n)	[pi'ʧior]
pé (m)	talpă (f)	['talpə]
joelho (m)	genunchi (n)	[dʒe'nunkʲ]
panturrilha (f)	pulpă (f)	['pulpə]
quadril (m)	coapsă (f)	[ko'apsə]
calcanhar (m)	călcâi (n)	[kəl'kij]

corpo (m)	corp (n)	[korp]
barriga (f), ventre (m)	burtă (f)	['burtə]
peito (m)	piept (n)	[pjept]
seio (m)	sân (m)	[sin]
lado (m)	coastă (f)	[ko'astə]
costas (dorso)	spate (n)	['spate]
região (f) lombar	regiune (f) lombară	[redʒi'une lom'barə]
cintura (f)	talie (f)	['talie]

umbigo (m)	buric (n)	[bu'rik]
nádegas (f pl)	fese (f pl)	['fese]
traseiro (m)	şezut (n)	[ʃə'zut]

sinal (m), pinta (f)	aluniţă (f)	[alu'niʦə]
sinal (m) de nascença	semn (n) din naştere	[semn din 'naʃtere]
tatuagem (f)	tatuaj (n)	[tatu'aʒ]
cicatriz (f)	cicatrice (f)	[ʧika'triʦe]

Vestuário & Acessórios

33. Roupa exterior. Casacos

roupa (f)	îmbrăcăminte (f)	[ɨmbrəkə'minte]
roupa (f) exterior	hainǎ (f)	['hajnə]
roupa (f) de inverno	îmbrăcăminte (f) de iarnă	[ɨmbrəkə'minte de 'jarnə]
sobretudo (m)	palton (n)	[pal'ton]
casaco (m) de pele	şubǎ (f)	['ʃubə]
jaqueta (f) de pele	scurtă (f) îmblănită	['skurtə ɨmblə'nitə]
casaco (m) acolchoado	scurtă (f) de puf	['skurtə de 'puf]
casaco (m), jaqueta (f)	scurtă (f)	['skurtə]
impermeável (m)	trenci (f)	[trentʃi]
a prova d'água	impermeabil (n)	[imperme'abil]

34. Vestuário de homem & mulher

camisa (f)	cămaşă (f)	[kə'maʃə]
calça (f)	pantaloni (m pl)	[panta'lonʲ]
jeans (m)	blugi (m pl)	[bludʒʲ]
paletó, terno (m)	sacou (n)	[sa'kou]
terno (m)	costum (n)	[kos'tum]
vestido (ex. ~ de noiva)	rochie (f)	['rokie]
saia (f)	fustă (f)	['fustə]
blusa (f)	bluză (f)	['bluzə]
casaco (m) de malha	jachetă (f) tricotată	[ʒa'ketə triko'tatə]
casaco, blazer (m)	jachetă (f)	[ʒa'ketə]
camiseta (f)	tricou (n)	[tri'kou]
short (m)	şorturi (n pl)	['ʃorturʲ]
training (m)	costum (n) sportiv	[kos'tum spor'tiv]
roupão (m) de banho	halat (n)	[ha'lat]
pijama (m)	pijama (f)	[piʒa'ma]
suéter (m)	sveter (n)	['sveter]
pulôver (m)	pulover (n)	[pu'lover]
colete (m)	vestă (f)	['vestə]
fraque (m)	frac (n)	[frak]
smoking (m)	smoching (n)	['smoking]
uniforme (m)	uniformă (f)	[uni'formə]
roupa (f) de trabalho	hainǎ (f) de lucru	['hajnə de 'lukru]
macacão (m)	salopetă (f)	[salo'petə]
jaleco (m), bata (f)	halat (n)	[ha'lat]

35. Vestuário. Roupa interior

roupa (f) íntima	lenjerie (f) de corp	[lenʒe'rie de 'korp]
camiseta (f)	maiou (n)	[ma'jou]
meias (f pl)	şosete (f pl)	[ʃo'sete]
camisola (f)	cămaşă (f) de noapte	[kə'maʃə de no'apte]
sutiã (m)	sutien (n)	[su'tjen]
meias longas (f pl)	ciorapi (m pl)	[ʧio'rapʲ]
meias-calças (f pl)	ciorapi pantalon (m pl)	[ʧio'rapʲ panta'lon]
meias (~ de nylon)	ciorapi (m pl)	[ʧio'rapʲ]
maiô (m)	costum (n) de baie	[kos'tum de 'bae]

36. Adereços de cabeça

chapéu (m), touca (f)	căciulă (f)	[kə'ʧiulə]
chapéu (m) de feltro	pălărie (f)	[pələ'rie]
boné (m) de beisebol	şapcă (f)	['ʃapkə]
boina (~ italiana)	chipiu (n)	[ki'pju]
boina (ex. ~ basca)	beretă (f)	[be'retə]
capuz (m)	glugă (f)	['glugə]
chapéu panamá (m)	panama (f)	[pana'ma]
touca (f)	căciulă (f) împletită	[kə'ʧiulə împle'titə]
lenço (m)	basma (f)	[bas'ma]
chapéu (m) feminino	pălărie (f) de damă	[pələ'rie de 'damə]
capacete (m) de proteção	cască (f)	['kaskə]
bibico (m)	bonetă (f)	[bo'netə]
capacete (m)	coif (n)	[kojf]
chapéu-coco (m)	pălărie (f)	[pələ'rie]
cartola (f)	joben (n)	[ʒo'ben]

37. Calçado

calçado (m)	încălţăminte (f)	[inkəltsə'minte]
botinas (f pl), sapatos (m pl)	ghete (f pl)	['gete]
sapatos (de salto alto, etc.)	pantofi (m pl)	[pan'tofʲ]
botas (f pl)	cizme (f pl)	['ʧizme]
pantufas (f pl)	şlapi (m pl)	[ʃlapʲ]
tênis (~ Nike, etc.)	adidaşi (m pl)	[a'didaʃ]
tênis (~ Converse)	tenişi (m pl)	['teniʃ]
sandálias (f pl)	sandale (f pl)	[san'dale]
sapateiro (m)	cizmar (m)	[ʧiz'mar]
salto (m)	toc (n)	[tok]
par (m)	pereche (f)	[pe'reke]
cadarço (m)	şiret (n)	[ʃi'ret]

amarrar os cadarços	a şnurui	[a ʃnuru'i]
calçadeira (f)	lingură (f) pentru pantofi	['lingurə 'pentru pan'tofʲ]
graxa (f) para calçado	cremă (f) de ghete	['kremə de 'gete]

38. Têxtil. Tecidos

algodão (m)	bumbac (m)	[bum'bak]
de algodão	de, din bumbac	[de, din bum'bak]
linho (m)	in (n)	[in]
de linho	de, din in	[de, din in]

seda (f)	mătase (f)	[mə'tase]
de seda	de, din mătase	[de, din mə'tase]
lã (f)	lână (f)	['linə]
de lã	de, din lână	[de, din 'linə]

veludo (m)	catifea (f)	[kati'fʲa]
camurça (f)	piele (f) întoarsă	['pjele into'arsə]
veludo (m) cotelê	ţesătură de bumbac	[tsesə'turə de bum'bak
	catifelată (f)	katife'latə]

nylon (m)	nailon (n)	[naj'lon]
de nylon	de, din nailon	[de, din naj'lon]
poliéster (m)	poliester (n)	[polies'ter]
de poliéster	de, din poliester	[de, din polies'ter]

couro (m)	piele (f)	['pjele]
de couro	de, din piele	[de, din 'pjele]
pele (f)	blană (f)	['blanə]
de pele	de, din blană	[de, din 'blanə]

39. Acessórios pessoais

luva (f)	mănuşi (f pl)	[mə'nuʃ]
mitenes (f pl)	mănuşi (f pl)	[mə'nuʃ
	cu un singur deget	ku un 'singur 'dedʒet]
cachecol (m)	fular (m)	[fu'lar]

óculos (m pl)	ochelari (m pl)	[oke'larʲ]
armação (f)	ramă (f)	['ramə]
guarda-chuva (m)	umbrelă (f)	[um'brelə]
bengala (f)	baston (n)	[bas'ton]
escova (f) para o cabelo	perie (f) de păr	[pe'rie de pər]
leque (m)	evantai (n)	[evan'taj]

gravata (f)	cravată (f)	[kra'vatə]
gravata-borboleta (f)	papion (n)	[papi'on]
suspensórios (m pl)	bretele (f pl)	[bre'tele]
lenço (m)	batistă (f)	[ba'tistə]

| pente (m) | pieptene (m) | ['pjeptene] |
| fivela (f) para cabelo | agrafă (f) | [a'grafə] |

| grampo (m) | ac (n) de păr | [ak de pər] |
| fivela (f) | cataramă (f) | [kata'ramə] |

| cinto (m) | cordon (n) | [kor'don] |
| alça (f) de ombro | curea (f) | [ku'rʲa] |

bolsa (f)	geantă (f)	['dʒantə]
bolsa (feminina)	poşetă (f)	[po'ʃetə]
mochila (f)	rucsac (n)	[ruk'sak]

40. Vestuário. Diversos

moda (f)	modă (f)	['modə]
na moda (adj)	la modă	[la 'modə]
estilista (m)	modelier (n)	[mode'ljer]

colarinho (m)	guler (n)	['guler]
bolso (m)	buzunar (n)	[buzu'nar]
de bolso	de buzunar	[de buzu'nar]
manga (f)	mânecă (f)	['mineke]
ganchinho (m)	gaică (f)	['gajkə]
bragueta (f)	şliţ (n)	[ʃliʦ]

zíper (m)	fermoar (n)	[fermo'ar]
colchete (m)	capsă (f)	['kapsə]
botão (m)	nasture (m)	['nasture]
botoeira (casa de botão)	butonieră (f)	[buto'njere]
soltar-se (vr)	a se rupe	[a se 'rupe]

costurar (vi)	a coase	[a ko'ase]
bordar (vt)	a broda	[a bro'da]
bordado (m)	broderie (f)	[brode'rie]
agulha (f)	ac (n)	[ak]
fio, linha (f)	aţă (f)	['atsə]
costura (f)	cusătură (f)	[kusə'turə]

sujar-se (vr)	a se murdări	[a se murdə'ri]
mancha (f)	pată (f)	['patə]
amarrotar-se (vr)	a se şifona	[a se ʃifo'na]
rasgar (vt)	a rupe	[a 'rupe]
traça (f)	molie (f)	['molie]

41. Cuidados pessoais. Cosméticos

pasta (f) de dente	pastă (f) de dinţi	['paste de dinʦʲ]
escova (f) de dente	periuţă (f) de dinţi	[peri'utse de dinʦʲ]
escovar os dentes	a se spăla pe dinţi	[a se spe'la pe dinʦʲ]

gilete (f)	brici (n)	['britʃi]
creme (m) de barbear	cremă (f) de bărbierit	['kreme de berbie'rit]
barbear-se (vr)	a se bărbieri	[a se berbie'ri]
sabonete (m)	săpun (n)	[se'pun]

xampu (m)	şampon (n)	[ʃam'pon]
tesoura (f)	foarfece (n)	[fo'arfetʃe]
lixa (f) de unhas	pilă (f) de unghii	['pilə de 'ungij]
corta-unhas (m)	cleştişor (n)	[kleʃti'ʃor]
pinça (f)	pensetă (f)	[pen'setə]

cosméticos (m pl)	cosmetică (f)	[kos'metikə]
máscara (f)	mască (f)	['maskə]
manicure (f)	manichiură (f)	[mani'kjurə]
fazer as unhas	a face manichiura	[a 'fatʃe mani'kjura]
pedicure (f)	pedichiură (f)	[pedi'kjurə]

bolsa (f) de maquiagem	trusă (f) de cosmetică	['trusə de kos'metikə]
pó (de arroz)	pudră (f)	['pudrə]
pó (m) compacto	pudrieră (f)	[pudri'erə]
blush (m)	fard de obraz (n)	[fard de o'braz]

perfume (m)	parfum (n)	[par'fum]
água-de-colônia (f)	apă de toaletă (f)	['apə de toa'letə]
loção (f)	loţiune (f)	[lotsi'une]
colônia (f)	colonie (f)	[ko'lonie]

sombra (f) de olhos	fard (n) de pleoape	[fard 'pentru pleo'ape]
delineador (m)	creion (n) de ochi	[kre'jon 'pentru okʲ]
máscara (f), rímel (m)	rimel (n)	[ri'mel]

batom (m)	ruj (n)	[ruʒ]
esmalte (m)	ojă (f)	['oʒə]
laquê (m), spray fixador (m)	gel (n) de păr	[dʒel de pər]
desodorante (m)	deodorant (n)	[deodo'rant]

creme (m)	cremă (f)	['kremə]
creme (m) de rosto	cremă (f) de faţă	['kremə de 'fatsə]
creme (m) de mãos	cremă (f) pentru mâini	['kremə 'pentru minʲ]
creme (m) antirrugas	cremă (f) anti-rid	['kremə 'anti rid]
de dia	de zi	[de zi]
da noite	de noapte	[de no'apte]

absorvente (m) interno	tampon (n)	[tam'pon]
papel (m) higiênico	hârtie (f) igienică	[hir'tie idʒi'enikə]
secador (m) de cabelo	uscător (n) de păr	[uskə'tor de pər]

42. Joalheria

joias (f pl)	giuvaeruri (n pl)	[dʒiuva'erurʲ]
precioso (adj)	preţios	[pretsi'os]
marca (f) de contraste	marcă (f)	['markə]

anel (m)	inel (n)	[i'nel]
aliança (f)	verighetă (f)	[veri'getə]
pulseira (f)	brăţară (f)	[brə'tsarə]

brincos (m pl)	cercei (m pl)	[tʃer'tʃej]
colar (m)	colier (n)	[ko'ljer]

43

coroa (f)	coroană (f)	[koro'anə]
colar (m) de contas	mărgele (f pl)	[mər'dʒele]

diamante (m)	briliant (n)	[brili'ant]
esmeralda (f)	smarald (n)	[sma'rald]
rubi (m)	rubin (n)	[ru'bin]
safira (f)	safir (n)	[sa'fir]
pérola (f)	perlă (f)	['perlə]
âmbar (m)	chihlimbar (n)	[kihlim'bar]

43. Relógios de pulso. Relógios

relógio (m) de pulso	ceas (n) de mână	[tʃas de 'minə]
mostrador (m)	cadran (n)	[ka'dran]
ponteiro (m)	acul (n) ceasornicului	['akul tʃasor'nikuluj]
bracelete (em aço)	brăţară (f)	[brə'tsarə]
bracelete (em couro)	curea (f)	[ku'r'a]

pilha (f)	baterie (f)	[bate'rie]
acabar (vi)	a se termina	[a se termi'na]
trocar a pilha	a schimba bateria	[a skim'ba bate'rija]
estar adiantado	a merge înainte	[a 'merdʒe ina'inte]
estar atrasado	a rămâne în urmă	[a rə'mine in 'urmə]

relógio (m) de parede	pendulă (f)	[pen'dulə]
ampulheta (f)	clepsidră (f)	[klep'sidrə]
relógio (m) de sol	cadran (n) solar	[ka'dran so'lar]
despertador (m)	ceas (n) deşteptător	[tʃas deʃteptə'tor]
relojoeiro (m)	ceasornicar (m)	[tʃasorni'kar]
reparar (vt)	a repara	[a repa'ra]

Alimentação. Nutrição

44. Comida

carne (f)	carne (f)	['karne]
galinha (f)	carne (f) de găină	['karne de gə'inə]
frango (m)	carne (f) de pui	['karne de puj]
pato (m)	carne (f) de raţă	['karne de 'ratsə]
ganso (m)	carne (f) de gâscă	['karne de 'giskə]
caça (f)	vânat (n)	[vi'nat]
peru (m)	carne (f) de curcan	['karne de 'kurkan]
carne (f) de porco	carne (f) de porc	['karne de pork]
carne (f) de vitela	carne (f) de viţel	['karne de vi'tsel]
carne (f) de carneiro	carne (f) de berbec	['karne de ber'bek]
carne (f) de vaca	carne (f) de vită	['karne de 'vitə]
carne (f) de coelho	carne (f) de iepure de casă	['karne de 'epure de 'kasə]
linguiça (f), salsichão (m)	salam (n)	[sa'lam]
salsicha (f)	crenvurşt (n)	[kren'vurʃt]
bacon (m)	costiţă (f) afumată	[kos'titsə afu'matə]
presunto (m)	şuncă (f)	['ʃunkə]
pernil (m) de porco	pulpă (f)	['pulpə]
patê (m)	pateu (n)	[pa'teu]
fígado (m)	ficat (m)	[fi'kat]
guisado (m)	carne (f) tocată	['karne to'katə]
língua (f)	limbă (f)	['limbə]
ovo (m)	ou (n)	['ow]
ovos (m pl)	ouă (n pl)	['owə]
clara (f) de ovo	albuş (n)	[al'buʃ]
gema (f) de ovo	gălbenuş	[gəlbe'nuʃ]
peixe (m)	peşte (m)	['peʃte]
mariscos (m pl)	produse (n pl) marine	[pro'duse ma'rine]
caviar (m)	icre (f pl) de peşte	['ikre de 'peʃte]
caranguejo (m)	crab (m)	[krab]
camarão (m)	crevetă (f)	[kre'vetə]
ostra (f)	stridie (f)	['stridie]
lagosta (f)	langustă (f)	[lan'gustə]
polvo (m)	caracatiţă (f)	[kara'katitsə]
lula (f)	calmar (m)	[kal'mar]
esturjão (m)	carne (f) de nisetru	['karne de ni'setru]
salmão (m)	somon (m)	[so'mon]
halibute (m)	calcan (m)	[kal'kan]
bacalhau (m)	batog (m)	[ba'tog]
cavala, sarda (f)	macrou (n)	[ma'krou]

atum (m)	ton (m)	[ton]
enguia (f)	țipar (m)	[tsi'par]
truta (f)	păstrăv (m)	[pəs'trəv]
sardinha (f)	sardea (f)	[sar'dʲa]
lúcio (m)	știucă (f)	['ʃtjukə]
arenque (m)	scrumbie (f)	[skrum'bie]
pão (m)	pâine (f)	['pine]
queijo (m)	cașcaval (n)	['brinzə]
açúcar (m)	zahăr (n)	['zahər]
sal (m)	sare (f)	['sare]
arroz (m)	orez (n)	[o'rez]
massas (f pl)	paste (f pl)	['paste]
talharim, miojo (m)	tăiței (m)	[təi'tsej]
manteiga (f)	unt (n)	['unt]
óleo (m) vegetal	ulei (n) vegetal	[u'lej vedʒe'tal]
óleo (m) de girassol	ulei (n) de floarea-soarelui	[u'lej de flo'arʲa so'areluj]
margarina (f)	margarină (f)	[marga'rinə]
azeitonas (f pl)	olive (f pl)	[o'live]
azeite (m)	ulei (n) de măsline	[u'lej de məs'line]
leite (m)	lapte (n)	['lapte]
leite (m) condensado	lapte (n) condensat	['lapte konden'sat]
iogurte (m)	iaurt (n)	[ja'urt]
creme (m) azedo	smântână (f)	[smin'tinə]
creme (m) de leite	frișcă (f)	['friʃkə]
maionese (f)	maioneză (f)	[majo'nezə]
creme (m)	cremă (f)	['kremə]
grãos (m pl) de cereais	crupe (f pl)	['krupe]
farinha (f)	făină (f)	[fə'inə]
enlatados (m pl)	conserve (f pl)	[kon'serve]
flocos (m pl) de milho	fulgi (m pl) de porumb	['fuldʒʲ de po'rumb]
mel (m)	miere (f)	['mjere]
geleia (m)	gem (n)	[dʒem]
chiclete (m)	gumă (f) de mestecat	['gume de meste'kat]

45. Bebidas

água (f)	apă (f)	['apə]
água (f) potável	apă (f) potabilă	['apə po'tabilə]
água (f) mineral	apă (f) minerală	['apə mine'ralə]
sem gás (adj)	necarbogazoasă	[nekarbogazo'asə]
gaseificada (adj)	carbogazoasă	[karbogazo'asə]
com gás	gazoasă	[gazo'asə]
gelo (m)	gheață (f)	['gʲatsə]
com gelo	cu gheață	[ku 'gʲatsə]

não alcoólico (adj)	fără alcool	['fərə alko'ol]
refrigerante (m)	băutură (f) fără alcool	[bəu'turə fərə alko'ol]
refresco (m)	băutură (f) răcoritoare	[bəu'turə rəkorito'are]
limonada (f)	limonadă (f)	[limo'nadə]

bebidas (f pl) alcoólicas	băuturi (f pl) alcoolice	[bəu'turi alko'olitʃe]
vinho (m)	vin (n)	[vin]
vinho (m) branco	vin (n) alb	[vin alb]
vinho (m) tinto	vin (n) roşu	[vin 'roʃu]

licor (m)	lichior (n)	[li'kør]
champanhe (m)	şampanie (f)	[ʃam'panie]
vermute (m)	vermut (n)	[ver'mut]

uísque (m)	whisky (n)	['wiski]
vodca (f)	votcă (f)	['votkə]
gim (m)	gin (n)	[dʒin]
conhaque (m)	coniac (n)	[ko'njak]
rum (m)	rom (n)	[rom]

café (m)	cafea (f)	[ka'fʲa]
café (m) preto	cafea (f) neagră	[ka'fʲa 'nʲagrə]
café (m) com leite	cafea (f) cu lapte	[ka'fʲa ku 'lapte]
cappuccino (m)	cafea (f) cu frişcă	[ka'fʲa ku 'friʃkə]
café (m) solúvel	cafea (f) solubilă	[ka'fʲa so'lubilə]

leite (m)	lapte (n)	['lapte]
coquetel (m)	cocteil (n)	[kok'tejl]
batida (f), milkshake (m)	cocteil (n) din lapte	[kok'tejl din 'lapte]

suco (m)	suc (n)	[suk]
suco (m) de tomate	suc (n) de roşii	[suk de 'roʃij]
suco (m) de laranja	suc (n) de portocale	[suk de porto'kale]
suco (m) fresco	suc (n) natural	[suk natu'ral]

cerveja (f)	bere (f)	['bere]
cerveja (f) clara	bere (f) blondă	['bere 'blondə]
cerveja (f) preta	bere (f) brună	['bere 'brunə]

chá (m)	ceai (n)	[tʃaj]
chá (m) preto	ceai (n) negru	[tʃaj 'negru]
chá (m) verde	ceai (n) verde	[tʃaj 'verde]

46. Vegetais

| vegetais (m pl) | legume (f pl) | [le'gume] |
| verdura (f) | verdeaţă (f) | [ver'dʲatsə] |

tomate (m)	roşie (f)	['roʃie]
pepino (m)	castravete (m)	[kastra'vete]
cenoura (f)	morcov (n)	['morkov]
batata (f)	cartof (m)	[kar'tof]
cebola (f)	ceapă (f)	['tʃapə]
alho (m)	usturoi (m)	[ustu'roj]

couve (f)	varză (f)	['varzə]
couve-flor (f)	conopidă (f)	[kono'pidə]
couve-de-bruxelas (f)	varză (f) de Bruxelles	['varzə de bruk'sel]
brócolis (m pl)	broccoli (m)	['brokoli]

beterraba (f)	sfeclă (f)	['sfeklə]
berinjela (f)	pătlăgea (f) vânătă	[pətlə'dʒʲa 'vinətə]
abobrinha (f)	dovlecel (m)	[dovle'tʃel]
abóbora (f)	dovleac (m)	[dov'lʲak]
nabo (m)	nap (m)	[nap]

salsa (f)	pătrunjel (m)	[pətrun'ʒel]
endro, aneto (m)	mărar (m)	[mə'rar]
alface (f)	salată (f)	[sa'latə]
aipo (m)	ţelină (f)	['tselinə]
aspargo (m)	sparanghel (m)	[sparan'gel]
espinafre (m)	spanac (n)	[spa'nak]

ervilha (f)	mazăre (f)	['mazəre]
feijão (~ soja, etc.)	boabe (f pl)	[bo'abe]
milho (m)	porumb (m)	[po'rumb]
feijão (m) roxo	fasole (f)	[fa'sole]

pimentão (m)	piper (m)	[pi'per]
rabanete (m)	ridiche (f)	[ri'dike]
alcachofra (f)	anghinare (f)	[angi'nare]

47. Frutos. Nozes

fruta (f)	fruct (n)	[frukt]
maçã (f)	măr (n)	[mər]
pera (f)	pară (f)	['parə]
limão (m)	lămâie (f)	[lə'mie]
laranja (f)	portocală (f)	[porto'kalə]
morango (m)	căpşună (f)	[kəp'ʃunə]

tangerina (f)	mandarină (f)	[manda'rinə]
ameixa (f)	prună (f)	['prunə]
pêssego (m)	piersică (f)	['pjersikə]
damasco (m)	caisă (f)	[ka'isə]
framboesa (f)	zmeură (f)	['zmeurə]
abacaxi (m)	ananas (m)	[ana'nas]

banana (f)	banană (f)	[ba'nanə]
melancia (f)	pepene (m) verde	['pepene 'verde]
uva (f)	struguri (m pl)	['strugurʲ]
ginja (f)	vişină (f)	['viʃinə]
cereja (f)	cireaşă (f)	[tʃi'rʲaʃə]
melão (m)	pepene (m) galben	['pepene 'galben]

toranja (f)	grepfrut (n)	['grepfrut]
abacate (m)	avocado (n)	[avo'kado]
mamão (m)	papaia (f)	[pa'paja]
manga (f)	mango (n)	['mango]

romã (f)	rodie (f)	['rodie]
groselha (f) vermelha	coacăză (f) roşie	[ko'akəzə 'roʃie]
groselha (f) negra	coacăză (f) neagră	[ko'akəzə 'nʲagrə]
groselha (f) espinhosa	agrişă (f)	[a'griʃə]
mirtilo (m)	afină (f)	[a'finə]
amora (f) silvestre	mură (f)	['murə]

passa (f)	stafidă (f)	[sta'fidə]
figo (m)	smochină (f)	[smo'kinə]
tâmara (f)	curmală (f)	[kur'malə]

amendoim (m)	arahidă (f)	[ara'hidə]
amêndoa (f)	migdală (f)	[mig'dalə]
noz (f)	nucă (f)	['nukə]
avelã (f)	alună (f) de pădure	[a'lunə de pə'dure]
coco (m)	nucă (f) de cocos	['nukə de 'kokos]
pistaches (m pl)	fistic (m)	['fistik]

48. Pão. Bolaria

pastelaria (f)	produse (n pl) de cofetărie	[pro'duse de kofetə'rie]
pão (m)	pâine (f)	['pine]
biscoito (m), bolacha (f)	biscuit (m)	[bisku'it]

chocolate (m)	ciocolată (f)	[ʧioko'latə]
de chocolate	de, din ciocolată	[de, din ʧioko'latə]
bala (f)	bomboană (f)	[bombo'anə]
doce (bolo pequeno)	prăjitură (f)	[prəʒi'turə]
bolo (m) de aniversário	tort (n)	[tort]

torta (f)	plăcintă (f)	[plə'ʧintə]
recheio (m)	umplutură (f)	[umplu'turə]

geleia (m)	dulceaţă (f)	[dul'ʧatsə]
marmelada (f)	marmeladă (f)	[marme'ladə]
wafers (m pl)	napolitane (f pl)	[napoli'tane]
sorvete (m)	îngheţată (f)	[inge'tsatə]

49. Pratos cozinhados

prato (m)	fel (n) de mâncare	[fel de mi'nkare]
cozinha (~ portuguesa)	bucătărie (f)	[bukətə'rie]
receita (f)	reţetă (f)	[re'tsetə]
porção (f)	porţie (f)	['portsie]

salada (f)	salată (f)	[sa'latə]
sopa (f)	supă (f)	['supə]

caldo (m)	supă (f) de carne	['supə de 'karne]
sanduíche (m)	tartină (f)	[tar'tinə]
ovos (m pl) fritos	omletă (f)	[om'letə]
hambúrguer (m)	hamburger (m)	['hamburger]

bife (m)	biftec (n)	[bif'tek]
acompanhamento (m)	garnitură (f)	[garni'turə]
espaguete (m)	spaghete (f pl)	[spa'gete]
purê (m) de batata	piure (n) de cartofi	[pju're de kar'tofʲ]
pizza (f)	pizza (f)	['pitsa]
mingau (m)	caşă (f)	['kaʃə]
omelete (f)	omletă (f)	[om'letə]

fervido (adj)	fiert	[fiert]
defumado (adj)	afumat	[afu'mat]
frito (adj)	prăjit	[prə'ʒit]
seco (adj)	uscat	[us'kat]
congelado (adj)	congelat	[kondʒe'lat]
em conserva (adj)	marinat	[mari'nat]

doce (adj)	dulce	['dulʧe]
salgado (adj)	sărat	[sə'rat]
frio (adj)	rece	['reʧe]
quente (adj)	fierbinte	[fier'binte]
amargo (adj)	amar	[a'mar]
gostoso (adj)	gustos	[gus'tos]

cozinhar em água fervente	a fierbe	[a 'fjerbe]
preparar (vt)	a găti	[a gə'ti]
fritar (vt)	a prăji	[a prə'ʒi]
aquecer (vt)	a încălzi	[a ɨnkəl'zi]

salgar (vt)	a săra	[a sə'ra]
apimentar (vt)	a pipera	[a pipe'ra]
ralar (vt)	a da prin răzătoare	[a da prin rəzəto'are]
casca (f)	coajă (f)	[ko'aʒə]
descascar (vt)	a curăţa	[a kurə'tsa]

50. Especiarias

sal (m)	sare (f)	['sare]
salgado (adj)	sărat	[sə'rat]
salgar (vt)	a săra	[a sə'ra]

pimenta-do-reino (f)	piper (m) negru	[pi'per 'negru]
pimenta (f) vermelha	piper (m) roşu	[pi'per 'roʃu]
mostarda (f)	muştar (m)	[muʃ'tar]
raiz-forte (f)	hrean (n)	[hrʲan]

condimento (m)	condiment (n)	[kondi'ment]
especiaria (f)	condiment (n)	[kondi'ment]
molho (~ inglês)	sos (n)	[sos]
vinagre (m)	oţet (n)	[o'tset]

anis estrelado (m)	anason (m)	[ana'son]
manjericão (m)	busuioc (n)	[busu'jok]
cravo (m)	cuişoare (f pl)	[kuiʃo'are]
gengibre (m)	ghimber (m)	[gim'ber]
coentro (m)	coriandru (m)	[kori'andru]

canela (f)	scorţişoară (f)	[skortsiʃo'arə]
gergelim (m)	susan (m)	[su'san]
folha (f) de louro	foi (f) de dafin	[foj de 'dafin]
páprica (f)	paprică (f)	['paprikə]
cominho (m)	chimen (m)	[ki'men]
açafrão (m)	şofran (m)	[ʃo'fran]

51. Refeições

| comida (f) | mâncare (f) | [mɨn'kare] |
| comer (vt) | a mânca | [a mɨn'ka] |

café (m) da manhã	micul dejun (n)	['mikul de'ʒun]
tomar café da manhã	a lua micul dejun	[a lu'a 'mikul de'ʒun]
almoço (m)	prânz (n)	[prɨnz]
almoçar (vi)	a lua prânzul	[a lu'a 'prinzul]
jantar (m)	cină (f)	['ʧinə]
jantar (vi)	a cina	[a ʧi'na]

| apetite (m) | poftă (f) de mâncare | ['poftə de mɨ'nkare] |
| Bom apetite! | Poftă bună! | ['poftə 'bunə] |

abrir (~ uma lata, etc.)	a deschide	[a des'kide]
derramar (~ líquido)	a vărsa	[a vər'sa]
derramar-se (vr)	a se vărsa	[a se vər'sa]
ferver (vi)	a fierbe	[a 'fjerbe]
ferver (vt)	a fierbe	[a 'fjerbe]
fervido (adj)	fiert	[fiert]
esfriar (vt)	a răci	[a rə'ʧi]
esfriar-se (vr)	a se răci	[a se rə'ʧi]

| sabor, gosto (m) | gust (n) | [gust] |
| fim (m) de boca | aromă (f) | [a'romə] |

emagrecer (vi)	a slăbi	[a slə'bi]
dieta (f)	dietă (f)	[di'etə]
vitamina (f)	vitamină (f)	[vita'minə]
caloria (f)	calorie (f)	[kalo'rie]
vegetariano (m)	vegetarian (m)	[vedʒetari'an]
vegetariano (adj)	vegetarian	[vedʒetari'an]

gorduras (f pl)	grăsimi (f pl)	[grə'simʲ]
proteínas (f pl)	proteine (f pl)	[prote'ine]
carboidratos (m pl)	hidraţi (m pl) de carbon	[hi'dratsʲ de kar'bon]
fatia (~ de limão, etc.)	felie (f)	[fe'lie]
pedaço (~ de bolo)	bucată (f)	[bu'katə]
migalha (f), farelo (m)	firimitură (f)	[firimi'turə]

52. Por a mesa

| colher (f) | lingură (f) | ['lingurə] |
| faca (f) | cuţit (n) | [ku'tsit] |

garfo (m)	**furculiță** (f)	[furku'litsə]
xícara (f)	**ceașcă** (f)	['tʃaʃkə]
prato (m)	**farfurie** (f)	[farfu'rie]
pires (m)	**farfurioară** (f)	[farfurio'arə]
guardanapo (m)	**șervețel** (n)	[ʃərve'tsel]
palito (m)	**scobitoare** (f)	[skobito'are]

53. Restaurante

restaurante (m)	**restaurant** (n)	[restau'rant]
cafeteria (f)	**cafenea** (f)	[kafe'nʲa]
bar (m), cervejaria (f)	**bar** (n)	[bar]
salão (m) de chá	**salon** (n) **de ceai**	[sa'lon de tʃaj]
garçom (m)	**chelner** (m)	['kelner]
garçonete (f)	**chelneriță** (f)	[kelne'ritsə]
barman (m)	**barman** (m)	['barman]
cardápio (m)	**meniu** (n)	[me'nju]
lista (f) de vinhos	**meniu** (n) **de vinuri**	[menju de 'vinurʲ]
reservar uma mesa	**a rezerva o masă**	[a rezer'va o 'masə]
prato (m)	**mâncare** (f)	[mɨn'kare]
pedir (vt)	**a comanda**	[a koman'da]
fazer o pedido	**a face comandă**	[a 'fatʃe ko'mandə]
aperitivo (m)	**aperitiv** (n)	[aperi'tiv]
entrada (f)	**gustare** (f)	[gus'tare]
sobremesa (f)	**desert** (n)	[de'sert]
conta (f)	**notă** (f) **de plată**	['notə de 'platə]
pagar a conta	**a achita nota de plată**	[a aki'ta 'nota de 'platə]
dar o troco	**a da rest**	[a da 'rest]
gorjeta (f)	**bacșiș** (n)	[bak'ʃiʃ]

Família, parentes e amigos

54. Informação pessoal. Formulários

nome (m)	prenume (n)	[pre'nume]
sobrenome (m)	nume (n)	['nume]
data (f) de nascimento	data (f) naşterii	['data 'naʃterij]
local (m) de nascimento	locul (n) naşterii	['lokul 'naʃterij]
nacionalidade (f)	naţionalitate (f)	[natsionali'tate]
lugar (m) de residência	locul (n) de reşedinţă	['lokul de reʃə'dintsə]
país (m)	ţară (f)	['tsarə]
profissão (f)	profesie (f)	[pro'fesie]
sexo (m)	sex (n)	[seks]
estatura (f)	înălţime (f)	[inəl'tsime]
peso (m)	greutate (f)	[greu'tate]

55. Membros da família. Parentes

mãe (f)	mamă (f)	['mamə]
pai (m)	tată (m)	['tatə]
filho (m)	fiu (m)	['fju]
filha (f)	fiică (f)	['fiikə]
caçula (f)	fiica (f) mai mică	['fiika maj 'mikə]
caçula (m)	fiul (m) mai mic	['fjul maj mik]
filha (f) mais velha	fiica (f) mai mare	['fiika maj 'mare]
filho (m) mais velho	fiul (m) mai mare	['fjul maj 'mare]
irmão (m)	frate (m)	['frate]
irmã (f)	soră (f)	['sorə]
primo (m)	văr (m)	[vər]
prima (f)	vară (f)	['varə]
mamãe (f)	mamă (f)	['mamə]
papai (m)	tată (m)	['tatə]
pais (pl)	părinţi (m pl)	[pə'rintsʲ]
criança (f)	copil (m)	[ko'pil]
crianças (f pl)	copii (m pl)	[ko'pij]
avó (f)	bunică (f)	[bu'nikə]
avô (m)	bunic (m)	[bu'nik]
neto (m)	nepot (m)	[ne'pot]
neta (f)	nepoată (f)	[nepo'atə]
netos (pl)	nepoţi (m pl)	[ne'potsʲ]
tio (m)	unchi (m)	[unkʲ]
tia (f)	mătuşă (f)	[mə'tuʃə]

sobrinho (m)	nepot (m)	[ne'pot]
sobrinha (f)	nepoată (f)	[nepo'atə]

sogra (f)	soacră (f)	[so'akrə]
sogro (m)	socru (m)	['sokru]
genro (m)	cumnat (m)	[kum'nat]
madrasta (f)	mamă vitregă (f)	['mamə 'vitregə]
padrasto (m)	tată vitreg (m)	['tatə 'vitreg]

criança (f) de colo	sugaci (m)	[su'gatʃi]
bebê (m)	prunc (m)	[prunk]
menino (m)	pici (m)	[pitʃi]

mulher (f)	soție (f)	[so'tsie]
marido (m)	soț (m)	[sots]
esposo (m)	soț (m)	[sots]
esposa (f)	soție (f)	[so'tsie]

casado (adj)	căsătorit	[kəsəto'rit]
casada (adj)	căsătorită	[kəsəto'ritə]
solteiro (adj)	celibatar (m)	[tʃeliba'tar]
solteirão (m)	burlac (m)	[bur'lak]
divorciado (adj)	divorțat	[divor'tsat]
viúva (f)	văduvă (f)	[vəduvə]
viúvo (m)	văduv (m)	[vəduv]

parente (m)	rudă (f)	['rudə]
parente (m) próximo	rudă (f) apropiată	['rudə apropi'jatə]
parente (m) distante	rudă (f) îndepărtată	['rudə indeper'tatə]
parentes (m pl)	rude (f pl) de sânge	['rude de 'sindʒe]

órfão (m), órfã (f)	orfan (m)	[or'fan]
tutor (m)	tutore (m)	[tu'tore]
adotar (um filho)	a adopta	[a adop'ta]
adotar (uma filha)	a adopta	[a adop'ta]

56. Amigos. Colegas de trabalho

amigo (m)	prieten (m)	[pri'eten]
amiga (f)	prietenă (f)	[pri'etenə]
amizade (f)	prietenie (f)	[priete'nie]
ser amigos	a prieteni	[a priete'ni]

amigo (m)	amic (m)	[a'mik]
amiga (f)	amică (f)	[a'mikə]
parceiro (m)	partener (m)	[parte'ner]

chefe (m)	şef (m)	[ʃef]
superior (m)	director (m)	[di'rektor]
subordinado (m)	subordonat (m)	[subordo'nat]
colega (m, f)	coleg (m)	[ko'leg]

conhecido (m)	cunoscut (m)	[kunos'kut]
companheiro (m) de viagem	tovarăş (m) de drum	[to'varəʃ de drum]

colega (m) de classe	coleg (m) de clasă	[ko'leg de 'klasə]
vizinho (m)	vecin (m)	[ve'ʧin]
vizinha (f)	vecină (f)	[ve'ʧinə]
vizinhos (pl)	vecini (m pl)	[ve'ʧinʲ]

57. Homem. Mulher

mulher (f)	femeie (f)	[fe'meje]
menina (f)	domnişoară (f)	[domniʃo'arə]
noiva (f)	mireasă (f)	[mi'rʲasə]

bonita, bela (adj)	frumoasă	[frumo'asə]
alta (adj)	înaltă	[i'naltə]
esbelta (adj)	zveltă	['zveltə]
baixa (adj)	scundă	['skundə]

| loira (f) | blondă (f) | ['blondə] |
| morena (f) | brunetă (f) | [bru'netə] |

de senhora	de damă	[de 'damə]
virgem (f)	virgină (f)	[vir'dʒinə]
grávida (adj)	gravidă (f)	[gra'vidə]

homem (m)	bărbat (m)	[bər'bat]
loiro (m)	blond (m)	[blond]
moreno (m)	brunet (m)	[bru'net]
alto (adj)	înalt	[i'nalt]
baixo (adj)	scund	[skund]

rude (adj)	grosolan	[groso'lan]
atarracado (adj)	robust	[ro'bust]
robusto (adj)	tare	['tare]
forte (adj)	puternic	[pu'ternik]
força (f)	forţă (f)	['forʦə]

gordo (adj)	gras	[gras]
moreno (adj)	negricios	[negri'ʧios]
esbelto (adj)	zvelt	[zvelt]
elegante (adj)	elegant	[ele'gant]

58. Idade

idade (f)	vârstă (f)	['vɨrstə]
juventude (f)	tinereţe (f)	[tine'reʦe]
jovem (adj)	tânăr	['tinər]

| mais novo (adj) | mai mic | [maj mik] |
| mais velho (adj) | mai mare | [maj 'mare] |

jovem (m)	tânăr (m)	['tinər]
adolescente (m)	adolescent (m)	[adoles'ʧent]
rapaz (m)	flăcău (m)	[fləkəu]

| velho (m) | bătrân (m) | [bə'trin] |
| velha (f) | bătrână (f) | [bə'trinə] |

adulto	adult (m)	[a'dult]
de meia-idade	de vârstă medie	[de 'virstə 'medie]
idoso, de idade (adj)	în vârstă	[in 'virstə]
velho (adj)	bătrân	[bə'trin]

aposentadoria (f)	pensie (f)	['pensie]
aposentar-se (vr)	a se pensiona	[a se pensio'na]
aposentado (m)	pensionar (m)	[pensio'nar]

59. Crianças

criança (f)	copil (m)	[ko'pil]
crianças (f pl)	copii (m pl)	[ko'pij]
gêmeos (m pl), gêmeas (f pl)	gemeni (m pl)	['dʒemenʲ]

berço (m)	leagăn (n)	['lʲagən]
chocalho (m)	sunătoare (f)	[sunəto'are]
fralda (f)	scutec (n)	['skutek]

chupeta (f), bico (m)	biberon (n)	[bibe'ron]
carrinho (m) de bebê	cărucior (n) pentru copii	[kəru'tʃior 'pentru ko'pij]
jardim (m) de infância	grădiniță (f) de copii	[grədi'nitsə de ko'pij]
babysitter, babá (f)	dădacă (f)	[də'dakə]

infância (f)	copilărie (f)	[kopilə'rie]
boneca (f)	păpuşă (f)	[pə'puʃə]
brinquedo (m)	jucărie (f)	[ʒukə'rie]
jogo (m) de montar	constructor (m)	[kon'struktor]

bem-educado (adj)	bine crescut	['bine kres'kut]
malcriado (adj)	needucat	[needu'kat]
mimado (adj)	răsfăţat	[rəsfə'tsat]

ser travesso	a face pozne	[a 'fatʃe 'pozne]
travesso, traquinas (adj)	năzbâtios	[nəzbiti'os]
travessura (f)	năzbâtie (f)	[nəz'bitie]
criança (f) travessa	ştrengar (m)	[ʃtren'gar]

| obediente (adj) | ascultător | [askultə'tor] |
| desobediente (adj) | neascultător | [neaskultə'tor] |

dócil (adj)	inteligent	[inteli'dʒent]
inteligente (adj)	deştept	[deʃ'tept]
prodígio (m)	copil (m) minune	[ko'pil mi'nune]

60. Casais. Vida de família

| beijar (vt) | a săruta | [a səru'ta] |
| beijar-se (vr) | a se săruta | [a se səru'ta] |

família (f)	familie (f)	[fa'milie]
familiar (vida ~)	de familie	[de fa'milie]
casal (m)	pereche (f)	[pe'reke]
matrimônio (m)	căsătorie (f)	[kəsəto'rie]
lar (m)	cămin (n)	[kə'min]
dinastia (f)	dinastie (f)	[dinas'tie]
encontro (m)	întâlnire (f)	[intil'nire]
beijo (m)	sărut (n)	[sə'rut]
amor (m)	iubire (f)	[ju'bire]
amar (pessoa)	a iubi	[a ju'bi]
amado, querido (adj)	iubit	[ju'bit]
ternura (f)	gingășie (f)	[dʒingə'ʃie]
afetuoso (adj)	tandru	['tandru]
fidelidade (f)	fidelitate (f)	[fideli'tate]
fiel (adj)	fidel	[fi'del]
cuidado (m)	grijă (f)	['griʒə]
carinhoso (adj)	grijuliu	[griʒu'lju]
recém-casados (pl)	tineri (m pl) căsătoriți	['tineri kəsəto'rits]
lua (f) de mel	lună (f) de miere	['lunə de 'mjere]
casar-se (com um homem)	a se mărita	[a se məri'ta]
casar-se (com uma mulher)	a se căsători	[a se kəsəto'ri]
casamento (m)	nuntă (f)	['nuntə]
bodas (f pl) de ouro	nuntă (f) de aur	['nuntə de 'aur]
aniversário (m)	aniversare (f)	[aniver'sare]
amante (m)	amant (m)	[a'mant]
amante (f)	amantă (f)	[a'mantə]
adultério (m), traição (f)	adulter (n)	[adul'ter]
cometer adultério	a înșela	[a inʃə'la]
ciumento (adj)	gelos	[dʒe'los]
ser ciumento, -a	a fi gelos	[a fi dʒe'los]
divórcio (m)	divorț (n)	[di'vorts]
divorciar-se (vr)	a divorța	[a divor'tsa]
brigar (discutir)	a se certa	[a se tʃer'ta]
fazer as pazes	a se împăca	[a se impə'ka]
juntos (ir ~)	împreună	[impre'unə]
sexo (m)	sex (n)	[seks]
felicidade (f)	fericire (f)	[feri'tʃire]
feliz (adj)	fericit	[feri'tʃit]
infelicidade (f)	nenorocire (f)	[nenoro'tʃire]
infeliz (adj)	nefericit	[neferi'tʃit]

Caráter. Sentimentos. Emoções

61. Sentimentos. Emoções

sentimento (m)	sentiment (n)	[senti'ment]
sentimentos (m pl)	sentimente (n pl)	[senti'mente]
fome (f)	foame (f)	[fo'ame]
ter fome	a fi foame	[a fi fo'ame]
sede (f)	sete (f)	['sete]
ter sede	a fi sete	[a fi 'sete]
sonolência (f)	somnolenţă (f)	[somno'lentsə]
estar sonolento	a fi somn	[a fi somn]
cansaço (m)	oboseală (f)	[obo'sʲalə]
cansado (adj)	obosit	[obo'sit]
ficar cansado	a obosi	[a obo'si]
humor (m)	dispoziţie (f)	[dispo'zitsie]
tédio (m)	plictiseală (f)	[plikti'sʲalə]
entediar-se (vr)	a se plictisi	[a se plikti'si]
reclusão (isolamento)	singurătate (f)	[singurə'tate]
isolar-se (vr)	a se izola	[a se izo'la]
preocupar (vt)	a nelinişti	[a neliniʃ'ti]
estar preocupado	a se nelinişti	[a se neliniʃ'ti]
preocupação (f)	nelinişte (f)	[ne'liniʃte]
ansiedade (f)	nelinişte (f)	[ne'liniʃte]
preocupado (adj)	preocupat	[preoku'pat]
estar nervoso	a se enerva	[a se ener'va]
entrar em pânico	a panica	[a pani'ka]
esperança (f)	speranţă (f)	[spe'rantsə]
esperar (vt)	a spera	[a spe'ra]
certeza (f)	siguranţă (f)	[sigu'rantsə]
certo, seguro de ...	sigur	['sigur]
indecisão (f)	nesiguranţă (f)	[nesigu'rantsə]
indeciso (adj)	nesigur	[ne'sigur]
bêbado (adj)	beat	[bʲat]
sóbrio (adj)	treaz	[trʲaz]
fraco (adj)	slab	[slab]
feliz (adj)	norocos	[noro'kos]
assustar (vt)	a speria	[a speri'ja]
fúria (f)	turbare (f)	[tur'bare]
ira, raiva (f)	furie (f)	[fu'rie]
depressão (f)	depresie (f)	[de'presie]
desconforto (m)	disconfort (n)	[diskon'fort]

58

conforto (m)	confort (n)	[kon'fort]
arrepender-se (vr)	a regreta	[a regre'ta]
arrependimento (m)	regret (n)	[re'gret]
azar (m), má sorte (f)	ghinion (n)	[gini'on]
tristeza (f)	întristare (f)	[intri'stare]

vergonha (f)	ruşine (f)	[ru'ʃine]
alegria (f)	veselie (f)	[vese'lie]
entusiasmo (m)	entuziasm (n)	[entuzi'asm]
entusiasta (m)	entuziast (m)	[entuzi'ast]
mostrar entusiasmo	a arăta entuziasm	[a arə'ta entuzi'asm]

62. Caráter. Personalidade

caráter (m)	caracter (n)	[karak'ter]
falha (f) de caráter	viciu (n)	['vitʃiu]
mente (f)	minte (f)	['minte]
razão (f)	raţiune (f)	[ratsi'une]

consciência (f)	conştiinţă (f)	[konʃti'intsə]
hábito, costume (m)	obişnuinţă (f)	[obiʃnu'intsə]
habilidade (f)	talent (n)	[ta'lent]
saber (~ nadar, etc.)	a putea	[a pu'tʲa]

paciente (adj)	răbdător	[rəbdə'tor]
impaciente (adj)	nerăbdător	[nerəbdə'tor]
curioso (adj)	curios	[kuri'os]
curiosidade (f)	curiozitate (f)	[kuriozi'tate]

modéstia (f)	modestie (f)	[modes'tie]
modesto (adj)	modest	[mo'dest]
imodesto (adj)	lipsit de modestie	[lip'sit de modes'tie]

preguiça (f)	lene (f)	['lene]
preguiçoso (adj)	leneş	['leneʃ]
preguiçoso (m)	leneş (m)	['leneʃ]

astúcia (f)	viclenie (f)	[vikle'nie]
astuto (adj)	viclean	[vik'lʲan]
desconfiança (f)	neîncredere (f)	[nein'kredere]
desconfiado (adj)	neîncrezător	[neinkrezə'tor]

generosidade (f)	generozitate (f)	[dʒenerozi'tate]
generoso (adj)	generos	[dʒene'ros]
talentoso (adj)	talentat	[talen'tat]
talento (m)	talent (n)	[ta'lent]

corajoso (adj)	îndrăzneţ	[indrəz'nets]
coragem (f)	îndrăzneală (f)	[indrəz'nʲalə]
honesto (adj)	onest	[o'nest]
honestidade (f)	onestitate (f)	[onesti'tate]

prudente, cuidadoso (adj)	prudent	[pru'dent]
valoroso (adj)	curajos	[kura'ʒos]

sério (adj)	serios	[se'rjos]
severo (adj)	sever	[se'ver]
decidido (adj)	hotărât	[hote'rit]
indeciso (adj)	nehotărât	[nehote'rit]
tímido (adj)	sfios	[sfi'os]
timidez (f)	sfială (f)	[sfi'jale]
confiança (f)	încredere (f)	[ɨn'kredere]
confiar (vt)	a avea încredere	[a a'vʲa ɨn'kredere]
crédulo (adj)	credul	[kre'dul]
sinceramente	sincer	['sintʃer]
sincero (adj)	sincer	['sintʃer]
sinceridade (f)	sinceritate (f)	[sintʃeri'tate]
aberto (adj)	deschis	[des'kis]
calmo (adj)	liniştit	[liniʃ'tit]
franco (adj)	sincer	['sintʃer]
ingênuo (adj)	naiv	[na'iv]
distraído (adj)	distrat	[dis'trat]
engraçado (adj)	hazliu	[haz'lju]
ganância (f)	lăcomie (f)	[leko'mie]
ganancioso (adj)	lacom	['lakom]
avarento, sovina (adj)	zgârcit	[zgɨr'tʃit]
mal (adj)	rău	['rəu]
teimoso (adj)	încăpăţânat	[ɨnkəpətsɨ'nat]
desagradável (adj)	neplăcut	[neplə'kut]
egoísta (m)	egoist (m)	[ego'ist]
egoísta (adj)	egoist	[ego'ist]
covarde (m)	laş (m)	[laʃ]
covarde (adj)	fricos	[fri'kos]

63. O sono. Sonhos

dormir (vi)	a dormi	[a dor'mi]
sono (m)	somn (n)	[somn]
sonho (m)	vis (n)	[vis]
sonhar (ver sonhos)	a visa	[a vi'sa]
sonolento (adj)	somnoros	[somno'ros]
cama (f)	pat (n)	[pat]
colchão (m)	saltea (f)	[sal'tʲa]
cobertor (m)	plapumă (f)	['plapumə]
travesseiro (m)	pernă (f)	['perne]
lençol (m)	cearşaf (n)	[tʃar'ʃaf]
insônia (f)	insomnie (f)	[insom'nie]
sem sono (adj)	fără somn	['fərə somn]
sonífero (m)	somnifer (n)	[somni'fer]
tomar um sonífero	a lua somnifere	[a lu'a somni'fere]
estar sonolento	a fi somn	[a fi somn]

bocejar (vi)	a căsca	[a kəs'ka]
ir para a cama	a merge la culcare	[a 'merdʒe la kul'kare]
fazer a cama	a face patul	[a 'fatʃe 'patul]
adormecer (vi)	a adormi	[a ador'mi]

pesadelo (m)	coşmar (n)	[koʃ'mar]
ronco (m)	sforăit (n)	[sforə'it]
roncar (vi)	a sforăi	[a sforə'i]

despertador (m)	ceas (n) deşteptător	[tʃas deʃteptə'tor]
acordar, despertar (vt)	a trezi	[a tre'zi]
acordar (vi)	a se trezi	[a se tre'zi]
levantar-se (vr)	a se ridica	[a se ridi'ka]
lavar-se (vr)	a se spăla	[a se spə'la]

64. Humor. Riso. Alegria

humor (m)	umor (n)	[u'mor]
senso (m) de humor	simţ (n)	[simts]
divertir-se (vr)	a se veseli	[a se vese'li]
alegre (adj)	vesel	['vesel]
diversão (f)	veselie (f)	[vese'lie]

sorriso (m)	zâmbet (n)	['zimbet]
sorrir (vi)	a zâmbi	[a zim'bi]
começar a rir	a izbucni în râs	[a izbuk'ni in ris]
rir (vi)	a râde	[a 'ride]
riso (m)	râs (n)	[ris]

anedota (f)	anecdotă (f)	[anek'dotə]
engraçado (adj)	hazliu	[haz'lju]
ridículo, cômico (adj)	hazliu	[haz'lju]

brincar (vi)	a glumi	[a glu'mi]
piada (f)	glumă (f)	['glumə]
alegria (f)	bucurie (f)	[buku'rie]
regozijar-se (vr)	a se bucura	[a se buku'ra]
alegre (adj)	bucuros	[buku'ros]

65. Discussão, conversação. Parte 1

| comunicação (f) | comunicare (f) | [komuni'kare] |
| comunicar-se (vr) | a comunica | [a komuni'ka] |

conversa (f)	convorbire (f)	[konvor'bire]
diálogo (m)	dialog (n)	[dia'log]
discussão (f)	dezbatere (f)	[dez'batere]
debate (m)	polemică (f)	[po'lemikə]
debater (vt)	a revendica	[a revendi'ka]

| interlocutor (m) | interlocutor (m) | [interloku'tor] |
| tema (m) | temă (f) | ['temə] |

ponto (m) de vista	punct (n) de vedere	[punkt de ve'dere]
opinião (f)	părere (f)	[pə'rere]
discurso (m)	discurs (n)	[dis'kurs]
discussão (f)	discuţie (f)	[dis'kutsie]
discutir (vt)	a discuta	[a disku'ta]
conversa (f)	conversaţie (f)	[konver'satsie]
conversar (vi)	a conversa	[a konver'sa]
reunião (f)	întâlnire (f)	[intil'nire]
encontrar-se (vr)	a se întâlni	[a se intil'ni]
provérbio (m)	proverb (n)	[pro'verb]
ditado, provérbio (m)	zicătoare (f)	[zikəto'are]
adivinha (f)	ghicitoare (f)	[gitʃito'are]
dizer uma adivinha	a ghici o ghicitoare	[a gi'tʃi o gitʃito'are]
senha (f)	parolă (f)	[pa'role]
segredo (m)	secret (n)	[se'kret]
juramento (m)	jurământ (n)	[ʒurə'mint]
jurar (vi)	a jura	[a ʒu'ra]
promessa (f)	promisiune (f)	[promisi'une]
prometer (vt)	a promite	[a pro'mite]
conselho (m)	sfat (n)	[sfat]
aconselhar (vt)	a sfătui	[a sfətu'i]
escutar (~ os conselhos)	a asculta	[a askul'ta]
novidade, notícia (f)	noutate (f)	[nou'tate]
sensação (f)	senzaţie (f)	[sen'zatsie]
informação (f)	informaţii (f pl)	[infor'matsij]
conclusão (f)	concluzie (f)	[kon'kluzie]
voz (f)	voce (f)	['votʃe]
elogio (m)	compliment (n)	[kompli'ment]
amável, querido (adj)	amabil	[a'mabil]
palavra (f)	cuvânt (n)	[ku'vint]
frase (f)	frază (f)	['frazə]
resposta (f)	răspuns (n)	[rəs'puns]
verdade (f)	adevăr (n)	[ade'vər]
mentira (f)	minciună (f)	[min'tʃiunə]
pensamento (m)	gând (f)	[gind]
ideia (f)	gând (n)	[gind]
fantasia (f)	imaginaţie (f)	[imadʒi'natsie]

66. Discussão, conversação. Parte 2

estimado, respeitado (adj)	stimat	[sti'mat]
respeitar (vt)	a respecta	[a respek'ta]
respeito (m)	respect (n)	[res'pekt]
Estimado ..., Caro ...	Stimate ...	[sti'mate]
apresentar (alguém a alguém)	a prezenta	[a prezen'ta]

intenção (f)	intenție (f)	[in'tentsie]
tencionar (~ fazer algo)	a intenţiona	[a intentsio'na]
desejo (de boa sorte)	urare (f)	[u'rare]
desejar (ex. ~ boa sorte)	a ura	[a u'ra]

surpresa (f)	mirare (f)	[mi'rare]
surpreender (vt)	a mira	[a mi'ra]
surpreender-se (vr)	a se mira	[a se mi'ra]

dar (vt)	a da	[a da]
pegar (tomar)	a lua	[a lu'a]
devolver (vt)	a restitui	[a restitu'i]
retornar (vt)	a înapoia	[a inapo'ja]

desculpar-se (vr)	a cere scuze	[a 'ʧere 'skuze]
desculpa (f)	scuză (f)	['skuzə]
perdoar (vt)	a ierta	[a er'ta]

falar (vi)	a vorbi	[a vor'bi]
escutar (vt)	a asculta	[a askul'ta]
ouvir até o fim	a asculta	[a askul'ta]
entender (compreender)	a înțelege	[a intse'ledʒe]

mostrar (vt)	a arăta	[a arə'ta]
olhar para ...	a se uita	[a se uj'ta]
chamar (alguém para ...)	a chema	[a ke'ma]
perturbar (vt)	a deranja	[a deran'ʒa]
entregar (~ em mãos)	a transmite	[a trans'mite]

pedido (m)	rugăminte (f)	[rugə'minte]
pedir (ex. ~ ajuda)	a ruga	[a ru'ga]
exigência (f)	cerere (f)	['ʧerere]
exigir (vt)	a cere	[a 'ʧere]

insultar (chamar nomes)	a tachina	[a taki'na]
zombar (vt)	a-şi bate joc	[aʃ 'bate ʒok]
zombaria (f)	derâdere (f)	[de'ridere]
alcunha (f), apelido (m)	poreclă (f)	[po'reklə]

insinuação (f)	aluzie (f)	[a'luzie]
insinuar (vt)	a face aluzie	[a 'faʧe a'luzie]
querer dizer	a se subînțelege	[a se subintse'ledʒe]

descrição (f)	descriere (f)	[do'skriere]
descrever (vt)	a descrie	[a de'skrie]
elogio (m)	laudă (f)	['laudə]
elogiar (vt)	a lăuda	[a ləu'da]

desapontamento (m)	dezamăgire (f)	[dezamə'dʒire]
desapontar (vt)	a dezamăgi	[a dezamə'dʒi]
desapontar-se (vr)	a se dezamăgi	[a se dezamə'dʒi]

suposição (f)	presupunere (f)	[presu'punere]
supor (vt)	a presupune	[a presu'pune]
advertência (f)	avertisment (n)	[avertis'ment]
advertir (vt)	a preveni	[a preve'ni]

67. Discussão, conversação. Parte 3

convencer (vt)	a convinge	[a kon'vindʒe]
acalmar (vt)	a liniști	[a liniʃ'ti]
silêncio (o ~ é de ouro)	tăcere (f)	[tə'tʃere]
ficar em silêncio	a tăcea	[a tə'tʃa]
sussurrar (vt)	a șopti	[a ʃop'ti]
sussurro (m)	șoaptă (f)	[ʃo'aptə]
francamente	sincer	['sintʃer]
na minha opinião ...	după părerea mea ...	['dupə pə'rerʲa mʲa]
detalhe (~ da história)	amănunt (n)	[amə'nunt]
detalhado (adj)	amănunțit	[amənun'tsit]
detalhadamente	amănunțit	[amənun'tsit]
dica (f)	indiciu (n)	[in'ditʃiu]
dar uma dica	a șopti	[a ʃop'ti]
olhar (m)	privire (f)	[pri'vire]
dar uma olhada	a privi	[a pri'vi]
fixo (olhada ~a)	fix	[fiks]
piscar (vi)	a clipi	[a kli'pi]
piscar (vt)	a clipi	[a kli'pi]
acenar com a cabeça	a da din cap	[a da din 'kap]
suspiro (m)	oftat (n)	[of'tat]
suspirar (vi)	a ofta	[a of'ta]
estremecer (vi)	a tresări	[a tresə'ri]
gesto (m)	gest (n)	[dʒest]
tocar (com as mãos)	a se atinge	[a se a'tindʒe]
agarrar (~ pelo braço)	a apuca	[a apu'ka]
bater de leve	a bate	[a 'bate]
Cuidado!	Atenție!	[a'tentsie]
Sério?	Oare?	[o'are]
Tem certeza?	Ești sigur?	[eʃtʲ 'sigur]
Boa sorte!	Succes!	[suk'tʃes]
Entendi!	Clar!	[klar]
Que pena!	Ce păcat!	[tʃe pə'kat]

68. Acordo. Recusa

consentimento (~ mútuo)	consimțământ (n)	[konsimtsə'mint]
consentir (vi)	a fi de acord cu ...	[a fi de a'kord ku]
aprovação (f)	aprobare (f)	[apro'bare]
aprovar (vt)	a aproba	[a apro'ba]
recusa (f)	refuz (n)	[re'fuz]
negar-se a ...	a refuza	[a refu'za]
Ótimo!	Perfect!	[per'fekt]
Tudo bem!	Bine!	['bine]

Está bem! De acordo!	De acord!	[de a'kord]
proibido (adj)	interzis	[inter'zis]
é proibido	nu se poate	[nu se po'ate]
é impossível	imposibil	[impo'sibil]
incorreto (adj)	incorect	[inko'rekt]

rejeitar (~ um pedido)	a respinge	[a res'pindʒe]
apoiar (vt)	a susține	[a sus'tsine]
aceitar (desculpas, etc.)	a accepta	[a aktʃep'ta]

confirmar (vt)	a confirma	[a konfir'ma]
confirmação (f)	confirmare (f)	[konfir'mare]
permissão (f)	permisiune (f)	[permisi'une]
permitir (vt)	a permite	[a per'mite]
decisão (f)	hotărâre (f)	[hotə'rire]
não dizer nada	a tăcea	[a tə'tʃa]

condição (com uma ~)	condiție (f)	[kon'ditsie]
pretexto (m)	pretext (n)	[pre'tekst]
elogio (m)	laudă (f)	['laudə]
elogiar (vt)	a lăuda	[a ləu'da]

69. Sucesso. Boa sorte. Insucesso

êxito, sucesso (m)	reușită (f)	[reu'ʃitə]
com êxito	reușit	[reu'ʃit]
bem sucedido (adj)	reușit	[reu'ʃit]

sorte (fortuna)	succes (n)	[suk'tʃes]
Boa sorte!	Succes!	[suk'tʃes]
de sorte	norocos	[noro'kos]
sortudo, felizardo (adj)	norocos	[noro'kos]
fracasso (m)	eșec (n)	[e'ʃək]
pouca sorte (f)	ghinion (n)	[gini'on]
azar (m), má sorte (f)	ghinion (n)	[gini'on]
mal sucedido (adj)	nereușit	[nereu'ʃit]
catástrofe (f)	catastrofă (f)	[katas'trofə]

orgulho (m)	mândrie (f)	[min'drie]
orgulhoso (adj)	mândru	['mindru]
estar orgulhoso, -a	a se mândri	[a se min'dri]
vencedor (m)	învingător (m)	[invingə'tor]
vencer (vi, vt)	a învinge	[a in'vindʒe]
perder (vt)	a pierde	[a 'pjerde]
tentativa (f)	încercare (f)	[intʃer'kare]
tentar (vt)	a se strădui	[a se strədu'i]
chance (m)	șansă (f)	['ʃansə]

70. Conflitos. Emoções negativas

grito (m)	strigăt (n)	['strigət]
gritar (vi)	a striga	[a stri'ga]

começar a gritar	a striga	[a stri'ga]
discussão (f)	ceartă (f)	['tʃartə]
brigar (discutir)	a se certa	[a se tʃer'ta]
escândalo (m)	scandal (n)	[skan'dal]
criar escândalo	a face scandal	[a 'fatʃe skan'dal]
conflito (m)	conflict (n)	[kon'flikt]
mal-entendido (m)	neînțelegere (f)	[neintse'ledʒere]

insulto (m)	insultă (f)	[in'sultə]
insultar (vt)	a insulta	[a insul'ta]
insultado (adj)	ofensat	[ofen'sat]
ofensa (f)	jignire (f)	[ʒig'nire]
ofender (vt)	a jigni	[a ʒig'ni]
ofender-se (vr)	a se supăra	[a se supə'ra]

indignação (f)	indignare (f)	[indig'nare]
indignar-se (vr)	a se indigna	[a se indig'na]
queixa (f)	plângere (f)	['plindʒere]
queixar-se (vr)	a se plânge	[a se 'plindʒe]

desculpa (f)	scuză (f)	['skuzə]
desculpar-se (vr)	a cere scuze	[a 'tʃere 'skuze]
pedir perdão	a cere iertare	[a 'tʃere er'tare]

crítica (f)	critică (f)	['kritikə]
criticar (vt)	a critica	[a kriti'ka]
acusação (f)	învinuire (f)	[invinu'ire]
acusar (vt)	a învinui	[a invinu'i]

vingança (f)	răzbunare (f)	[rəzbu'nare]
vingar (vt)	a răzbuna	[a rəzbu'na]
vingar-se de	a se revanşa	[a se revan'ʃa]

desprezo (m)	dispreț (n)	[dis'prets]
desprezar (vt)	a disprețui	[a dispretsu'i]
ódio (m)	ură (f)	['urə]
odiar (vt)	a urî	[a u'ri]

nervoso (adj)	nervos	[ner'vos]
estar nervoso	a se enerva	[a se ener'va]
zangado (adj)	supărat	[supə'rat]
zangar (vt)	a supăra	[a supə'ra]

humilhação (f)	umilire (f)	[umi'lire]
humilhar (vt)	a umili	[a umi'li]
humilhar-se (vr)	a se umili	[a se umi'li]

choque (m)	şoc (n)	[ʃok]
chocar (vt)	a şoca	[a ʃo'ka]

aborrecimento (m)	neplăcere (f)	[neplə'tʃere]
desagradável (adj)	neplăcut	[neplə'kut]

medo (m)	frică (f)	['frikə]
terrível (tempestade, etc.)	năprasnic	[nə'prasnik]
assustador (ex. história ~a)	de groază	[de gro'azə]

horror (m)	groază (f)	[gro'azə]
horrível (crime, etc.)	înspăimântător	[inspəjmintə'tor]
chorar (vi)	a plânge	[a 'plindʒe]
começar a chorar	a plânge	[a 'plindʒe]
lágrima (f)	lacrimă (f)	['lakrimə]
falta (f)	greşeală (f)	[gre'ʃalə]
culpa (f)	vină (f)	['vinə]
desonra (f)	ruşine (f)	[ru'ʃine]
protesto (m)	protest (n)	[pro'test]
estresse (m)	stres (n)	[stres]
perturbar (vt)	a deranja	[a deran'ʒa]
zangar-se com ...	a se supăra	[a se supə'ra]
zangado (irritado)	supărat	[supə'rat]
terminar (vt)	a pune capăt	[a 'pune 'kapət]
praguejar	a se sfădi	[a se sfə'di]
assustar-se	a se speria	[a se speri'ja]
golpear (vt)	a lovi	[a lo'vi]
brigar (na rua, etc.)	a se bate	[a se 'bate]
resolver (o conflito)	a aplana	[a apla'na]
descontente (adj)	nemulţumit	[nemulʦu'mit]
furioso (adj)	furios	[furi'os]
Não está bem!	Nu e bine!	[nu e 'bine]
É ruim!	E rău!	[e rəu]

Medicina

71. Doenças

doença (f)	boală (f)	[bo'alə]
estar doente	a fi bolnav	[a fi bol'nav]
saúde (f)	sănătate (f)	[sənə'tate]
nariz (m) escorrendo	guturai (n)	[gutu'raj]
amigdalite (f)	anghină (f)	[a'nginə]
resfriado (m)	răceală (f)	[rə'tʃalə]
ficar resfriado	a răci	[a rə'tʃi]
bronquite (f)	bronşită (f)	[bron'ʃitə]
pneumonia (f)	pneumonie (f)	[pneumo'nie]
gripe (f)	gripă (f)	['gripə]
míope (adj)	miop	[mi'op]
presbita (adj)	prezbit	[prez'bit]
estrabismo (m)	strabism (n)	[stra'bism]
estrábico, vesgo (adj)	saşiu	[sa'ʃiu]
catarata (f)	cataractă (f)	[kata'raktə]
glaucoma (m)	glaucom (n)	[glau'kom]
AVC (m), apoplexia (f)	congestie (f)	[kon'dʒestie]
ataque (m) cardíaco	infarct (n)	[in'farkt]
enfarte (m) do miocárdio	infarct (n) miocardic	[in'farkt mio'kardik]
paralisia (f)	paralizie (f)	[parali'zie]
paralisar (vt)	a paraliza	[a parali'za]
alergia (f)	alergie (f)	[aler'dʒie]
asma (f)	astmă (f)	['astmə]
diabetes (f)	diabet (n)	[dia'bet]
dor (f) de dente	durere (f) de dinţi	[du'rere de dints]
cárie (f)	carie (f)	['karie]
diarreia (f)	diaree (f)	[dia'ree]
prisão (f) de ventre	constipaţie (f)	[konsti'patsie]
desarranjo (m) intestinal	deranjament (n) la stomac	[deranʒa'ment la sto'mak]
intoxicação (f) alimentar	intoxicare (f)	[intoksi'kare]
intoxicar-se	a se intoxica	[a se intoksi'ka]
artrite (f)	artrită (f)	[ar'tritə]
raquitismo (m)	rahitism (n)	[rahi'tism]
reumatismo (m)	reumatism (n)	[reuma'tism]
arteriosclerose (f)	ateroscleroză (f)	[arterioskle'rozə]
gastrite (f)	gastrită (f)	[gas'tritə]
apendicite (f)	apendicită (f)	[apendi'tʃitə]

colecistite (f)	colecistită (f)	[koletʃis'titə]
úlcera (f)	ulcer (n)	[ul'tʃer]
sarampo (m)	pojar	[po'ʒar]
rubéola (f)	rubeolă (f)	[ruʒe'olə]
icterícia (f)	icter (n)	['ikter]
hepatite (f)	hepatită (f)	[hepa'titə]
esquizofrenia (f)	schizofrenie (f)	[skizofre'nie]
raiva (f)	turbare (f)	[tur'bare]
neurose (f)	nevroză (f)	[ne'vrozə]
contusão (f) cerebral	comoție (f) cerebrală	[ko'motsie tʃerə'bralə]
câncer (m)	cancer (n)	['kantʃer]
esclerose (f)	scleroză (f)	[skle'rozə]
esclerose (f) múltipla	scleroză multiplă (f)	[skle'rozə mul'tiplə]
alcoolismo (m)	alcoolism (n)	[alkoo'lizm]
alcoólico (m)	alcoolic (m)	[alko'olik]
sífilis (f)	sifilis (n)	['sifilis]
AIDS (f)	SIDA (f)	['sida]
tumor (m)	tumoare (f)	[tumo'are]
maligno (adj)	malignă	[ma'lignə]
benigno (adj)	benignă	[be'nignə]
febre (f)	friguri (n pl)	['frigurʲ]
malária (f)	malarie (f)	[mala'rie]
gangrena (f)	cangrenă (f)	[kan'grenə]
enjoo (m)	rău (n) de mare	[rəu de 'mare]
epilepsia (f)	epilepsie (f)	[epilep'sie]
epidemia (f)	epidemie (f)	[epide'mie]
tifo (m)	tifos (n)	['tifos]
tuberculose (f)	tuberculoză (f)	[tuberku'lozə]
cólera (f)	holeră (f)	['holerə]
peste (f) bubônica	ciumă (f)	['tʃiumə]

72. Sintomas. Tratamentos. Parte 1

sintoma (m)	simptom (n)	[simp'tom]
temperatura (f)	temperatură (f)	[təmpera'turə]
febre (f)	febră (f)	['febrə]
pulso (m)	puls (n)	[puls]
vertigem (f)	amețeală (f)	[ame'tsʲalə]
quente (testa, etc.)	fierbinte	[fier'binte]
calafrio (m)	frisoane (n pl)	[friso'ane]
pálido (adj)	palid	['palid]
tosse (f)	tuse (f)	['tuse]
tossir (vi)	a tuşi	[a tu'ʃi]
espirrar (vi)	a strănuta	[a strənu'ta]
desmaio (m)	leşin (n)	[le'ʃin]

desmaiar (vi)	a leşina	[a leʃi'na]
mancha (f) preta	vânătaie (f)	[vinə'tae]
galo (m)	cucui (n)	[ku'kuj]
machucar-se (vr)	a se lovi	[a se lo'vi]
contusão (f)	contuzie (f)	[kon'tuzie]
machucar-se (vr)	a se lovi	[a se lo'vi]
mancar (vi)	a şchiopăta	[a ʃkiopə'ta]
deslocamento (f)	luxaţie (f)	[luk'satsie]
deslocar (vt)	a luxa	[a luk'sa]
fratura (f)	fractură (f)	[frak'turə]
fraturar (vt)	a fractura	[a fraktu'ra]
corte (m)	tăietură (f)	[təe'turə]
cortar-se (vr)	a se tăia	[a se tə'ja]
hemorragia (f)	sângerare (f)	[sindʒe'rare]
queimadura (f)	arsură (f)	[ar'surə]
queimar-se (vr)	a se frige	[a se 'fridʒe]
picar (vt)	a înţepa	[a intse'pa]
picar-se (vr)	a se înţepa	[a s intse'pa]
lesionar (vt)	a se răni	[a se rə'ni]
lesão (m)	vătămare (f)	[vətə'mare]
ferida (f), ferimento (m)	rană (f)	['ranə]
trauma (m)	traumă (f)	['traumə]
delirar (vi)	a delira	[a deli'ra]
gaguejar (vi)	a se bâlbâi	[a se bilbi'i]
insolação (f)	insolaţie (f)	[inso'latsie]

73. Sintomas. Tratamentos. Parte 2

dor (f)	durere (f)	[du'rere]
farpa (no dedo, etc.)	ghimpe (m)	['gimpe]
suor (m)	transpiraţie (f)	[transpi'ratsie]
suar (vi)	a transpira	[a transpi'ra]
vômito (m)	vomă (f)	['vomə]
convulsões (f pl)	convulsii (f pl)	[kon'vulsij]
grávida (adj)	gravidă (f)	[gra'vidə]
nascer (vi)	a se naşte	[a se 'naʃte]
parto (m)	naştere (f)	['naʃtere]
dar à luz	a naşte	[a 'naʃte]
aborto (m)	avort (n)	[a'vort]
respiração (f)	respiraţie (f)	[respi'ratsie]
inspiração (f)	inspiraţie (f)	[inspi'ratsie]
expiração (f)	expiraţie (f)	[ekspi'ratsie]
expirar (vi)	a expira	[a ekspi'ra]
inspirar (vi)	a inspira	[a inspi'ra]
inválido (m)	invalid (m)	[inva'lid]
aleijado (m)	infirm (m)	[in'firm]

drogado (m)	narcoman (m)	[narko'man]
surdo (adj)	surd	[surd]
mudo (adj)	mut	[mut]
surdo-mudo (adj)	surdo-mut	[surdo'mut]

louco, insano (adj)	nebun	[ne'bun]
louco (m)	nebun (m)	[ne'bun]
louca (f)	nebună (f)	[ne'bunə]
ficar louco	a înnebuni	[a innebu'ni]

gene (m)	genă (f)	['dʒenə]
imunidade (f)	imunitate (f)	[imuni'tate]
hereditário (adj)	ereditar	[eredi'tar]
congênito (adj)	congenital	[kondʒeni'tal]

vírus (m)	virus (m)	['virus]
micróbio (m)	microb (m)	[mi'krob]
bactéria (f)	bacterie (f)	[bak'terie]
infecção (f)	infecție (f)	[in'fektsie]

74. Sintomas. Tratamentos. Parte 3

hospital (m)	spital (n)	[spi'tal]
paciente (m)	pacient (m)	[patʃi'ent]

diagnóstico (m)	diagnostic (n)	[diag'nostik]
cura (f)	tratament (n)	[trata'ment]
curar-se (vr)	a urma tratament	[a ur'ma trata'ment]
tratar (vt)	a trata	[a tra'ta]
cuidar (pessoa)	a îngriji	[a ingri'ʒi]
cuidado (m)	îngrijire (f)	[ingri'ʒire]

operação (f)	operație (f)	[ope'ratsie]
enfaixar (vt)	a pansa	[a pan'sa]
enfaixamento (m)	pansare (f)	[pan'sare]

vacinação (f)	vaccin (n)	[vak'tʃin]
vacinar (vt)	a vaccina	[a vaktʃi'na]
injeção (f)	injecție (f)	[in'ʒektsie]
dar uma injeção	a face injecție	[a 'fatʃe in'ʒektsie]

amputação (f)	amputare (f)	[ampu'tare]
amputar (vt)	a amputa	[a ampu'ta]
coma (f)	comă (f)	['komə]
estar em coma	a fi în comă	[a fi in 'komə]
reanimação (f)	reanimare (f)	[reani'mare]

recuperar-se (vr)	a se vindeca	[a se vinde'ka]
estado (~ de saúde)	stare (f)	['stare]
consciência (perder a ~)	conştiință (f)	[konʃti'intsə]
memória (f)	memorie (f)	[me'morie]

tirar (vt)	a extrage	[a eks'tradʒe]
obturação (f)	plombă (f)	['plombə]

obturar (vt)	a plomba	[a plom'ba]
hipnose (f)	hipnoză (f)	[hip'nozə]
hipnotizar (vt)	a hipnotiza	[a hipnoti'za]

75. Médicos

médico (m)	medic (m)	['medik]
enfermeira (f)	asistentă (f) medicală	[asis'tentə medi'kalə]
médico (m) pessoal	medic (m) personal	['medik perso'nal]
dentista (m)	stomatolog (m)	[stomato'log]
oculista (m)	oculist (m)	[oku'list]
terapeuta (m)	terapeut (m)	[terape'ut]
cirurgião (m)	chirurg (m)	[ki'rurg]
psiquiatra (m)	psihiatru (m)	[psihi'atru]
pediatra (m)	pediatru (m)	[pedi'atru]
psicólogo (m)	psiholog (m)	[psiho'log]
ginecologista (m)	ginecolog (m)	[dʒineko'log]
cardiologista (m)	cardiolog (m)	[kardio'log]

76. Medicina. Drogas. Acessórios

medicamento (m)	medicament (n)	[medika'ment]
remédio (m)	remediu (n)	[re'medju]
receita (f)	rețetă (f)	[re'tsetə]
comprimido (m)	pastilă (f)	[pas'tilə]
unguento (m)	unguent (n)	[ungu'ent]
ampola (f)	fiolă (f)	[fi'olə]
solução, preparado (m)	mixtură (f)	[miks'turə]
xarope (m)	sirop (n)	[si'rop]
cápsula (f)	pilulă (f)	[pi'lulə]
pó (m)	praf (n)	[praf]
atadura (f)	bandaj (n)	[ban'daʒ]
algodão (m)	vată (f)	['vatə]
iodo (m)	iod (n)	[jod]
curativo (m) adesivo	leucoplast (n)	[leuko'plast]
conta-gotas (m)	pipetă (f)	[pi'petə]
termômetro (m)	termometru (n)	[termo'metru]
seringa (f)	seringă (f)	[se'ringə]
cadeira (f) de rodas	cărucior (n) pentru invalizi	[kəru'tʃior 'pentru inva'lizi]
muletas (f pl)	cârje (f pl)	['kirʒe]
analgésico (m)	anestezic (n)	[anes'tezik]
laxante (m)	laxativ (n)	[laksa'tiv]
álcool (m)	spirt (n)	[spirt]
ervas (f pl) medicinais	plante (f pl) medicinale	['plante meditʃi'nale]
de ervas (chá ~)	din plante medicinale	[din 'plante meditʃi'nale]

77. Fumar. Produtos tabágicos

tabaco (m)	tutun (n)	[tu'tun]
cigarro (m)	ţigară (f)	[tsi'garə]
charuto (m)	ţigară (f) de foi	[tsi'gare de foj]
cachimbo (m)	pipă (f)	['pipə]
maço (~ de cigarros)	pachet (n)	[pa'ket]
fósforos (m pl)	chibrituri (n pl)	[ki'briturʲ]
caixa (f) de fósforos	cutie (f) de chibrituri	[ku'tie de ki'briturʲ]
isqueiro (m)	brichetă (f)	[bri'ketə]
cinzeiro (m)	scrumieră (f)	[skru'mjerə]
cigarreira (f)	tabacheră (n)	[taba'kerə]
piteira (f)	muştiuc (n)	[muʃ'tjuk]
filtro (m)	filtru (n)	['filtru]
fumar (vi, vt)	a fuma	[a fu'ma]
acender um cigarro	a începe să fumeze	[a ɨn'tʃepe se fu'meze]
tabagismo (m)	fumat (n)	[fu'mat]
fumante (m)	fumător (m)	[fume'tor]
bituca (f)	muc (n) de ţigară	[muk de tsi'gare]
fumaça (f)	fum (n)	[fum]
cinza (f)	scrum (n)	[skrum]

HABITAT HUMANO

Cidade

78. Cidade. Vida na cidade

cidade (f)	oraş (n)	[o'raʃ]
capital (f)	capitală (f)	[kapi'talə]
aldeia (f)	sat (n)	[sat]
mapa (m) da cidade	planul (n) oraşului	['planul o'raʃuluj]
centro (m) da cidade	centrul (n) oraşului	['tʃentrul o'raʃuluj]
subúrbio (m)	suburbie (f)	[subur'bie]
suburbano (adj)	din suburbie	[din subur'bie]
periferia (f)	margine (f)	['mardʒine]
arredores (m pl)	împrejurimi (f pl)	[impreʒu'rimʲ]
quarteirão (m)	cartier (n)	[kar'tjer]
quarteirão (m) residencial	cartier (n) locativ	[ka'rtjer loka'tiv]
tráfego (m)	circulaţie (f)	[tʃirku'latsie]
semáforo (m)	semafor (n)	[sema'for]
transporte (m) público	transport (n) urban	[trans'port ur'ban]
cruzamento (m)	intersecţie (f)	[inter'sektsie]
faixa (f)	trecere (f)	['tretʃere]
túnel (m) subterrâneo	trecere (f) subterană	['tretʃere subte'ranə]
cruzar, atravessar (vt)	a traversa	[a traver'sa]
pedestre (m)	pieton (m)	[pie'ton]
calçada (f)	trotuar (n)	[trotu'ar]
ponte (f)	pod (n)	[pod]
margem (f) do rio	faleză (f)	[fa'lezə]
fonte (f)	havuz (n)	[ha'vuz]
alameda (f)	alee (f)	[a'lee]
parque (m)	parc (n)	[park]
bulevar (m)	bulevard (n)	[bule'vard]
praça (f)	piaţă (f)	['pjatsə]
avenida (f)	prospect (n)	[pros'pekt]
rua (f)	stradă (f)	['stradə]
travessa (f)	stradelă (f)	[stra'delə]
beco (m) sem saída	fundătură (f)	[fundə'turə]
casa (f)	casă (f)	['kasə]
edifício, prédio (m)	clădire (f)	[klə'dire]
arranha-céu (m)	zgârie-nori (m)	['zgirie norʲ]
fachada (f)	faţadă (f)	[fa'tsadə]
telhado (m)	acoperiş (n)	[akope'riʃ]

janela (f)	fereastră (f)	[fe'rʲastrə]
arco (m)	arc (n)	[ark]
coluna (f)	coloană (f)	[kolo'anə]
esquina (f)	colţ (n)	[kolʦ]

vitrine (f)	vitrină (f)	[vi'trinə]
letreiro (m)	firmă (f)	['firmə]
cartaz (do filme, etc.)	afiş (n)	[a'fiʃ]
cartaz (m) publicitário	afişaj (n)	[afi'ʒaʒ]
painel (m) publicitário	panou (n) publicitar	[pa'nu publitʃi'tar]

lixo (m)	gunoi (n)	[gu'noj]
lata (f) de lixo	coş (n) de gunoi	[koʃ de gu'noj]
jogar lixo na rua	a face murdărie	[a 'fatʃe murdə'rie]
aterro (m) sanitário	groapă (f) de gunoi	[gro'apə de gu'noj]

orelhão (m)	cabină (f) telefonică	[ka'binə tele'fonikə]
poste (m) de luz	stâlp (m) de felinar	[stilp de feli'nar]
banco (m)	bancă (f)	['bankə]

polícia (m)	poliţist (m)	[poli'ʦist]
polícia (instituição)	poliţie (f)	[po'liʦie]
mendigo, pedinte (m)	cerşetor (m)	[tʃerʃə'tor]
desabrigado (m)	vagabond (m)	[vaga'bond]

79. Instituições urbanas

loja (f)	magazin (n)	[maga'zin]
drogaria (f)	farmacie (f)	[farma'tʃie]
ótica (f)	optică (f)	['optikə]
centro (m) comercial	centru (n) comercial	['tʃentru komertʃi'al]
supermercado (m)	supermarket (n)	[super'market]

padaria (f)	brutărie (f)	[brutə'rie]
padeiro (m)	brutar (m)	[bru'tar]
pastelaria (f)	cofetărie (f)	[kofetə'rie]
mercearia (f)	băcănie (f)	[bəkə'nie]
açougue (m)	hală (f) de carne	['halə de 'karne]

fruteira (f)	magazin (m) de legume	[maga'zin de le'gume]
mercado (m)	piaţă (f)	['pjaʦə]

cafeteria (f)	cafenea (f)	[kafe'nʲa]
restaurante (m)	restaurant (n)	[restau'rant]
bar (m)	berărie (f)	[berə'rie]
pizzaria (f)	pizzerie (f)	[piʦe'rie]

salão (m) de cabeleireiro	frizerie (f)	[frize'rie]
agência (f) dos correios	poştă (f)	['poʃtə]
lavanderia (f)	curăţătorie (f) chimică	[kurəʦəto'rie 'kimikə]
estúdio (m) fotográfico	atelier (n) foto	[ate'ljer 'foto]

sapataria (f)	magazin (n) de încălţăminte	[maga'zin de inkəlʦə'minte]
livraria (f)	librărie (f)	[librə'rie]

loja (f) de artigos esportivos	magazin (n) sportiv	[maga'zin spor'tiv]
costureira (m)	croitorie (f)	[kroito'rie]
aluguel (m) de roupa	închiriere (f) de haine	[inki'rjere de 'hajne]
videolocadora (f)	închiriere (f) de filme	[inki'rjere de 'filme]

circo (m)	circ (n)	[t͡ʃirk]
jardim (m) zoológico	grădină (f) zoologică	[grə'dinə zoo'lodʒikə]
cinema (m)	cinematograf (n)	[t͡ʃinemato'graf]
museu (m)	muzeu (n)	[mu'zeu]
biblioteca (f)	bibliotecă (f)	[biblio'tekə]

teatro (m)	teatru (n)	[te'atru]
ópera (f)	operă (f)	['operə]
boate (casa noturna)	club (n) de noapte	['klub de no'apte]
cassino (m)	cazinou (n)	[kazi'nou]

mesquita (f)	moschee (f)	[mos'kee]
sinagoga (f)	sinagogă (f)	[sina'gogə]
catedral (f)	catedrală (f)	[kate'dralə]
templo (m)	templu (n)	['templu]
igreja (f)	biserică (f)	[bi'serikə]

faculdade (f)	institut (n)	[insti'tut]
universidade (f)	universitate (f)	[universi'tate]
escola (f)	şcoală (f)	[ʃko'alə]

prefeitura (f)	prefectură (f)	[prefek'turə]
câmara (f) municipal	primărie (f)	[primə'rie]
hotel (m)	hotel (n)	[ho'tel]
banco (m)	bancă (f)	['bankə]

embaixada (f)	ambasadă (f)	[amba'sadə]
agência (f) de viagens	agenţie (f) de turism	[adʒen'tsie de tu'rism]
agência (f) de informações	birou (n) de informaţii	[bi'rou de infor'matsij]
casa (f) de câmbio	schimb (n) valutar	[skimb valu'tar]

metrô (m)	metrou (n)	[me'trou]
hospital (m)	spital (n)	[spi'tal]

posto (m) de gasolina	benzinărie (f)	[benzinə'rie]
parque (m) de estacionamento	parcare (f)	[par'kare]

80. Sinais

letreiro (m)	firmă (f)	['firmə]
aviso (m)	inscripţie (f)	[in'skriptsie]
cartaz, pôster (m)	afiş (n)	[a'fiʃ]
placa (f) de direção	semn (n)	[semn]
seta (f)	indicator (n)	[indika'tor]

aviso (advertência)	avertisment (n)	[avertis'ment]
sinal (m) de aviso	avertisment (n)	[avertis'ment]
avisar, advertir (vt)	a avertiza	[a averti'za]
dia (m) de folga	zi (f) de odihnă	[zi de o'dihnə]

horário (~ dos trens, etc.)	orar (n)	[o'rar]
horário (m)	ore (f pl) de lucru	['ore de 'lukru]
BEM-VINDOS!	BINE AȚI VENIT!	['bine 'atsʲ ve'nit]
ENTRADA	INTRARE	[in'trare]
SAÍDA	IEȘIRE	[je'ʃire]
EMPURRE	ÎMPINGE	[im'pindʒe]
PUXE	TRAGE	['tradʒe]
ABERTO	DESCHIS	[des'kis]
FECHADO	ÎNCHIS	[in'kis]
MULHER	PENTRU FEMEI	['pentru fe'mej]
HOMEM	PENTRU BĂRBAȚI	['pentru bər'batsʲ]
DESCONTOS	REDUCERI	[re'dutʃerʲ]
SALDOS, PROMOÇÃO	LICHIDARE DE STOC	[liki'dare de stok]
NOVIDADE!	NOU	['nou]
GRÁTIS	GRATUIT	[gratu'it]
ATENÇÃO!	ATENȚIE!	[a'tentsie]
NÃO HÁ VAGAS	NU SUNT LOCURI	[nu 'sunt 'lokurʲ]
RESERVADO	REZERVAT	[rezer'vat]
ADMINISTRAÇÃO	ADMINISTRAȚIE	[adminis'tratsie]
SOMENTE PESSOAL	NUMAI PENTRU ANGAJAȚI	['numaj 'pentru anga'ʒatʃ]
AUTORIZADO		
CUIDADO CÃO FEROZ	CÂINE RĂU	['kine 'rəu]
PROIBIDO FUMAR!	NU FUMAȚI!	[nu fu'matʃ]
NÃO TOCAR	NU ATINGEȚI!	[nu a'tindʒetʃ]
PERIGOSO	PERICULOS	[periku'los]
PERIGO	PERICOL	[pe'rikol]
ALTA TENSÃO	TENSIUNE ÎNALTĂ	[tensi'une iʲ'naltə]
PROIBIDO NADAR	SCĂLDATUL INTERZIS!	[skəl'datul inter'zis]
COM DEFEITO	NU FUNCȚIONEAZĂ	[nu funktsio'nʲazə]
INFLAMÁVEL	INFLAMABIL	[infla'mabil]
PROIBIDO	INTERZIS	[inter'zis]
ENTRADA PROIBIDA	TRECEREA INTERZISĂ	['tretʃerʲa inter'zisə]
CUIDADO TINTA FRESCA	PROASPĂT VOPSIT	[pro'aspət vop'sit]

81. Transportes urbanos

ônibus (m)	autobuz (n)	[auto'buz]
bonde (m) elétrico	tramvai (n)	[tram'vaj]
trólebus (m)	troleibuz (n)	[trolej'buz]
rota (f), itinerário (m)	rută (f)	['rutə]
número (m)	număr (n)	['numər]
ir de … (carro, etc.)	a merge cu …	[a 'merdʒe ku]
entrar no …	a se urca	[a se ur'ka]
descer do …	a coborî	[a kobo'ri]

parada (f)	stație (f)	['statsie]
próxima parada (f)	stația (f) următoare	['statsija urmeto'are]
terminal (m)	ultima stație (f)	['ultima 'statsie]
horário (m)	orar (n)	[o'rar]
esperar (vt)	a aștepta	[a aʃtep'ta]

| passagem (f) | bilet (n) | [bi'let] |
| tarifa (f) | costul (n) biletului | ['kostul bi'letuluj] |

bilheteiro (m)	casier (m)	[ka'sjer]
controle (m) de passagens	control (n)	[kon'trol]
revisor (m)	controlor (m)	[kontro'lor]

atrasar-se (vr)	a întârzia	[a întir'zija]
perder (o autocarro, etc.)	a pierde ...	[a 'pjerde]
estar com pressa	a se grăbi	[a se gre'bi]

táxi (m)	taxi (n)	[ta'ksi]
taxista (m)	taximetrist (m)	[taksime'trist]
de táxi (ir ~)	cu taxiul	[ku ta'ksjul]
ponto (m) de táxis	stație (f) de taxiuri	['statsie de ta'ksjurʲ]
chamar um táxi	a chema un taxi	[a ke'ma un ta'ksi]
pegar um táxi	a lua un taxi	[a lu'a un ta'ksi]

tráfego (m)	circulație (f) pe stradă	[tʃirku'latsie pe 'strade]
engarrafamento (m)	ambuteiaj (n)	[ambute'jaʒ]
horas (f pl) de pico	oră (f) de vârf	[ore de virf]
estacionar (vi)	a se parca	[a se par'ka]
estacionar (vt)	a parca	[a par'ka]
parque (m) de estacionamento	parcare (f)	[par'kare]

metrô (m)	metrou (n)	[me'trou]
estação (f)	stație (f)	['statsie]
ir de metrô	a merge cu metroul	[a 'merdʒe ku me'troul]
trem (m)	tren (n)	[tren]
estação (f) de trem	gară (f)	['gare]

82. Turismo

monumento (m)	monument (n)	[monu'ment]
fortaleza (f)	cetate (f)	[tʃe'tate]
palácio (m)	palat (n)	[pa'lat]
castelo (m)	castel (n)	[kas'tel]
torre (f)	turn (n)	[turn]
mausoléu (m)	mausoleu (n)	[mawzo'leu]

arquitetura (f)	arhitectură (f)	[arhitek'ture]
medieval (adj)	medieval	[medie'val]
antigo (adj)	vechi	[vekʲ]
nacional (adj)	național	[natsio'nal]
famoso, conhecido (adj)	cunoscut	[kunos'kut]

| turista (m) | turist (m) | [tu'rist] |
| guia (pessoa) | ghid (m) | [gid] |

excursão (f)	**excursie** (f)	[eks'kursie]
mostrar (vt)	**a arăta**	[a arə'ta]
contar (vt)	**a povesti**	[a poves'ti]

encontrar (vt)	**a găsi**	[a gə'si]
perder-se (vr)	**a se pierde**	[a se 'pjerde]
mapa (~ do metrô)	**schemă** (f)	['skemə]
mapa (~ da cidade)	**plan** (m)	[plan]

lembrança (f), presente (m)	**suvenir** (n)	[suve'nir]
loja (f) de presentes	**magazin** (n) **de suveniruri**	[maga'zin de suve'nirurʲ]
tirar fotos, fotografar	**a fotografia**	[a fotografi'ja]
fotografar-se (vr)	**a se fotografia**	[a se fotografi'ja]

83. Compras

comprar (vt)	**a cumpăra**	[a kumpə'ra]
compra (f)	**cumpărătură** (f)	[kumpərə'turə]
fazer compras	**a face cumpărături**	[a 'fatʃe kumpərə'turʲ]
compras (f pl)	**shopping** (n)	['ʃoping]

estar aberta (loja)	**a fi deschis**	[a fi des'kis]
estar fechada	**a se închide**	[a se in'kide]

calçado (m)	**încălțăminte** (f)	[inkəltse'minte]
roupa (f)	**haine** (f pl)	['hajne]
cosméticos (m pl)	**cosmetică** (f)	[kos'metikə]
alimentos (m pl)	**produse** (n pl)	[pro'duse]
presente (m)	**cadou** (n)	[ka'dou]

vendedor (m)	**vânzător** (m)	[vinzə'tor]
vendedora (f)	**vânzătoare** (f)	[vinzəto'are]

caixa (f)	**casă** (f)	['kasə]
espelho (m)	**oglindă** (f)	[og'lində]
balcão (m)	**tejghea** (f)	[teʒ'gʲa]
provador (m)	**cabină** (f) **de probă**	[ka'binə de 'probə]

provar (vt)	**a proba**	[a pro'ba]
servir (roupa, caber)	**a veni**	[a ve'ni]
gostar (apreciar)	**a plăcea**	[a ple'tʃa]

preço (m)	**preț** (n)	[prets]
etiqueta (f) de preço	**indicator** (n) **de prețuri**	[indika'tor de 'pretsurʲ]
custar (vt)	**a costa**	[a kos'ta]
Quanto?	**Cât?**	[kit]
desconto (m)	**reducere** (f)	[re'dutʃere]

não caro (adj)	**ieftin**	['jeftin]
barato (adj)	**ieftin**	['jeftin]
caro (adj)	**scump**	[skump]
É caro	**E scump**	[e skump]
aluguel (m)	**închiriere** (f)	[inkiri'ere]
alugar (roupas, etc.)	**a lua în chirie**	[a lu'a in ki'rie]

crédito (m)	credit (n)	['kredit]
a crédito	în credit	[in 'kredit]

84. Dinheiro

dinheiro (m)	bani (m pl)	[banʲ]
câmbio (m)	schimb (n)	[skimb]
taxa (f) de câmbio	curs (n)	[kurs]
caixa (m) eletrônico	bancomat (n)	[banko'mat]
moeda (f)	monedă (f)	[mo'nedə]
dólar (m)	dolar (m)	[do'lar]
euro (m)	euro (m)	['euro]
lira (f)	liră (f)	['lirə]
marco (m)	marcă (f)	['markə]
franco (m)	franc (m)	[frank]
libra (f) esterlina	liră (f) sterlină	['lirə ster'linə]
iene (m)	yen (f)	['jen]
dívida (f)	datorie (f)	[dato'rie]
devedor (m)	datornic (m)	[da'tornik]
emprestar (vt)	a da cu împrumut	[a da ku impru'mut]
pedir emprestado	a lua cu împrumut	[a lu'a ku impru'mut]
banco (m)	bancă (f)	['bankə]
conta (f)	cont (n)	[kont]
depositar na conta	a pune în cont	[a 'pune in 'kont]
sacar (vt)	a scoate din cont	[a sko'ate din kont]
cartão (m) de crédito	carte (f) de credit	['karte de 'kredit]
dinheiro (m) vivo	numerar (n)	[nume'rar]
cheque (m)	cec (n)	[tʃek]
passar um cheque	a scrie un cec	[a 'skrie un tʃek]
talão (m) de cheques	carte (f) de cecuri	['karte de 'tʃekurʲ]
carteira (f)	portvizit (n)	[portvi'zit]
niqueleira (f)	portofel (n)	[porto'fel]
cofre (m)	seif (n)	['sejf]
herdeiro (m)	moştenitor (m)	[moʃteni'tor]
herança (f)	moştenire (f)	[moʃte'nire]
fortuna (riqueza)	avere (f)	[a'vere]
arrendamento (m)	arendă (f)	[a'rendə]
aluguel (pagar o ~)	chirie (f)	[ki'rie]
alugar (vt)	a închiria	[a inkiri'ja]
preço (m)	preţ (n)	[prets]
custo (m)	valoare (f)	[valo'are]
soma (f)	sumă (f)	['sumə]
gastar (vt)	a cheltui	[a keltu'i]
gastos (m pl)	cheltuieli (f pl)	[keltu'elʲ]

| economizar (vi) | a economisi | [a ekonomi'si] |
| econômico (adj) | econom | [eko'nom] |

pagar (vt)	a plăti	[a plə'ti]
pagamento (m)	plată (f)	['platə]
troco (m)	rest (n)	[rest]

imposto (m)	impozit (n)	[im'pozit]
multa (f)	amendă (f)	[a'mendə]
multar (vt)	a amenda	[a amen'da]

85. Correios. Serviço postal

agência (f) dos correios	poştă (f)	['poʃtə]
correio (m)	corespondenţă (f)	[korespon'dentsə]
carteiro (m)	poştaş (m)	[poʃ'taʃ]
horário (m)	ore (f pl) de lucru	['ore de 'lukru]

carta (f)	scrisoare (f)	[skriso'are]
carta (f) registada	scrisoare (f) recomandată	[skriso'are rekoman'datə]
cartão (m) postal	carte (f) poştală	['karte poʃ'talə]
telegrama (m)	telegramă (f)	[tele'gramə]
encomenda (f)	colet (n)	[ko'let]
transferência (f) de dinheiro	mandat (n) poştal	[man'dat poʃ'tal]

receber (vt)	a primi	[a pri'mi]
enviar (vt)	a expedia	[a ekspedi'ja]
envio (m)	expediere (f)	[ekspe'djere]

endereço (m)	adresă (f)	[a'dresə]
código (m) postal	cod (n) poştal	[kod poʃ'tal]
remetente (m)	expeditor (m)	[ekspedi'tor]
destinatário (m)	destinatar (m)	[destina'tar]

| nome (m) | prenume (n) | [pre'nume] |
| sobrenome (m) | nume (n) | ['nume] |

tarifa (f)	tarif (n)	[ta'rif]
ordinário (adj)	normal	[nor'mal]
econômico (adj)	econom	[eko'nom]

peso (m)	greutate (f)	[greu'tate]
pesar (estabelecer o peso)	a cântări	[a kintə'ri]
envelope (m)	plic (n)	[plik]
selo (m) postal	timbru (n)	['timbru]
colar o selo	a lipi timbrul	[a li'pi 'timbrul]

Moradia. Casa. Lar

86. Casa. Habitação

casa (f)	casă (f)	['kasə]
em casa	acasă	[a'kasə]
pátio (m), quintal (f)	curte (f)	['kurte]
cerca, grade (f)	gard (n)	[gard]
tijolo (m)	cărămidă (f)	[kərə'midə]
de tijolos	de, din cărămidă	[de, din kərə'midə]
pedra (f)	piatră (f)	['pjatrə]
de pedra	de, din piatră	[de, din 'pjatrə]
concreto (m)	beton (n)	[be'ton]
concreto (adj)	de, din beton	[de, din be'ton]
novo (adj)	nou	['nou]
velho (adj)	vechi	[vekʲ]
decrépito (adj)	vechi	[vekʲ]
moderno (adj)	contemporan	[kontempo'ran]
de vários andares	cu multe etaje	[ku 'multe e'taʒe]
alto (adj)	înalt	[i'nalt]
andar (m)	etaj (n)	[e'taʒ]
de um andar	cu un singur etaj	[ku un 'singur e'taʒ]
térreo (m)	etajul (n) de jos	[e'taʒul de ʒos]
andar (m) de cima	etajul (n) de sus	[e'taʒul de sus]
telhado (m)	acoperiş (n)	[akope'riʃ]
chaminé (f)	tub (n)	[tub]
telha (f)	ţiglă (f)	['tsiglə]
de telha	de, din ţiglă	[de, din 'tsiglə]
sótão (m)	mansardă (f)	[man'sardə]
janela (f)	fereastră (f)	[fe'rʲastrə]
vidro (m)	sticlă (f)	['stiklə]
parapeito (m)	pervaz (n)	[per'vaz]
persianas (f pl)	oblon (n) la fereastră	[o'blon la fe'rʲastrə]
parede (f)	perete (m)	[pe'rete]
varanda (f)	balcon (n)	[bal'kon]
calha (f)	burlan (n)	[bur'lan]
em cima	deasupra	[dʲa'supra]
subir (vi)	a urca	[a ur'ka]
descer (vi)	a coborî	[a kobo'ri]
mudar-se (vr)	a se muta	[a se mu'ta]

87. Casa. Entrada. Elevador

entrada (f)	intrare (f)	[in'trare]
escada (f)	scară (f)	['skarə]
degraus (m pl)	trepte (f pl)	['trepte]
corrimão (m)	balustradă (f)	[balu'stradə]
hall (m) de entrada	hol (n)	[hol]
caixa (f) de correio	cutie (f) poştală	[ku'tie poʃ'talə]
lata (f) do lixo	ladă (f) de gunoi	['ladə de gu'noj]
calha (f) de lixo	conductă (f) de gunoi	[kon'duktə de gu'noj]
elevador (m)	lift (n)	[lift]
elevador (m) de carga	ascensor (n) de marfă	[asʧen'sor de 'marfə]
cabine (f)	cabină (f)	[ka'binə]
pegar o elevador	a merge cu liftul	[a 'merdʒe ku 'liftul]
apartamento (m)	apartament (n)	[aparta'ment]
residentes (pl)	locatari (m pl)	[loka'tarʲ]
vizinho (m)	vecin (m)	[ve'ʧin]
vizinha (f)	vecină (f)	[ve'ʧinə]
vizinhos (pl)	vecini (m pl)	[ve'ʧinʲ]

88. Casa. Eletricidade

eletricidade (f)	electricitate (f)	[elektriʧi'tate]
lâmpada (f)	bec (n)	[bek]
interruptor (m)	întrerupător (n)	[intrerupə'tor]
fusível, disjuntor (m)	siguranţă (f)	[sigu'rantsə]
fio, cabo (m)	cablu (n)	['kablu]
instalação (f) elétrica	instalaţie (f) electrică	[insta'latsie e'lektrikə]
medidor (m) de eletricidade	contor (n)	[kon'tor]
indicação (f), registro (m)	indicaţie (f)	[indi'katsie]

89. Casa. Portas. Fechaduras

porta (f)	uşă (f)	['uʃə]
portão (m)	poartă (f)	[po'artə]
maçaneta (f)	clanţă (f)	['klantsə]
destrancar (vt)	a descuia	[a desku'ja]
abrir (vt)	a deschide	[a des'kide]
fechar (vt)	a închide	[a i'nkide]
chave (f)	cheie (f)	['kee]
molho (m)	legătură (f) de chei	[legə'turə de 'kej]
ranger (vi)	a scârţâi	[a skirtsi'i]
rangido (m)	scârţâit (n)	[skirtsi'it]
dobradiça (f)	balama (f)	[bala'ma]
capacho (m)	covoraş (n)	[kovo'raʃ]
fechadura (f)	încuietoare (f)	[inkueto'are]

buraco (m) da fechadura	**gaura** (f) **cheii**	['gaura 'keij]
barra (f)	**zăvor** (n)	[zə'vor]
fecho (ferrolho pequeno)	**zăvor** (n)	[zə'vor]
cadeado (m)	**lacăt** (n)	['lakət]

tocar (vt)	**a suna**	[a su'na]
toque (m)	**sunet** (n)	['sunet]
campainha (f)	**sonerie** (f)	[sone'rie]
botão (m)	**buton** (n)	[bu'ton]
batida (f)	**bătaie** (f)	[bə'tae]
bater (vi)	**a bate**	[a 'bate]

código (m)	**cod** (n)	[kod]
fechadura (f) de código	**lacăt** (n) **cu cod**	['lakət ku kod]
interfone (m)	**interfon** (n)	[inter'fon]
número (m)	**număr** (n)	['numər]
placa (f) de porta	**placă** (f)	['plakə]
olho (m) mágico	**vizor** (f)	[vi'zor]

90. Casa de campo

aldeia (f)	**sat** (n)	[sat]
horta (f)	**grădină** (f) **de zarzavat**	[grə'dinə de zarza'vat]
cerca (f)	**gard** (n)	[gard]
cerca (f) de piquete	**îngrăditură** (f)	[ingrədi'turə]
portão (f) do jardim	**portiţă** (f)	[por'titsə]

celeiro (m)	**hambar** (n)	[ham'bar]
adega (f)	**beci** (n)	[betʃi]
galpão, barracão (m)	**magazie** (f)	[maga'zie]
poço (m)	**fântână** (f)	[fin'tinə]

fogão (m)	**sobă** (f)	['sobə]
atiçar o fogo	**a face focul**	[a 'fatʃe 'fokul]
lenha (carvão ou ~)	**lemne** (n pl)	['lemne]
acha, lenha (f)	**bucată** (f) **de lemn**	[bu'katə de lemn]

varanda (f)	**verandă** (f)	[ve'randə]
alpendre (m)	**terasă** (f)	[te'rasə]
degraus (m pl) de entrada	**verandă** (f)	[ve'randə]
balanço (m)	**scrânciob** (n)	['skrintʃiob]

91. Moradia. Mansão

casa (f) de campo	**casă** (f) **în afara localităţii**	['kasə in a'fara lokali'tətsij]
vila (f)	**vilă** (f)	['vilə]
ala (~ do edifício)	**aripă** (f)	[a'ripə]

jardim (m)	**grădină** (f)	[grə'dinə]
parque (m)	**parc** (n)	[park]
estufa (f)	**seră** (f)	['serə]
cuidar de ...	**a îngriji**	[a ingri'ʒi]

piscina (f)	bazin (n)	[ba'zin]
academia (f) de ginástica	salã (f) de sport	['salə de sport]
quadra (f) de tênis	teren (n) de tenis	[te'ren de 'tenis]
cinema (m)	cinematograf (n)	[tʃinemato'graf]
garagem (f)	garaj (n)	[ga'raʒ]

| propriedade (f) privada | proprietate (f) privată | [proprie'tate pri'vatə] |
| terreno (m) privado | proprietate (f) privată | [proprie'tate pri'vatə] |

| advertência (f) | avertizare (f) | [averti'zare] |
| sinal (m) de aviso | avertisment (n) | [avertis'ment] |

guarda (f)	pază (f)	['pazə]
guarda (m)	paznic (m)	['paznik]
alarme (m)	alarmă (f)	[a'larmə]

92. Castelo. Palácio

castelo (m)	castel (n)	[kas'tel]
palácio (m)	palat (n)	[pa'lat]
fortaleza (f)	cetate (f)	[tʃe'tate]
muralha (f)	zid (n)	[zid]
torre (f)	turn (n)	[turn]
calabouço (m)	turnul (n) principal	['turnul printʃi'pal]

grade (f) levadiça	porți (f pl) rulante	['portsʲ ru'lante]
passagem (f) subterrânea	subsol (n)	[sub'sol]
fosso (m)	șanț (n)	[ʃants]
corrente, cadeia (f)	lanț (n)	[lants]
seteira (f)	meterez (n)	[mete'rez]

magnífico (adj)	măreț	[mə'rets]
majestoso (adj)	maiestuos	[maestu'os]
inexpugnável (adj)	de necucerit	[de nekutʃe'rit]
medieval (adj)	medieval	[medie'val]

93. Apartamento

apartamento (m)	apartament (n)	[aparta'ment]
quarto, cômodo (m)	cameră (f)	['kamerə]
quarto (m) de dormir	dormitor (n)	[dormi'tor]
sala (f) de jantar	sufragerie (f)	[sufradʒe'rie]
sala (f) de estar	salon (n)	[sa'lon]
escritório (m)	cabinet (n)	[kabi'net]

sala (f) de entrada	antreu (n)	[an'treu]
banheiro (m)	baie (f)	['bae]
lavabo (m)	toaletă (f)	[toa'letə]

teto (m)	pod (n)	[pod]
chão, piso (m)	podea (f)	[po'dʲa]
canto (m)	colț (n)	[kolts]

94. Apartamento. Limpeza

arrumar, limpar (vt)	a face ordine	[a 'fatʃe 'ordine]
guardar (no armário, etc.)	a strânge	[a 'strindʒe]
pó (m)	praf (n)	[praf]
empoeirado (adj)	prăfuit	[prəfu'it]
tirar o pó	a şterge praful	[a 'ʃterdʒe 'praful]
aspirador (m)	aspirator (n)	[aspira'tor]
aspirar (vt)	a da cu aspiratorul	[a da ku aspira'torul]

varrer (vt)	a mătura	[a mətu'ra]
sujeira (f)	gunoi (n)	[gu'noj]
arrumação, ordem (f)	ordine (f)	['ordine]
desordem (f)	dezordine (f)	[de'zordine]

esfregão (m)	teu (n)	['teu]
pano (m), trapo (m)	cârpă (f)	['kirpə]
vassoura (f)	mătură (f)	['məturə]
pá (f) de lixo	făraş (n)	[fə'raʃ]

95. Mobiliário. Interior

mobiliário (m)	mobilă (f)	['mobilə]
mesa (f)	masă (f)	['masə]
cadeira (f)	scaun (n)	['skaun]
cama (f)	pat (n)	[pat]
sofá, divã (m)	divan (n)	[di'van]
poltrona (f)	fotoliu (n)	[fo'tolju]

estante (f)	dulap (n) de cărţi	[du'lap de kərts]
prateleira (f)	raft (n)	[raft]

guarda-roupas (m)	dulap (n) de haine	[du'lap de 'hajne]
cabide (m) de parede	cuier (n) perete	[ku'jer pe'rete]
cabideiro (m) de pé	cuier (n) pom	[ku'jer pom]

cômoda (f)	comodă (f)	[ko'modə]
mesinha (f) de centro	măsuţă (f)	[mə'sutsə]

espelho (m)	oglindă (f)	[og'lində]
tapete (m)	covor (n)	[ko'vor]
tapete (m) pequeno	carpetă (f)	[kar'petə]

lareira (f)	şemineu (n)	[ʃəmi'neu]
vela (f)	lumânare (f)	[lumi'nare]
castiçal (m)	sfeşnic (n)	['sfeʃnik]

cortinas (f pl)	draperii (f pl)	[drape'rij]
papel (m) de parede	tapet (n)	[ta'pet]
persianas (f pl)	jaluzele (f pl)	[ʒalu'zele]

luminária (f) de mesa	lampă (f) de birou	['lampə de bi'rou]
luminária (f) de parede	lampă (f)	['lampə]

| abajur (m) de pé | lampă (f) cu picior | ['lampǝ ku pi'ʧior] |
| lustre (m) | lustră (f) | ['lustrǝ] |

pé (de mesa, etc.)	picior (n)	[pi'ʧior]
braço, descanso (m)	braţ (n) la fotoliu	['braʦ la fo'tolju]
costas (f pl)	spătar (n)	[spǝ'tar]
gaveta (f)	sertar (n)	[ser'tar]

96. Quarto de dormir

roupa (f) de cama	lenjerie (f)	[lenʒe'rie]
travesseiro (m)	pernă (f)	['pernǝ]
fronha (f)	faţă (f) de pernă	['faʦǝ de 'pernǝ]
cobertor (m)	plapumă (f)	['plapumǝ]
lençol (m)	cearşaf (n)	[ʧar'ʃaf]
colcha (f)	pătură (f)	[pǝturǝ]

97. Cozinha

cozinha (f)	bucătărie (f)	[bukǝtǝ'rie]
gás (m)	gaz (n)	[gaz]
fogão (m) a gás	aragaz (n)	[ara'gaz]
fogão (m) elétrico	plită (f) electrică	['plitǝ e'lektrikǝ]
forno (m)	cuptor (n)	[kup'tor]
forno (m) de micro-ondas	cuptor (n) cu microunde	[kup'tor ku mikro'unde]

geladeira (f)	frigider (n)	[friʤi'der]
congelador (m)	congelator (n)	[konʤela'tor]
máquina (f) de lavar louça	maşină (f) de spălat vase	[ma'ʃinǝ de spǝ'lat 'vase]

moedor (m) de carne	maşină (f) de tocat carne	[ma'ʃinǝ de to'kat 'karne]
espremedor (m)	storcător (n)	[storkǝ'tor]
torradeira (f)	prăjitor (n) de pâine	[prǝʒi'tor de 'pine]
batedeira (f)	mixer (n)	['mikser]

máquina (f) de café	fierbător (n) de cafea	[fierbǝ'tor de ka'fʲa]
cafeteira (f)	ibric (n)	[i'brik]
moedor (m) de café	râşniţă (f) de cafea	['riʃniʦǝ de ka'fʲa]

chaleira (f)	ceainic (n)	['ʧajnik]
bule (m)	ceainic (n)	['ʧajnik]
tampa (f)	capac (n)	[ka'pak]
coador (m) de chá	strecurătoare (f)	[strekurǝto'are]

colher (f)	lingură (f)	['lingurǝ]
colher (f) de chá	linguriţă (f) de ceai	[lingu'riʦǝ de ʧaj]
colher (f) de sopa	lingură (f)	['lingurǝ]
garfo (m)	furculiţă (f)	[furku'liʦǝ]
faca (f)	cuţit (n)	[ku'ʦit]

| louça (f) | vase (n pl) | ['vase] |
| prato (m) | farfurie (f) | [farfu'rie] |

pires (m)	farfurioară (f)	[farfurio'arə]
cálice (m)	păhărel (n)	[pəhə'rel]
copo (m)	pahar (n)	[pa'har]
xícara (f)	ceaşcă (f)	['ʧaʃkə]

açucareiro (m)	zaharniță (f)	[za'harnitsə]
saleiro (m)	solniță (f)	['solnitsə]
pimenteiro (m)	piperniță (f)	[pi'pernitsə]
manteigueira (f)	untieră (f)	[un'tjerə]

panela (f)	cratiță (f)	['kratitsə]
frigideira (f)	tigaie (f)	[ti'gae]
concha (f)	polonic (n)	[polo'nik]
coador (m)	strecurătoare (f)	[strekurəto'are]
bandeja (f)	tavă (f)	['tavə]

garrafa (f)	sticlă (f)	['stiklə]
pote (m) de vidro	borcan (n)	[bor'kan]
lata (~ de cerveja)	cutie (f)	[ku'tie]

abridor (m) de garrafa	deschizător (n) de sticle	[deskizə'tor de 'stikle]
abridor (m) de latas	deschizător (n) de conserve	[deskizə'tor de kon'serve]
saca-rolhas (m)	tirbuşon (n)	[tirbu'ʃon]
filtro (m)	filtru (n)	['filtru]
filtrar (vt)	a filtra	[a fil'tra]

lixo (m)	gunoi (n)	[gu'noj]
lixeira (f)	coş (n) de gunoi	[koʃ de gu'noj]

98. Casa de banho

banheiro (m)	baie (f)	['bae]
água (f)	apă (f)	['apə]
torneira (f)	robinet (n)	[robi'net]
água (f) quente	apă (f) fierbinte	['apə fjer'binte]
água (f) fria	apă (f) rece	['apə 'reʧe]

pasta (f) de dente	pastă (f) de dinţi	['pastə de dintsʲ]
escovar os dentes	a se spăla pe dinţi	[a se spə'la pe dintsʲ]

barbear-se (vr)	a se bărbieri	[a se bərbie'ri]
espuma (f) de barbear	spumă (f) de ras	['spumə de 'ras]
gilete (f)	brici (n)	['briʧi]

lavar (vt)	a spăla	[a spə'la]
tomar banho	a se spăla	[a se spə'la]
chuveiro (m), ducha (f)	duş (n)	[duʃ]
tomar uma ducha	a face duş	[a 'faʧe duʃ]

banheira (f)	cadă (f)	['kadə]
vaso (m) sanitário	closet (n)	[klo'set]
pia (f)	chiuvetă (f)	[kju'vetə]
sabonete (m)	săpun (n)	[sə'pun]
saboneteira (f)	săpunieră (f)	[səpu'njerə]

esponja (f)	burete (n)	[bu'rete]
xampu (m)	şampon (n)	[ʃam'pon]
toalha (f)	prosop (n)	[pro'sop]
roupão (m) de banho	halat (n)	[ha'lat]

lavagem (f)	spălat (n)	[spə'lat]
lavadora (f) de roupas	maşină (f) de spălat	[ma'ʃinə de spə'lat]
lavar a roupa	a spăla haine	[a spə'la 'hajne]
detergente (m)	detergent (n)	[deter'dʒent]

99. Eletrodomésticos

televisor (m)	televizor (n)	[televi'zor]
gravador (m)	casetofon (n)	[kaseto'fon]
videogravador (m)	videomagnetofon (n)	[videomagneto'fon]
rádio (m)	aparat (n) de radio	[apa'rat de 'radio]
leitor (m)	CD player (n)	[si'di 'pleer]

projetor (m)	proiector (n) video	[proek'tor 'video]
cinema (m) em casa	sistem (n) home cinema	[sis'tem 'houm 'sinema]
DVD Player (m)	DVD-player (n)	[divi'di 'pleer]
amplificador (m)	amplificator (n)	[amplifi'kator]
console (f) de jogos	consolă (f) de jocuri	[kon'sole de 'ʒokurʲ]

câmera (f) de vídeo	cameră (f) video	['kamere 'video]
máquina (f) fotográfica	aparat (n) foto	[apa'rat 'foto]
câmera (f) digital	aparat (n) foto digital	[apa'rat 'foto didʒi'tal]

aspirador (m)	aspirator (n)	[aspira'tor]
ferro (m) de passar	fier (n) de călcat	[fier de kəl'kat]
tábua (f) de passar	masă (f) de călcat	['mase de kəl'kat]

telefone (m)	telefon (n)	[tele'fon]
celular (m)	telefon (n) mobil	[tele'fon mo'bil]
máquina (f) de escrever	maşină (f) de scris	[ma'ʃine de skris]
máquina (f) de costura	maşină (f) de cusut	[ma'ʃine de ku'sut]

microfone (m)	microfon (n)	[mikro'fon]
fone (m) de ouvido	căşti (f pl)	[kəʃtʲ]
controle remoto (m)	telecomandă (f)	[teleko'mande]

CD (m)	CD (n)	[si'di]
fita (f) cassete	casetă (f)	[ka'sete]
disco (m) de vinil	placă (f)	['plake]

100. Reparações. Renovação

renovação (f)	reparaţie (f)	[repa'ratsie]
renovar (vt), fazer obras	a face reparaţie	[a 'fatʃe repa'ratsie]
reparar (vt)	a repara	[a repa'ra]
consertar (vt)	a pune în ordine	[a 'pune ɨn 'ordine]
refazer (vt)	a reface	[a re'fatʃe]

tinta (f)	vopsea (f)	[vop'sʲa]
pintar (vt)	a vopsi	[a vop'si]
pintor (m)	zugrav (m)	[zu'grav]
pincel (m)	pensulă (f)	['pensulə]

cal (f)	var (n)	[var]
caiar (vt)	a vărui	[a vəru'i]

papel (m) de parede	tapet (n)	[ta'pet]
colocar papel de parede	a tapeta	[a tape'ta]
verniz (m)	lac (n)	[lak]
envernizar (vt)	a lăcui	[a ləku'i]

101. Canalizações

água (f)	apă (f)	['apə]
água (f) quente	apă (f) fierbinte	['apə fjer'binte]
água (f) fria	apă (f) rece	['apə 'retʃe]
torneira (f)	robinet (n)	[robi'net]

gota (f)	picătură (f)	[pikə'turə]
gotejar (vi)	a picura	[a piku'ra]
vazar (vt)	a curge	[a 'kurdʒe]
vazamento (m)	scurgere (f)	['skurdʒere]
poça (f)	baltă (f)	['baltə]

tubo (m)	ţeavă (f)	['tsʲave]
válvula (f)	ventil (n)	[ven'til]
entupir-se (vr)	a se înfunda	[a se ɨnfun'da]

ferramentas (f pl)	instrumente (n pl)	[instru'mente]
chave (f) inglesa	cheie (f) reglabilă	['kee re'glabilə]
desenroscar (vt)	a deşuruba	[a deʃuru'ba]
enroscar (vt)	a înşuruba	[a ɨnʃuru'ba]

desentupir (vt)	a curăţa	[a kurə'tsa]
encanador (m)	instalator (m)	[instala'tor]
porão (m)	subsol (n)	[sub'sol]
rede (f) de esgotos	canalizare (f)	[kanali'zare]

102. Fogo. Deflagração

incêndio (m)	foc (n)	[fok]
chama (f)	flacără (f)	['flakərə]
faísca (f)	scânteie (f)	[skin'tee]
fumaça (f)	fum (n)	[fum]
tocha (f)	făclie (f)	[fək'lie]
fogueira (f)	foc (n)	[fok]

gasolina (f)	benzină (f)	[ben'zinə]
querosene (m)	petrol (n)	[pe'trol]
inflamável (adj)	inflamabil	[infla'mabil]

explosivo (adj)	explozibil	[eksplo'zibil]
PROIBIDO FUMAR!	NU FUMAŢI!	[nu fu'mats]
segurança (f)	siguranţă (f)	[sigu'rantsə]
perigo (m)	pericol (n)	[pe'rikol]
perigoso (adj)	periculos	[periku'los]
incendiar-se (vr)	a lua foc	[a lu'a 'fok]
explosão (f)	explozie (f)	[eks'plozie]
incendiar (vt)	a incendia	[a intʃendi'a]
incendiário (m)	incendiator (m)	[intʃendia'tor]
incêndio (m) criminoso	incendiere (f)	[intʃen'djere]
flamejar (vi)	a arde cu flăcări mari	[a 'arde ku fləkə'ri 'marʲ]
queimar (vi)	a arde	[a 'arde]
queimar tudo (vi)	a arde din temelie	[a 'arde din teme'lie]
bombeiro (m)	pompier (m)	[pom'pjer]
caminhão (m) de bombeiros	maşină (f) de pompieri	[ma'ʃinə de pom'pjerʲ]
corpo (m) de bombeiros	echipă (f) de pompieri	[ekipə de pom'pjerʲ]
escada (f) extensível	scară (f) de incendiu	['skarə de in'tʃendju]
mangueira (f)	furtun (n)	[fur'tun]
extintor (m)	stingător (n)	[stingə'tor]
capacete (m)	cască (f)	['kaskə]
sirene (f)	sirenă (f)	[si'renə]
gritar (vi)	a striga	[a stri'ga]
chamar por socorro	a chema în ajutor	[a ke'ma in aʒu'tor]
socorrista (m)	salvator (m)	[salva'tor]
salvar, resgatar (vt)	a salva	[a sal'va]
chegar (vi)	a veni	[a ve'ni]
apagar (vt)	a stinge	[a 'stindʒe]
água (f)	apă (f)	['apə]
areia (f)	nisip (n)	[ni'sip]
ruínas (f pl)	ruine (f pl)	[ru'ine]
ruir (vi)	a se prăbuşi	[a se prəbu'ʃi]
desmoronar (vi)	a se dărâma	[a se dəri'ma]
desabar (vi)	a se surpa	[a se sur'pa]
fragmento (m)	dărâmătură (f)	[dərəmə'turə]
cinza (f)	scrum (n)	[skrum]
sufocar (vi)	a se sufoca	[a se sufo'ka]
perecer (vi)	a deceda	[a detʃe'da]

ATIVIDADES HUMANAS

Emprego. Negócios. Parte 1

103. Escritório. O trabalho no escritório

escritório (~ de advogados)	oficiu (n)	[o'fitʃiu]
escritório (do diretor, etc.)	cabinet (n)	[kabi'net]
recepção (f)	recepţie (f)	[re'tʃeptsie]
secretário (m)	secretar (m)	[sekre'tar]
diretor (m)	director (m)	[di'rektor]
gerente (m)	manager (m)	['menedʒə]
contador (m)	contabil (f)	[kon'tabil]
empregado (m)	colaborator (m)	[kolabora'tor]
mobiliário (m)	mobilă (f)	['mobilə]
mesa (f)	masă (f)	['masə]
cadeira (f)	fotoliu (n)	[fo'tolju]
gaveteiro (m)	noptieră (f)	[nop'tjerə]
cabideiro (m) de pé	cuier (n) pom	[ku'jer pom]
computador (m)	calculator (n)	[kalkula'tor]
impressora (f)	imprimantă (f)	[impri'mantə]
fax (m)	fax (n)	[faks]
fotocopiadora (f)	copiator (n)	[kopia'tor]
papel (m)	hârtie (f)	[hir'tie]
artigos (m pl) de escritório	rechizite (n pl) de birou	[reki'zite de bi'rou]
tapete (m) para mouse	pad (n)	[pad], [pəd]
folha (f)	foaie (f)	[fo'ae]
pasta (f)	mapă (f)	['mapə]
catálogo (m)	catalog (n)	[kata'log]
lista (f) telefônica	îndrumar (n)	[indru'mar]
documentação (f)	documentaţie (f)	[dokumen'tatsie]
brochura (f)	broşură (f)	[bro'ʃurə]
panfleto (m)	foaie (f)	[fo'ae]
amostra (f)	model (n)	[mo'del]
formação (f)	trening (n)	['trening]
reunião (f)	şedinţă (f)	[ʃe'dintsə]
hora (f) de almoço	pauză (f) de prânz	['pauze de 'prinz]
fazer uma cópia	a face copie	[a 'fatʃe 'kopie]
tirar cópias	a multiplica	[a multipli'ka]
receber um fax	a primi fax	[a pri'mi 'faks]
enviar um fax	a trimite fax	[a tri'mite 'faks]
fazer uma chamada	a suna	[a su'na]

responder (vt)	a răspunde	[a res'punde]
passar (vt)	a face legătura	[a 'fatʃe lege'tura]

marcar (vt)	a stabili	[a stabi'li]
demonstrar (vt)	a demonstra	[a demonst'ra]
estar ausente	a lipsi	[a lip'si]
ausência (f)	lipsă (f)	['lipse]

104. Processos negociais. Parte 1

ocupação (f)	ocupație (f)	[oku'patsie]
firma, empresa (f)	firmă (f)	['firme]
companhia (f)	companie (f)	[kompa'nie]
corporação (f)	corporație (f)	[korpo'ratsie]
empresa (f)	întreprindere (f)	[intre'prindere]
agência (f)	agenție (f)	[adʒen'tsie]

acordo (documento)	acord (n)	[a'kord]
contrato (m)	contract (n)	[kon'trakt]
acordo (transação)	afacere (f)	[a'fatʃere]
pedido (m)	comandă (f)	[ko'mande]
termos (m pl)	condiție (f)	[kon'ditsie]

por atacado	en-gros	[an'gro]
por atacado (adj)	en-gros	[an'gro]
venda (f) por atacado	vânzare (f) en-gros	[vin'zare an'gro]
a varejo	cu bucata	[ku bu'kata]
venda (f) a varejo	vânzare (f) cu bucata	[vin'zare ku bu'kata]

concorrente (m)	concurent (m)	[konku'rent]
concorrência (f)	concurență (f)	[konku'rentse]
competir (vi)	a concura	[a konku'ra]

sócio (m)	partener (m)	[parte'ner]
parceria (f)	parteneriat (n)	[parteneri'at]

crise (f)	criză (f)	['krize]
falência (f)	faliment (n)	[fali'ment]
entrar em falência	a da faliment	[a da fali'ment]
dificuldade (f)	dificultate (f)	[difikul'tate]
problema (m)	problemă (f)	[pro'bleme]
catástrofe (f)	catastrofă (f)	[katas'trofe]

economia (f)	economie (f)	[ekono'mie]
econômico (adj)	economic	[eko'nomik]
recessão (f) econômica	scădere (f) economică	[ske'dere eko'nomike]

objetivo (m)	scop (n)	[skop]
tarefa (f)	obiectiv (n)	[objek'tiv]

comerciar (vi, vt)	a face comerț	[a 'fatʃe ko'merts]
rede (de distribuição)	rețea (f)	[re'tsʲa]
estoque (m)	depozit (n)	[de'pozit]
sortimento (m)	sortiment (n)	[sorti'ment]

líder (m)	lider (m)	['lider]
grande (~ empresa)	mare	['mare]
monopólio (m)	monopol (n)	[mono'pol]

teoria (f)	teorie (f)	[teo'rie]
prática (f)	practică (f)	['praktikə]
experiência (f)	experiență (f)	[ekspe'rjentsə]
tendência (f)	tendință (f)	[ten'dintsə]
desenvolvimento (m)	dezvoltare (f)	[dezvol'tare]

105. Processos negociais. Parte 2

| rentabilidade (f) | profit (n) | [pro'fit] |
| rentável (adj) | profitabil | [profi'tabil] |

delegação (f)	delegație (f)	[dele'gatsie]
salário, ordenado (m)	salariu (n)	[sa'larju]
corrigir (~ um erro)	a corecta	[a korek'ta]
viagem (f) de negócios	deplasare (f)	[depla'sare]
comissão (f)	comisie (f)	[ko'misie]

controlar (vt)	a controla	[a kontro'la]
conferência (f)	conferință (f)	[konfe'rintsə]
licença (f)	licență (f)	[li'tʃentsə]
confiável (adj)	de încredere	[de in'kredere]

empreendimento (m)	început (n)	[intʃe'put]
norma (f)	normă (f)	['normə]
circunstância (f)	circumstanță (f)	[tʃirkum'stantsə]
dever (do empregado)	obligație (f)	[obli'gatsie]

empresa (f)	organizație (f)	[organi'zatsie]
organização (f)	organizare (f)	[organi'zare]
organizado (adj)	organizat	[organi'zat]
anulação (f)	contramandare (f)	[kontraman'dare]
anular, cancelar (vt)	a anula	[a anu'la]
relatório (m)	raport (n)	[ra'port]

patente (f)	brevet (f)	[bre'vet]
patentear (vt)	a breveta	[a breve'ta]
planejar (vt)	a planifica	[a planifi'ka]

bônus (m)	primă (f)	['primə]
profissional (adj)	profesional	[profesio'nal]
procedimento (m)	procedură (f)	[protʃe'durə]

examinar (~ a questão)	a examina	[a ekzami'na]
cálculo (m)	calcul (n)	['kalkul]
reputação (f)	reputație (f)	[repu'tatsie]
risco (m)	risc (n)	[risk]

dirigir (~ uma empresa)	a conduce	[a kon'dutʃe]
informação (f)	informații (f pl)	[infor'matsij]
propriedade (f)	proprietate (f)	[proprie'tate]

união (f)	aliança (f)	[ali'antsə]
seguro (m) de vida	asigurare (f) de viață	[asigu'rare de 'vjatsə]
fazer um seguro	a asigura	[a asigu'ra]
seguro (m)	asigurare (f)	[asigu'rare]

leilão (m)	licitație (f)	[litʃi'tatsie]
notificar (vt)	a înştiința	[a inʃtiin'tsa]
gestão (f)	conducere (f)	[kon'dutʃere]
serviço (indústria de ~s)	serviciu (n)	[ser'vitʃiu]

fórum (m)	for (n)	[for]
funcionar (vi)	a funcționa	[a funktsio'na]
estágio (m)	etapă (f)	[e'tapə]
jurídico, legal (adj)	juridic	[ʒu'ridik]
advogado (m)	jurist (m)	[ʒu'rist]

106. Produção. Trabalhos

usina (f)	uzină (f)	[u'zinə]
fábrica (f)	fabrică (f)	['fabrikə]
oficina (f)	atelier (n)	[ate'ljer]
local (m) de produção	fabricație (f)	[fabri'katsie]

indústria (f)	industrie (f)	[in'dustrie]
industrial (adj)	industrial	[industri'al]
indústria (f) pesada	industrie (f) grea	[in'dustrie grʲa]
indústria (f) ligeira	industrie (f) ușoară	[in'dustrie uʃo'arə]

produção (f)	producție (f)	[pro'duktsie]
produzir (vt)	a produce	[a pro'dutʃe]
matérias-primas (f pl)	materie (f) primă	[ma'terie 'primə]

chefe (m) de obras	şef (m) de brigadă	[ʃef de bri'gadə]
equipe (f)	brigadă (f)	[bri'gadə]
operário (m)	muncitor (m)	[muntʃi'tor]

dia (m) de trabalho	zi (f) lucrătoare	['zi lukrəto'are]
intervalo (m)	pauză (f)	['pauzə]
reunião (f)	adunare (f)	[adu'nare]
discutir (vt)	a discuta	[a disku'ta]

plano (m)	plan (n)	[plan]
cumprir o plano	a îndeplini planul	[a indepli'ni 'planul]
taxa (f) de produção	normă (f)	['normə]
qualidade (f)	calitate (f)	[kali'tate]
controle (m)	control (n)	[kon'trol]
controle (m) da qualidade	controlul (n) calității	[kon'trolul kali'tətsij]

segurança (f) no trabalho	protecția (f) muncii	[pro'tektsija 'muntʃij]
disciplina (f)	disciplină (f)	[distʃi'plinə]
infração (f)	încălcare (f)	[inkəl'kare]
violar (as regras)	a încălca	[a inkəl'ka]
greve (f)	grevă (f)	['grevə]
grevista (m)	grevist (m)	[gre'vist]

95

estar em greve	a face grevă	[a 'fatʃe 'grevə]
sindicato (m)	sindicat (n)	[sindi'kat]
inventar (vt)	a inventa	[a inven'ta]
invenção (f)	invenţie (f)	[in'ventsie]
pesquisa (f)	cercetare (f)	[tʃertʃe'tare]
melhorar (vt)	a îmbunătăţi	[a imbunətə'tsi]
tecnologia (f)	tehnologie (f)	[tehnolo'dʒie]
desenho (m) técnico	plan (n)	[plan]
carga (f)	încărcătură (f)	[inkərkə'turə]
carregador (m)	hamal (m)	[ha'mal]
carregar (o caminhão, etc.)	a încărca	[a inkər'ka]
carregamento (m)	încărcătură (f)	[inkərkə'turə]
descarregar (vt)	a descărca	[a deskər'ka]
descarga (f)	descărcare (f)	[deskər'kare]
transporte (m)	transport (n)	[trans'port]
companhia (f) de transporte	companie (f) de transport	[kompa'nie de trans'port]
transportar (vt)	a transporta	[a transpor'ta]
vagão (m) de carga	vagon (n) marfar	[va'gon mar'far]
tanque (m)	cisternă (f)	[tʃis'ternə]
caminhão (m)	autocamion (n)	[autoka'mjon]
máquina (f) operatriz	maşină-unealtă (f)	[ma'ʃinə u'nʲaltə]
mecanismo (m)	mecanism (n)	[meka'nizm]
resíduos (m pl) industriais	deşeuri (n pl)	[de'ʃəurʲ]
embalagem (f)	ambalare (f)	[amba'lare]
embalar (vt)	a ambala	[a amba'la]

107. Contrato. Acordo

contrato (m)	contract (n)	[kon'trakt]
acordo (m)	contract (f)	[kon'trakt]
adendo, anexo (m)	anexă (f)	[a'neksə]
assinar o contrato	a încheia un contract	[a inke'ja un kon'trakt]
assinatura (f)	semnătură (f)	[semnə'turə]
assinar (vt)	a semna	[a sem'na]
carimbo (m)	ştampilă (f)	[ʃtam'pilə]
objeto (m) do contrato	obiectul (n) contractului	[o'bjektul kon'traktuluj]
cláusula (f)	paragraf (n)	[para'graf]
partes (f pl)	părţi (f pl)	[pərtsʲ]
domicílio (m) legal	adresă (f) juridică	[a'dresə ʒu'ridikə]
violar o contrato	a încălca contractul	[a inkəl'ka kon'traktul]
obrigação (f)	obligaţie (f)	[obli'gatsie]
responsabilidade (f)	răspundere (f)	[res'pundere]
força (f) maior	forţe (f pl) majore	['fortse ma'ʒore]
litígio (m), disputa (f)	dispută (f)	[dis'putə]
multas (f pl)	sancţiuni (f pl)	[sanktsi'unʲ]

108. Importação & Exportação

importação (f)	import (n)	[im'port]
importador (m)	importator (m)	[importa'tor]
importar (vt)	a importa	[a impor'ta]
de importação	din import	[din im'port]
exportador (m)	exportator (m)	[eksporta'tor]
exportar (vt)	a exporta	[a ekspor'ta]
mercadoria (f)	marfă (f)	['marfə]
lote (de mercadorias)	lot (n)	[lot]
peso (m)	greutate (f)	[greu'tate]
volume (m)	volum (n)	[vo'lum]
metro (m) cúbico	metru (m) cub	['metru 'kub]
produtor (m)	producător (m)	[produke'tor]
companhia (f) de transporte	companie (f) de transport	[kompa'nie de trans'port]
contêiner (m)	container (m)	[kon'tajner]
fronteira (f)	graniţă (f)	['granitsə]
alfândega (f)	vamă (f)	['vamə]
taxa (f) alfandegária	taxă (f) vamală	['taksə va'malə]
funcionário (m) da alfândega	vameş (m)	['vameʃ]
contrabando (atividade)	contrabandă (f)	[kontra'bandə]
contrabando (produtos)	contrabandă (f)	[kontra'bandə]

109. Finanças

ação (f)	acţiune (f)	[aktsi'une]
obrigação (f)	obligaţie (f)	[obli'gatsie]
nota (f) promissória	poliţă (f)	['politsə]
bolsa (f) de valores	bursă (f)	['bursə]
cotação (m) das ações	cursul (n) acţiunii	['kursul aktsi'unij]
tornar-se mais barato	a se ieftini	[a se efti'ni]
tornar-se mais caro	a se scumpi	[a se skum'pi]
participação (f) majoritária	pachet (n) de control	[pa'ket de kon'trol]
investimento (m)	investiţii (f pl)	[inves'titsij]
investir (vt)	a investi	[a inves'ti]
porcentagem (f)	procent (n)	[pro'tʃent]
juros (m pl)	dobândă (f)	[do'bində]
lucro (m)	profit (n)	[pro'fit]
lucrativo (adj)	profitabil	[profi'tabil]
imposto (m)	impozit (n)	[im'pozit]
divisa (f)	valută (f)	[va'lutə]
nacional (adj)	naţional	[natsio'nal]
câmbio (m)	schimb (n)	[skimb]

| contador (m) | contabil (m) | [kon'tabil] |
| contabilidade (f) | contabilitate (f) | [kontabili'tate] |

falência (f)	faliment (n)	[fali'ment]
falência, quebra (f)	faliment (n)	[fali'ment]
ruína (f)	faliment (n)	[fali'ment]
estar quebrado	a falimenta	[a falimen'ta]
inflação (f)	inflaţie (f)	[in'flatsie]
desvalorização (f)	devalorizare (f)	[devalori'zare]

capital (m)	capital (n)	[kapi'tal]
rendimento (m)	venit (n)	[ve'nit]
volume (m) de negócios	rotaţie (f)	[ro'tatsie]
recursos (m pl)	resurse (f pl)	[re'surse]
recursos (m pl) financeiros	mijloace (n pl) băneşti	[miʒlo'atʃe bə'neʃtʲ]
reduzir (vt)	a reduce	[a re'dutʃe]

110. Marketing

marketing (m)	marketing (n)	['marketing]
mercado (m)	piaţă (f)	['pjatsə]
segmento (m) do mercado	segment (n) de piaţă	[seg'ment de 'pjatsə]
produto (m)	produs (n)	[pro'dus]
mercadoria (f)	marfă (f)	['marfə]

marca (f)	marcă (f)	['markə]
marca (f) registrada	marcă (f) comercială	['markə komertʃi'alə]
logotipo (m)	logotip (n)	[logo'tip]
logo (m)	logo (m)	['logo]

demanda (f)	cerere (f)	['tʃerere]
oferta (f)	ofertă (f)	[o'fertə]
necessidade (f)	necesitate (f)	[netʃesi'tate]
consumidor (m)	consumator (m)	[konsu'mator]

análise (f)	analiză (f)	[ana'lizə]
analisar (vt)	a analiza	[a anali'za]
posicionamento (m)	poziţionare (f)	[pozitsio'nare]
posicionar (vt)	a poziţiona	[a pozitsio'na]

preço (m)	preţ (n)	[prets]
política (f) de preços	politica (f) preţurilor	[po'litika 'pretsurilor]
formação (f) de preços	stabilirea (f) preţurilor	[stabi'lirʲa 'pretsurilor]

111. Publicidade

publicidade (f)	reclamă (f)	[re'klamə]
fazer publicidade	a face reclamă	[a 'fatʃe re'klamə]
orçamento (m)	buget (n)	[bu'dʒet]

| anúncio (m) | reclamă (f) | [re'klamə] |
| publicidade (f) na TV | publicitate (f) TV | [publitʃi'tate te've] |

publicidade (f) na rádio	publicitate (f) radio	[publiʧi'tate 'radio]
publicidade (f) exterior	reclamă (f) exterioară	[re'klamə eksterio'arə]
comunicação (f) de massa	mass-media (f)	['mas 'media]
periódico (m)	ediţie (f) periodică	[e'diʦie peri'odikə]
imagem (f)	imagine (f)	[i'maʤine]
slogan (m)	lozincă (f)	[lo'zinkə]
mote (m), lema (f)	deviză (f)	[de'vizə]
campanha (f)	campanie (f)	[kam'panie]
campanha (f) publicitária	campanie (f) publicitară	[kam'panie publiʧi'tarə]
grupo (m) alvo	grup (n) ţintă	[grup 'ʦintə]
cartão (m) de visita	carte (f) de vizită	['karte de 'vizitə]
panfleto (m)	foaie (f)	[fo'ae]
brochura (f)	broşură (f)	[bro'ʃurə]
folheto (m)	pliant (n)	[pli'ant]
boletim (~ informativo)	buletin (n)	[bule'tin]
letreiro (m)	firmă (f)	['firmə]
cartaz, pôster (m)	afiş (n)	[a'fiʃ]
painel (m) publicitário	panou (n)	[pa'nou]

112. Banca

banco (m)	bancă (f)	['bankə]
balcão (f)	sucursală (f)	[sukur'salə]
consultor (m) bancário	consultant (m)	[konsul'tant]
gerente (m)	director (m)	[di'rektor]
conta (f)	cont (n)	[kont]
número (m) da conta	numărul (n) contului	['numərul 'kontuluj]
conta (f) corrente	cont (n) curent	[kont ku'rent]
conta (f) poupança	cont (n) de acumulare	[kont de akumu'lare]
abrir uma conta	a deschide un cont	[a des'kide un kont]
fechar uma conta	a închide contul	[a i'nkide 'kontul]
depositar na conta	a pune în cont	[a 'pune in 'kont]
sacar (vt)	a extrage din cont	[a eks'traʤe din kont]
depósito (m)	depozit (n)	[de'pozit]
fazer um depósito	a depune	[a de'pune]
transferência (f) bancária	transfer (n)	[trans'fer]
transferir (vt)	a transfera	[a transfe'ra]
soma (f)	sumă (f)	['sumə]
Quanto?	Cât?	[kit]
assinatura (f)	semnătură (f)	[semnə'turə]
assinar (vt)	a semna	[a sem'na]
cartão (m) de crédito	carte (f) de credit	['karte de 'kredit]
senha (f)	cod (n)	[kod]

número (m) do cartão de crédito	numărul (n) cărţii de credit	['numərul kərtsij de 'kredit]
caixa (m) eletrônico	bancomat (n)	[banko'mat]
cheque (m)	cec (n)	[tʃek]
passar um cheque	a scrie un cec	[a 'skrie un tʃek]
talão (m) de cheques	carte (f) de cecuri	['karte de 'tʃekurı]
empréstimo (m)	credit (n)	['kredit]
pedir um empréstimo	a solicita un credit	[a solitʃi'ta pe 'kredit]
obter empréstimo	a lua pe credit	[a lu'a pe 'kredit]
dar um empréstimo	a acorda credit	[a akor'da 'kredit]
garantia (f)	garanţie (f)	[garan'tsie]

113. Telefone. Conversação telefônica

telefone (m)	telefon (n)	[tele'fon]
celular (m)	telefon (n) mobil	[tele'fon mo'bil]
secretária (f) eletrônica	răspuns (n) automat	[rəs'puns auto'mat]
fazer uma chamada	a suna, a telefona	[a su'na], [a tele'fona]
chamada (f)	apel (n), convorbire (f)	[a'pel], [konvor'bire]
discar um número	a forma un număr	[a for'ma un 'numər]
Alô!	Alo!	[a'lo]
perguntar (vt)	a întreba	[a intre'ba]
responder (vt)	a răspunde	[a rəs'punde]
ouvir (vt)	a auzi	[a au'zi]
bem	bine	['bine]
mal	rău	['rəu]
ruído (m)	bruiaj (n)	[bru'jaʒ]
fone (m)	receptor (n)	[retʃep'tor]
pegar o telefone	a lua receptorul	[a lu'a retʃep'torul]
desligar (vi)	a pune receptorul	[a 'pune retʃep'torul]
ocupado (adj)	ocupat	[oku'pat]
tocar (vi)	a suna	[a su'na]
lista (f) telefônica	carte (f) de telefon	['karte de tele'fon]
local (adj)	local	[lo'kal]
chamada (f) local	apel (n) local	[a'pel lo'kal]
de longa distância	interurban	[interur'ban]
chamada (f) de longa distância	apel (n) interurban	[a'pel interur'ban]
internacional (adj)	internaţional	[internatsio'nal]
chamada (f) internacional	apel (n) interna ional	[a'pel internatsio'nal]

114. Telefone móvel

celular (m)	telefon (n) mobil	[tele'fon mo'bil]
tela (f)	ecran (n)	[e'kran]

| botão (m) | buton (n) | [bu'ton] |
| cartão SIM (m) | cartelă (f) SIM | [kar'telə 'sim] |

bateria (f)	baterie (f)	[bate'rie]
descarregar-se (vr)	a se descărca	[a se deskər'ka]
carregador (m)	încărcător (m)	[inkərkə'tor]

menu (m)	meniu (n)	[me'nju]
configurações (f pl)	setări (f)	[se'tər']
melodia (f)	melodie (f)	[melo'die]
escolher (vt)	a selecta	[a selek'ta]

calculadora (f)	calculator (n)	[kalkula'tor]
correio (m) de voz	răspuns (n) automat	[rəs'puns auto'mat]
despertador (m)	ceas (n) deşteptător	[tʃas deʃteptə'tor]
contatos (m pl)	carte (f) de telefoane	['karte de telefo'ane]

| mensagem (f) de texto | SMS (n) | [ese'mes] |
| assinante (m) | abonat (m) | [abo'nat] |

115. Estacionário

| caneta (f) | stilou (n) | [sti'lou] |
| caneta (f) tinteiro | condei (n) | [kon'dej] |

lápis (m)	creion (n)	[kre'jon]
marcador (m) de texto	marcher (n)	['marker]
caneta (f) hidrográfica	cariocă (f)	[kari'okə]

| bloco (m) de notas | carneţel (n) | [karnə'tsəl] |
| agenda (f) | agendă (f) | [a'dʒendə] |

régua (f)	riglă (f)	['riglə]
calculadora (f)	calculator (f)	[kalkula'tor]
borracha (f)	radieră (f)	[radi'erə]
alfinete (m)	piunezǎ (f)	[pju'nezə]
clipe (m)	clamǎ (f)	['klamə]

cola (f)	lipici (n)	[li'pitʃi]
grampeador (m)	capsator (n)	[kapsa'tor]
furador (m) de papel	perforator (n)	[perfo'rator]
apontador (m)	ascuţitoare (f)	[askutsito'are]

116. Vários tipos de documentos

relatório (m)	raport (n)	[ra'port]
acordo (m)	contract (f)	[kon'trakt]
ficha (f) de inscrição	cerere (f)	['tʃerere]
autêntico (adj)	autentic	[au'tentik]
crachá (m)	ecuson (n)	[eku'son]
cartão (m) de visita	carte (f) de vizită	['karte de 'vizitə]
certificado (m)	certificat (n)	[tʃertifi'kat]

cheque (m)	cec (n)	[ʧek]
conta (f)	notă (f) de plată	['notə de 'platə]
constituição (f)	constituţie (f)	[konsti'tutsie]
contrato (m)	acord (n)	[a'kord]
cópia (f)	copie (f)	['kopie]
exemplar (~ assinado)	exemplar (n)	[egzem'plar]
declaração (f) alfandegária	declaraţie (f)	[dekla'ratsie]
documento (m)	act (n)	[akt]
carteira (f) de motorista	permis (n) de conducere	[per'mis de kon'duʧere]
adendo, anexo (m)	anexă (f)	[a'neksə]
questionário (m)	anchetă (f)	[an'ketə]
carteira (f) de identidade	legalizare (f)	[legali'zare]
inquérito (m)	solicitare (f)	[soliʧi'tare]
convite (m)	invitaţie (f)	[invi'tatsie]
fatura (f)	factură (f)	[fak'turə]
lei (f)	lege (f)	['ledʒe]
carta (correio)	scrisoare (f)	[skriso'are]
papel (m) timbrado	formular (n)	[formu'lar]
lista (f)	listă (f)	['listə]
manuscrito (m)	manuscris (n)	[manu'skris]
boletim (~ informativo)	buletin (n)	[bule'tin]
bilhete (mensagem breve)	notă (f)	['notə]
passe (m)	autorizaţie (f)	[autori'zatsie]
passaporte (m)	paşaport (n)	[paʃa'port]
permissão (f)	permis (n)	[per'mis]
currículo (m)	CV (n)	[si'vi]
nota (f) promissória	recipisă (f)	[reʧi'pisə]
recibo (m)	chitanţă (f)	[ki'tantsə]
talão (f)	cec (n)	[ʧek]
relatório (m)	raport (n)	[ra'port]
mostrar (vt)	a prezenta	[a prezen'ta]
assinar (vt)	a semna	[a sem'na]
assinatura (f)	semnătură (f)	[semnə'turə]
carimbo (m)	ştampilă (f)	[ʃtam'pilə]
texto (m)	text (n)	[tekst]
ingresso (m)	bilet (n)	[bi'let]
riscar (vt)	a tăia	[a tə'ja]
preencher (vt)	a completa	[a komple'ta]
carta (f) de porte	foaie (f) de însoţire	[fo'ae de ɨnso'tsire]
testamento (m)	testament (n)	[testa'ment]

117. Tipos de negócios

serviços (m pl) de contabilidade	servicii (n pl) de contabilitate	[ser'viʧij de kontabili'tate]
publicidade (f)	reclamă (f)	[re'klamə]

agência (f) de publicidade	agenţie (f) de reclamă	[adʒen'tsie de re'klamə]
ar (m) condicionado	ventilator (n)	[ventila'tor]
companhia (f) aérea	companie (f) aeriană	[kompa'nie aeri'anə]

bebidas (f pl) alcoólicas	băuturi (f pl) alcoolice	[bəu'turi alko'olitʃe]
comércio (m) de antiguidades	anticariat (n)	[antikari'at]
galeria (f) de arte	galerie (f)	[gale'rie]
serviços (m pl) de auditoria	servicii (n pl) de audit	[ser'vitʃij de au'dit]

negócios (m pl) bancários	afacere (f) bancară	[a'fatʃere ba'nkarə]
bar (m)	bar (n)	[bar]
salão (m) de beleza	salon (n) de frumuseţe	[sa'lon de frumu'setse]
livraria (f)	librărie (f)	[librə'rie]
cervejaria (f)	fabricarea (f) berii	[fabri'karʲa 'berij]
centro (m) de escritórios	centru (n) de afaceri	['tʃentru de a'fatʃerʲ]
escola (f) de negócios	şcoală (f) de afaceri	[ʃko'alə de a'fatʃerʲ]

cassino (m)	cazinou (n)	[kazi'nou]
construção (f)	construcţie (f)	[kon'struktsie]
consultoria (f)	consulting (n)	[kon'salting]

clínica (f) dentária	stomatologie (f)	[stomatolo'dʒie]
design (m)	design (n)	[di'zajn]
drogaria (f)	farmacie (f)	[farma'tʃie]
lavanderia (f)	curăţătorie (f) chimică	[kurətsəto'rie 'kimikə]
agência (f) de emprego	agenţie (f) de cadre	[adʒen'tsie de 'kadre]

serviços (m pl) financeiros	servicii (n pl) financiare	[ser'vitʃij finantʃi'are]
alimentos (m pl)	produse (n pl) alimentare	[pro'duse alimen'tare]
funerária (f)	pompe (f pl) funebre	['pompe fu'nebre]
mobiliário (m)	mobilă (f)	['mobilə]
roupa (f)	haine (f pl)	['hajne]
hotel (m)	hotel (n)	[ho'tel]

sorvete (m)	îngheţată (f)	[inge'tsatə]
indústria (f)	industrie (f)	[in'dustrie]
seguro (~ de vida, etc.)	asigurare (f) medicală	[asigu'rare medi'kalə]
internet (f)	internet (n)	[inter'net]
investimento (m)	investiţii (f pl)	[inves'titsij]

joalheiro (m)	bijutier (m)	[biʒu'tjer]
joias (f pl)	bijuterii (f pl)	[biʒute'rij]
lavanderia (f)	spălătorie (f)	[spələto'rie]
assessorias (f pl) jurídicas	servicii (n pl) juridice	[ser'vitʃij ʒu'riditʃo]
indústria (f) ligeira	industrie (f) uşoară	[in'dustrie uʃo'are]

revista (f)	revistă (f)	[re'vistə]
vendas (f pl) por catálogo	vânzare (f) după catalog	[vin'zare 'dupə kata'log]
medicina (f)	medicină (f)	[medi'tʃine]
cinema (m)	cinematograf (n)	[tʃinemato'graf]
museu (m)	muzeu (n)	[mu'zeu]

agência (f) de notícias	birou (n) de informaţii	[bi'rou de infor'matsij]
jornal (m)	ziar (n)	[zjar]
boate (casa noturna)	club (n) de noapte	['klub de no'apte]
petróleo (m)	petrol (n)	[pe'trol]

serviços (m pl) de remessa	curierat (n)	[kurie'rat]
indústria (f) farmacêutica	farmaceutică (f)	[farmaʧe'utikə]
tipografia (f)	poligrafie (f)	[poligra'fie]
editora (f)	editură (f)	[edi'turə]

rádio (m)	radio (n)	['radio]
imobiliário (m)	bunuri (n pl) imobiliare	['bunurʲ imobili'are]
restaurante (m)	restaurant (n)	[restau'rant]

empresa (f) de segurança	agenție (f) de pază	[adʒen'tsie de 'pazə]
esporte (m)	sport (n)	[sport]
bolsa (f) de valores	bursă (f)	['bursə]
loja (f)	magazin (n)	[maga'zin]
supermercado (m)	supermarket (n)	[super'market]
piscina (f)	bazin (n)	[ba'zin]

alfaiataria (f)	atelier (n)	[ate'ljer]
televisão (f)	televiziune (f)	[televizi'une]
teatro (m)	teatru (n)	[te'atru]
comércio (m)	comerț (n)	[ko'merts]
serviços (m pl) de transporte	transporturi (n)	[trans'porturʲ]
viagens (f pl)	turism (n)	[tu'rism]

veterinário (m)	veterinar (m)	[veteri'nar]
armazém (m)	depozit (n)	[de'pozit]
recolha (f) do lixo	transportarea (f) deșeurilor	[transpor'tarʲa de'ʃeurilor]

Emprego. Negócios. Parte 2

118. Espetáculo. Feira

feira, exposição (f)	expoziție (f)	[ekspo'zitsie]
feira (f) comercial	expoziție (f) de comerț	[ekspo'zitsie de ko'merts]
participação (f)	participare (f)	[partitʃi'pare]
participar (vi)	a participa	[a partitʃi'pa]
participante (m)	participant (m)	[partitʃi'pant]
diretor (m)	director (m)	[di'rektor]
direção (f)	direcție (f)	[di'rektsie]
organizador (m)	organizator (m)	[organiza'tor]
organizar (vt)	a organiza	[a organi'za]
ficha (f) de inscrição	cerere (f) de participare	['tʃerere de partitʃi'pare]
preencher (vt)	a completa	[a komple'ta]
detalhes (m pl)	detalii (n pl)	[de'talij]
informação (f)	informație (f)	[infor'matsie]
preço (m)	preț (n)	[prets]
incluindo	inclusiv	[inklu'siv]
incluir (vt)	a include	[a in'klude]
pagar (vt)	a plăti	[a ple'ti]
taxa (f) de inscrição	tarif (n) de înregistrare	[tarif de inredʒis'trare]
entrada (f)	intrare (f)	[in'trare]
pavilhão (m), salão (f)	pavilion (n)	[pavili'on]
inscrever (vt)	a înscrie	[a in'skrie]
crachá (m)	ecuson (n)	[eku'son]
stand (m)	stand (n)	[stand]
reservar (vt)	a rezerva	[a rezer'va]
vitrine (f)	vitrină (f)	[vi'trine]
lâmpada (f)	corp (n) de iluminat	['korp de ilumi'nat]
design (m)	design (n)	[di'zajn]
pôr (posicionar)	a instala	[a insta'la]
distribuidor (m)	distribuitor (m)	[distribui'tor]
fornecedor (m)	furnizor (m)	[furni'zor]
país (m)	țară (f)	['tsare]
estrangeiro (adj)	străin	[stre'in]
produto (m)	produs (n)	[pro'dus]
associação (f)	asociație (f)	[asotʃi'atsie]
sala (f) de conferência	sală (f) de conferințe	['sale de konfe'rintse]
congresso (m)	congres (n)	[kon'gres]

concurso (m)	concurs (n)	[ko'nkurs]
visitante (m)	vizitator (m)	[vizita'tor]
visitar (vt)	a vizita	[a vizi'ta]
cliente (m)	client (m)	[kli'ent]

119. Media

jornal (m)	ziar (n)	[zjar]
revista (f)	revistă (f)	[re'vistə]
imprensa (f)	presă (f)	['presə]
rádio (m)	radio (n)	['radio]
estação (f) de rádio	post (n) de radio	[post de 'radio]
televisão (f)	televiziune (f)	[televizi'une]

apresentador (m)	prezentator (m)	[prezenta'tor]
locutor (m)	prezentator (m)	[prezenta'tor]
comentarista (m)	comentator (m)	[komenta'tor]

jornalista (m)	jurnalist (m)	[ʒurna'list]
correspondente (m)	corespondent (m)	[korespon'dent]
repórter (m) fotográfico	foto-reporter (m)	['foto re'porter]
repórter (m)	reporter (m)	[re'porter]

redator (m)	redactor (m)	[re'daktor]
redator-chefe (m)	redactor-şef (m)	[re'daktor 'ʃef]
assinar a ...	a se abona	[a se abo'na]
assinatura (f)	abonare (f)	[abo'nare]
assinante (m)	abonat (m)	[abo'nat]
ler (vt)	a citi	[a ʧi'ti]
leitor (m)	cititor (m)	[ʧiti'tor]

tiragem (f)	tiraj (n)	[ti'raʒ]
mensal (adj)	lunar	[lu'nar]
semanal (adj)	săptămânal	[səptəmi'nal]
número (jornal, revista)	număr (n)	['numər]
recente, novo (adj)	nou	['nou]

manchete (f)	titlu (n)	['titlu]
pequeno artigo (m)	notă (f)	['notə]
coluna (~ semanal)	rubrică (f)	['rubrikə]
artigo (m)	articol (n)	[ar'tikol]
página (f)	pagină (f)	['paʤinə]

reportagem (f)	reportaj (n)	[repor'taʒ]
evento (festa, etc.)	eveniment (n)	[eveni'ment]
sensação (f)	senzaţie (f)	[sen'zaʦie]
escândalo (m)	scandal (n)	[skan'dal]
escandaloso (adj)	scandalos	[skanda'los]
grande (adj)	zgomotos	[zgomo'tos]

programa (m)	emisiune (f)	[emisi'une]
entrevista (f)	interviu (n)	[inter'vju]
transmissão (f) ao vivo	în direct (m)	[in di'rekt]
canal (m)	post (n)	[post]

120. Agricultura

agricultura (f)	agricultură (f)	[agrikul'turə]
camponês (m)	ţăran (m)	[tse'ran]
camponesa (f)	ţărancă (f)	[tse'rankə]
agricultor, fazendeiro (m)	fermier (m)	[fer'mjer]

trator (m)	tractor (n)	[trak'tor]
colheitadeira (f)	combină (f)	[kom'binə]

arado (m)	plug (n)	[plug]
arar (vt)	a ara	[a a'ra]
campo (m) lavrado	ogor (n)	[o'gor]
sulco (m)	brazdă (f)	['brazdə]

semear (vt)	a semăna	[a seme'na]
plantadeira (f)	semănătoare (f)	[semeneto'are]
semeadura (f)	semănare (f)	[seme'nare]

foice (m)	coasă (f)	[ko'asə]
cortar com foice	a cosi	[a ko'si]

pá (f)	hârleţ (n)	[hir'lets]
cavar (vt)	a săpa	[a sə'pa]

enxada (f)	sapă (f)	['sapə]
capinar (vt)	a plivi	[a pli'vi]
erva (f) daninha	buruiană (f)	[buru'janə]

regador (m)	stropitoare (f)	[stropito'are]
regar (plantas)	a uda	[a u'da]
rega (f)	irigare (f)	[iri'gare]

forquilha (f)	furcă (f)	['furkə]
ancinho (m)	greblă (f)	['greblə]

fertilizante (m)	îngrăşământ (n)	[ingrefe'mint]
fertilizar (vt)	a îngrăşa	[a ingre'ʃa]
estrume, esterco (m)	gunoi (n) de grajd	[gu'noj de graʒd]

campo (m)	câmp (n)	[kimp]
prado (m)	luncă (f)	['lunkə]
horta (f)	grădină (f) de zarzavat	[grə'dinə de zarza'vat]
pomar (m)	grădină (f)	[grə'dinə]

pastar (vt)	a paşte	[a 'paʃte]
pastor (m)	păstor (m)	[pəs'tor]
pastagem (f)	păşune (f)	[pə'ʃune]

pecuária (f)	zootehnie (f)	[zooteh'nie]
criação (f) de ovelhas	ovicultură (f)	[ovikul'turə]

plantação (f)	plantaţie (f)	[plan'tatsie]
canteiro (m)	strat (n)	[strat]
estufa (f)	răsadniţă (f)	[rə'sadnitsə]

seca (f)	secetă (f)	['setʃetə]
seco (verão ~)	secetos	[setʃe'tos]
cereais (m pl)	cereale (f pl)	[tʃere'ale]
colher (vt)	a strânge	[a 'strindʒe]
moleiro (m)	morar (m)	[mo'rar]
moinho (m)	moară (f)	[mo'arə]
moer (vt)	a măcina grăunțe	[a metʃi'na grə'untse]
farinha (f)	făină (f)	[fə'inə]
palha (f)	paie (n pl)	['pae]

121. Construção. Processo de construção

canteiro (m) de obras	șantier (n)	[ʃan'tjer]
construir (vt)	a construi	[a konstru'i]
construtor (m)	constructor (m)	[kon'struktor]
projeto (m)	proiect (n)	[pro'ekt]
arquiteto (m)	arhitect (m)	[arhi'tekt]
operário (m)	muncitor (m)	[muntʃi'tor]
fundação (f)	fundament (n)	[funda'ment]
telhado (m)	acoperiș (n)	[akope'riʃ]
estaca (f)	pilon (m)	[pi'lon]
parede (f)	perete (m)	[pe'rete]
colunas (f pl) de sustentação	armătură (f)	[armə'turə]
andaime (m)	schele (f)	['skele]
concreto (m)	beton (n)	[be'ton]
granito (m)	granit (n)	[gra'nit]
pedra (f)	piatră (f)	['pjatrə]
tijolo (m)	cărămidă (f)	[kərə'midə]
areia (f)	nisip (n)	[ni'sip]
cimento (m)	ciment (n)	[tʃi'ment]
emboço, reboco (m)	tencuială (f)	[tenku'jalə]
emboçar, rebocar (vt)	a tencui	[a tenku'i]
tinta (f)	vopsea (f)	[vop'sʲa]
pintar (vt)	a vopsi	[a vop'si]
barril (m)	butoi (n)	[bu'toj]
grua (f), guindaste (m)	macara (f)	[maka'ra]
erguer (vt)	a ridica	[a ridi'ka]
baixar (vt)	a coborî	[a kobo'ri]
buldózer (m)	buldozer (n)	[bul'dozer]
escavadora (f)	excavator (n)	[ekskava'tor]
caçamba (f)	căuș (n)	[kə'uʃ]
escavar (vt)	a săpa	[a sə'pa]
capacete (m) de proteção	cască (f)	['kaskə]

122. Ciência. Investigação. Cientistas

ciência (f)	ştiinţă (f)	[ʃti'intsə]
científico (adj)	ştiinţific	[ʃtiin'tsifik]
cientista (m)	savant (m)	[sa'vant]
teoria (f)	teorie (f)	[teo'rie]
axioma (m)	axiomă (f)	[aksi'omə]
análise (f)	analiză (f)	[ana'lizə]
analisar (vt)	a analiza	[a anali'za]
argumento (m)	argument (n)	[argu'ment]
substância (f)	substanţă (f)	[sub'stantsə]
hipótese (f)	ipoteză (f)	[ipo'tezə]
dilema (m)	dilemă (f)	[di'lemə]
tese (f)	disertaţie (f)	[diser'tatsie]
dogma (m)	dogmă (f)	['dogmə]
doutrina (f)	doctrină (f)	[dok'trinə]
pesquisa (f)	cercetare (f)	[tʃertʃe'tare]
pesquisar (vt)	a cerceta	[a tʃertʃe'ta]
testes (m pl)	verificare (f)	[verifi'kare]
laboratório (m)	laborator (n)	[labora'tor]
método (m)	metodă (f)	[me'todə]
molécula (f)	moleculă (f)	[mole'kulə]
monitoramento (m)	monitorizare (n)	[monitori'zare]
descoberta (f)	descoperire (f)	[deskope'rire]
postulado (m)	postulat (n)	[postu'lat]
princípio (m)	principiu (n)	[prin'tʃipju]
prognóstico (previsão)	prognoză (f)	[prog'nozə]
prognosticar (vt)	a prognoza	[a progno'za]
síntese (f)	sinteză (f)	[sin'tezə]
tendência (f)	tendinţă (f)	[ten'dintsə]
teorema (m)	teoremă (f)	[teo'remə]
ensinamentos (m pl)	învăţătură (f)	[invetsə'turə]
fato (m)	fapt (n)	[fapt]
expedição (f)	expediţie (f)	[ekspe'ditsie]
experiência (f)	experiment (n)	[eksperi'ment]
acadêmico (m)	academician (m)	[akdemi'tʃian]
bacharel (m)	bacalaureat (n)	[bakalaure'at]
doutor (m)	doctor (m)	['doktor]
professor (m) associado	docent (m)	[do'tʃent]
mestrado (m)	magistru (m)	[ma'dʒistru]
professor (m)	profesor (m)	[pro'fesor]

Profissões e ocupações

123. Procura de emprego. Demissão

trabalho (m)	serviciu (n)	[ser'vitʃiu]
equipe (f)	cadre (n pl)	['kadre]
carreira (f)	carieră (f)	[ka'rjerə]
perspectivas (f pl)	perspectivă (f)	[perspek'tivə]
habilidades (f pl)	îndemânare (f)	[ɨndemɨ'nare]
seleção (f)	alegere (f)	[a'ledʒere]
agência (f) de emprego	agenţie (f) de cadre	[adʒen'tsie de 'kadre]
currículo (m)	CV (n)	[si'vi]
entrevista (f) de emprego	interviu (n)	[inter'vju]
vaga (f)	post (n) vacant	['post va'kant]
salário (m)	salariu (n)	[sa'larju]
salário (m) fixo	salariu (n)	[sa'larju]
pagamento (m)	plată (f)	['platə]
cargo (m)	funcţie (f)	['funktsie]
dever (do empregado)	obligaţie (f)	[obli'gatsie]
gama (f) de deveres	domeniu (n)	[do'menju]
ocupado (adj)	ocupat	[oku'pat]
despedir, demitir (vt)	a concedia	[a kontʃedi'a]
demissão (f)	concediere (f)	[kontʃe'djere]
desemprego (m)	şomaj (n)	[ʃo'maʒ]
desempregado (m)	şomer (m)	[ʃo'mer]
aposentadoria (f)	pensie (f)	['pensie]
aposentar-se (vr)	a se pensiona	[a se pensio'na]

124. Gente de negócios

diretor (m)	director (m)	[di'rektor]
gerente (m)	administrator (m)	[adminis'trator]
patrão, chefe (m)	conducător (m)	[konduke'tor]
superior (m)	şef (m)	[ʃef]
superiores (m pl)	conducere (f)	[kon'dutʃere]
presidente (m)	preşedinte (m)	[preʃe'dinte]
chairman (m)	preşedinte (m)	[preʃe'dinte]
substituto (m)	adjunct (m)	[a'dʒunkt]
assistente (m)	asistent (m)	[asis'tent]
secretário (m)	secretar (m)	[sekre'tar]

secretário (m) pessoal	secretar (m) personal	[sekre'tar perso'nal]
homem (m) de negócios	om (m) de afaceri	[om de a'fatʃer]
empreendedor (m)	întreprinzător (m)	[întreprinzə'tor]
fundador (m)	fondator (m)	[fonda'tor]
fundar (vt)	a fonda	[a fon'da]

principiador (m)	fondator (m)	[fonda'tor]
parceiro, sócio (m)	partener (m)	[parte'ner]
acionista (m)	acţionar (m)	[aktsio'nar]

milionário (m)	milionar (m)	[milio'nar]
bilionário (m)	miliardar (n)	[miliar'dar]
proprietário (m)	proprietar (m)	[proprie'tar]
proprietário (m) de terras	proprietar (m) funciar	[proprie'tar funtʃi'ar]

cliente (m)	client (m)	[kli'ent]
cliente (m) habitual	client (m) fidel	[kli'ent fi'del]
comprador (m)	cumpărător (m)	[kumpərə'tor]
visitante (m)	vizitator (m)	[vizita'tor]

profissional (m)	profesionist (m)	[profesio'nist]
perito (m)	expert (m)	[eks'pert]
especialista (m)	specialist (m)	[spetʃia'list]

| banqueiro (m) | bancher (m) | [ban'ker] |
| corretor (m) | broker (m) | ['broker] |

caixa (m, f)	casier (m)	[ka'sjer]
contador (m)	contabil (f)	[kon'tabil]
guarda (m)	paznic (m)	['paznik]

investidor (m)	investitor (m)	[investi'tor]
devedor (m)	datornic (m)	[da'tornik]
credor (m)	creditor (m)	[kredi'tor]
mutuário (m)	datornic (m)	[da'tornik]

| importador (m) | importator (m) | [importa'tor] |
| exportador (m) | exportator (m) | [eksporta'tor] |

produtor (m)	producător (m)	[produkə'tor]
distribuidor (m)	distribuitor (m)	[distribui'tor]
intermediário (m)	intermediar (m)	[intermedi'ar]

consultor (m)	consultant (m)	[konsul'tant]
representante comercial	reprezentant (m)	[reprezen'tant]
agente (m)	agent (m)	[a'dʒent]
agente (m) de seguros	agent (m) de asigurare	[a'dʒent de asigu'rare]

125. Profissões de serviços

cozinheiro (m)	bucătar (m)	[bukə'tar]
chefe (m) de cozinha	bucătar-şef (m)	[bukə'tar 'ʃef]
padeiro (m)	brutar (m)	[bru'tar]
barman (m)	barman (m)	['barman]

garçom (m)	chelner (m)	['kelner]
garçonete (f)	chelneriţă (f)	[kelne'ritsə]
advogado (m)	avocat (m)	[avo'kat]
jurista (m)	jurist (m)	[ʒu'rist]
notário (m)	notar (m)	[no'tar]
eletricista (m)	electrician (m)	[elektritʃi'an]
encanador (m)	instalator (m)	[instala'tor]
carpinteiro (m)	dulgher (m)	[dul'ger]
massagista (m)	masor (m)	[ma'sor]
massagista (f)	masează (f)	[ma'sezə]
médico (m)	medic (m)	['medik]
taxista (m)	taximetrist (m)	[taksime'trist]
condutor (automobilista)	şofer (m)	[ʃo'fer]
entregador (m)	curier (m)	[ku'rjer]
camareira (f)	femeie (f) de serviciu	[fe'mee de ser'vitʃiu]
guarda (m)	paznic (m)	['paznik]
aeromoça (f)	stewardesă (f)	[stjuar'desə]
professor (m)	profesor (m)	[pro'fesor]
bibliotecário (m)	bibliotecar (m)	[bibliote'kar]
tradutor (m)	traducător (m)	[traduke'tor]
intérprete (m)	interpret (m)	[inter'pret]
guia (m)	ghid (m)	[gid]
cabeleireiro (m)	frizer (m)	[fri'zer]
carteiro (m)	poştaş (m)	[poʃ'taʃ]
vendedor (m)	vânzător (m)	[vinze'tor]
jardineiro (m)	grădinar (m)	[grədi'nar]
criado (m)	servitor (m)	[servi'tor]
criada (f)	servitoare (f)	[servito'are]
empregada (f) de limpeza	femeie (f) de serviciu	[fe'mee de ser'vitʃiu]

126. Profissões militares e postos

soldado (m) raso	soldat (m)	[sol'dat]
sargento (m)	sergent (m)	[ser'dʒent]
tenente (m)	locotenent (m)	[lokote'nent]
capitão (m)	căpitan (m)	[kəpi'tan]
major (m)	maior (m)	[ma'jor]
coronel (m)	colonel (m)	[kolo'nel]
general (m)	general (m)	[dʒene'ral]
marechal (m)	mareşal (m)	[mare'ʃal]
almirante (m)	amiral (m)	[ami'ral]
militar (m)	militar (m)	[mili'tar]
soldado (m)	soldat (m)	[sol'dat]
oficial (m)	ofiţer (m)	[ofi'tser]

comandante (m)	comandant (m)	[koman'dant]
guarda (m) de fronteira	grănicer (m)	[grəni'ʧer]
operador (m) de rádio	radist (m)	[ra'dist]
explorador (m)	cercetaş (m)	[ʧerʧe'taʃ]
sapador-mineiro (m)	genist (m)	[ʤe'nist]
atirador (m)	trăgător (m)	[trəgə'tor]
navegador (m)	navigator (m)	[naviga'tor]

127. Oficiais. Padres

rei (m)	rege (m)	['reʤe]
rainha (f)	regină (f)	[re'ʤinə]
príncipe (m)	prinţ (m)	[prinʦ]
princesa (f)	prinţesă (f)	[prin'ʦesə]
czar (m)	ţar (m)	[ʦar]
czarina (f)	ţarină (f)	[ʦa'rinə]
presidente (m)	preşedinte (m)	[preʃə'dinte]
ministro (m)	ministru (m)	[mi'nistru]
primeiro-ministro (m)	prim-ministru (m)	['prim mi'nistru]
senador (m)	senator (m)	[sena'tor]
diplomata (m)	diplomat (m)	[diplo'mat]
cônsul (m)	consul (m)	['konsul]
embaixador (m)	ambasador (m)	[ambasa'dor]
conselheiro (m)	consilier (m)	[konsi'ljer]
funcionário (m)	funcţionar (m)	[funkʦio'nar]
prefeito (m)	prefect (m)	[pre'fekt]
Presidente (m) da Câmara	primar (m)	[pri'mar]
juiz (m)	judecător (m)	[ʒudekə'tor]
procurador (m)	procuror (m)	[proku'ror]
missionário (m)	misionar (m)	[misio'nar]
monge (m)	călugăr (m)	[kə'lugər]
abade (m)	abate (m)	[a'bate]
rabino (m)	rabin (m)	[ra'bin]
vizir (m)	vizir (m)	[vi'zir]
xá (m)	şah (m)	[ʃah]
xeique (m)	şeic (m)	['ʃejk]

128. Profissões agrícolas

abelheiro (m)	apicultor (m)	[apikul'tor]
pastor (m)	păstor (m)	[pəs'tor]
agrônomo (m)	agronom (m)	[agro'nom]
criador (m) de gado	zootehnician (m)	[zootehniʧi'an]
veterinário (m)	veterinar (m)	[veteri'nar]

agricultor, fazendeiro (m)	fermier (m)	[fer'mjer]
vinicultor (m)	vinificator (m)	[vinifika'tor]
zoólogo (m)	zoolog (m)	[zoo'log]
vaqueiro (m)	cowboy (m)	['kauboj]

129. Profissões artísticas

| ator (m) | actor (m) | [ak'tor] |
| atriz (f) | actriță (f) | [ak'tritsə] |

| cantor (m) | cântăreț (m) | [kintə'rets] |
| cantora (f) | cântăreață (f) | [kintə'rˈatsə] |

| bailarino (m) | dansator (m) | [dansa'tor] |
| bailarina (f) | dansatoare (f) | [dansato'are] |

| artista (m) | artist (m) | [ar'tist] |
| artista (f) | artistă (f) | [ar'tistə] |

músico (m)	muzician (m)	[muzitʃi'an]
pianista (m)	pianist (m)	[pia'nist]
guitarrista (m)	chitarist (m)	[kita'rist]

maestro (m)	dirijor (m)	[diri'ʒor]
compositor (m)	compozitor (m)	[kompo'zitor]
empresário (m)	impresar (m)	[impre'sar]

diretor (m) de cinema	regizor (m)	[re'dʒizor]
produtor (m)	producător (m)	[produkə'tor]
roteirista (m)	scenarist (m)	[stʃena'rist]
crítico (m)	critic (m)	['kritik]

escritor (m)	scriitor (m)	[skrii'tor]
poeta (m)	poet (m)	[po'et]
escultor (m)	sculptor (m)	['skulptor]
pintor (m)	pictor (m)	['piktor]

malabarista (m)	jongler (m)	[ʒon'gler]
palhaço (m)	clovn (m)	[klovn]
acrobata (m)	acrobat (m)	[akro'bat]
ilusionista (m)	magician (m)	[madʒitʃi'an]

130. Várias profissões

médico (m)	medic (m)	['medik]
enfermeira (f)	asistentă (f) medicală	[asis'tentə medi'kalə]
psiquiatra (m)	psihiatru (m)	[psihi'atru]
dentista (m)	stomatolog (m)	[stomato'log]
cirurgião (m)	chirurg (m)	[ki'rurg]

| astronauta (m) | astronaut (m) | [astrona'ut] |
| astrônomo (m) | astronom (m) | [astro'nom] |

piloto (m)	pilot (m)	[pi'lot]
motorista (m)	şofer (m)	[ʃo'fer]
maquinista (m)	maşinist (m)	[maʃi'nist]
mecânico (m)	mecanic (m)	[me'kanik]

mineiro (m)	miner (m)	[mi'ner]
operário (m)	muncitor (m)	[muntʃi'tor]
serralheiro (m)	lăcătuş (m)	[ləkə'tuʃ]
marceneiro (m)	tâmplar (m)	[tim'plar]
torneiro (m)	strungar (m)	[strun'gar]
construtor (m)	constructor (m)	[kon'struktor]
soldador (m)	sudor (m)	[su'dor]

professor (m)	profesor (m)	[pro'fesor]
arquiteto (m)	arhitect (m)	[arhi'tekt]
historiador (m)	istoric (m)	[is'torik]
cientista (m)	savant (m)	[sa'vant]
físico (m)	fizician (m)	[fizitʃi'an]
químico (m)	chimist (m)	[ki'mist]

arqueólogo (m)	arheolog (m)	[arheo'log]
geólogo (m)	geolog (m)	[dʒeo'log]
pesquisador (cientista)	cercetător (m)	[tʃertʃete'tor]

| babysitter, babá (f) | dădacă (f) | [də'dakə] |
| professor (m) | pedagog (m) | [peda'gog] |

redator (m)	redactor (m)	[re'daktor]
redator-chefe (m)	redactor-şef (m)	[re'daktor 'ʃef]
correspondente (m)	corespondent (m)	[korespon'dent]
datilógrafa (f)	dactilografă (f)	[daktilo'grafə]

designer (m)	designer (m)	[di'zajner]
especialista (m) em informática	operator (m)	[opera'tor]
programador (m)	programator (m)	[programa'tor]
engenheiro (m)	inginer (m)	[indʒi'ner]

marujo (m)	marinar (m)	[mari'nar]
marinheiro (m)	marinar (m)	[mari'nar]
socorrista (m)	salvator (m)	[salva'tor]

bombeiro (m)	pompier (m)	[pom'pjer]
polícia (m)	poliţist (m)	[poli'tsist]
guarda-noturno (m)	paznic (m)	['paznik]
detetive (m)	detectiv (m)	[detek'tiv]

funcionário (m) da alfândega	vameş (m)	['vameʃ]
guarda-costas (m)	gardă (f) de corp	['gardə de 'korp]
guarda (m) prisional	supraveghetor (m)	[supravege'tor]
inspetor (m)	inspector (m)	[in'spektor]

esportista (m)	sportiv (m)	[spor'tiv]
treinador (m)	antrenor (m)	[antre'nor]
açougueiro (m)	măcelar (m)	[mətʃe'lar]
sapateiro (m)	cizmar (m)	[tʃiz'mar]

| comerciante (m) | comerciant (m) | [komertʃi'ant] |
| carregador (m) | hamal (m) | [ha'mal] |

| estilista (m) | modelier (n) | [mode'ljer] |
| modelo (f) | model (n) | [mo'del] |

131. Ocupações. Estatuto social

| estudante (~ de escola) | elev (m) | [e'lev] |
| estudante (~ universitária) | student (m) | [stu'dent] |

filósofo (m)	filozof (m)	[filo'zof]
economista (m)	economist (m)	[ekono'mist]
inventor (m)	inventator (m)	[inventa'tor]

desempregado (m)	şomer (m)	[ʃo'mer]
aposentado (m)	pensionar (m)	[pensio'nar]
espião (m)	spion (m)	[spi'on]

preso, prisioneiro (m)	arestat (m)	[ares'tat]
grevista (m)	grevist (m)	[gre'vist]
burocrata (m)	birocrat (m)	[biro'krat]
viajante (m)	călător (m)	[kələ'tor]

| homossexual (m) | homosexual (m) | [homoseksu'al] |
| hacker (m) | hacker (m) | ['haker] |

bandido (m)	bandit (m)	[ban'dit]
assassino (m)	asasin (m) plătit	[asa'sin plə'tit]
drogado (m)	narcoman (m)	[narko'man]
traficante (m)	vânzător (m) de droguri	[vinzə'tor de 'drogurj]
prostituta (f)	prostituată (f)	[prostitu'atə]
cafetão (m)	proxenet (m)	[prokse'net]

bruxo (m)	vrăjitor (m)	[vrəʒi'tor]
bruxa (f)	vrăjitoare (f)	[vrəʒito'are]
pirata (m)	pirat (m)	[pi'rat]
escravo (m)	rob (m)	[rob]
samurai (m)	samurai (m)	[samu'raj]
selvagem (m)	sălbatic (m)	[səl'batik]

Desportos

132. Tipos de desportos. Desportistas

esportista (m)	sportiv (m)	[spor'tiv]
tipo (m) de esporte	gen (n) de sport	['dʒen de 'sport]
basquete (m)	baschet (n)	['basket]
jogador (m) de basquete	baschetbalist (m)	[basketba'list]
beisebol (m)	base-ball (n)	['bejsbol]
jogador (m) de beisebol	jucător (m) de base-ball	[ʒuke'tor de 'bejsbol]
futebol (m)	fotbal (n)	['fotbal]
jogador (m) de futebol	fotbalist (m)	[fotba'list]
goleiro (m)	portar (m)	[por'tar]
hóquei (m)	hochei (n)	['hokej]
jogador (m) de hóquei	hocheist (m)	[hoke'ist]
vôlei (m)	volei (n)	['volej]
jogador (m) de vôlei	voleibalist (m)	[volejba'list]
boxe (m)	box (n)	[boks]
boxeador (m)	boxer (m)	[bok'ser]
luta (f)	luptă (f)	['luptə]
lutador (m)	luptător (m)	[luptə'tor]
caratê (m)	carate (n)	[ka'rate]
carateca (m)	karatist (m)	[kara'tist]
judô (m)	judo (n)	['dʒudo]
judoca (m)	judocan (m)	[dʒudo'kan]
tênis (m)	tenis (n)	['tenis]
tenista (m)	tenisman (m)	[tenis'man]
natação (f)	înot (n)	[i'not]
nadador (m)	înotător (m)	[inotə'tor]
esgrima (f)	scrimă (f)	['skrimə]
esgrimista (m)	jucător (m) de scrimă	[ʒukə'tor de 'skrimə]
xadrez (m)	şah (n)	[ʃah]
jogador (m) de xadrez	şahist (m)	[ʃa'hist]
alpinismo (m)	alpinism (n)	[alpi'nizm]
alpinista (m)	alpinist (m)	[alpi'nist]
corrida (f)	alergare (f)	[aler'gare]

corredor (m)	alergător (m)	[alergə'tor]
atletismo (m)	atletism (n)	[atle'tizm]
atleta (m)	atlet (m)	[at'let]

| hipismo (m) | hipism (n) | [hi'pism] |
| cavaleiro (m) | călăreț (m) | [kələ'rets] |

patinação (f) artística	patinaj (n) artistic	[pati'naʒ ar'tistik]
patinador (m)	patinator (m) artistic	[patina'tor ar'tistik]
patinadora (f)	patinatore (f) artistică	[patinato'are ar'tistikə]

| halterofilismo (m) | atletică (f) grea | [at'letikə grʲa] |
| halterofilista (m) | halterofil (m) | [haltero'fil] |

| corrida (f) de carros | raliu (n) | [ra'liu] |
| piloto (m) | pilot (m) de curse | [pi'lot de 'kurse] |

| ciclismo (m) | ciclism (n) | [tʃi'klizm] |
| ciclista (m) | ciclist (m) | [tʃi'klist] |

salto (m) em distância	sărituri (f pl) în lungime	[səri'turʲ in lun'dʒime]
salto (m) com vara	săritură (f) cu prăjina	[səri'turə ku prə'ʒina]
atleta (m) de saltos	săritor (m)	[səri'tor]

133. Tipos de desportos. Diversos

futebol (m) americano	fotbal (n) american	['fotbal ameri'kan]
badminton (m)	badminton (n)	[bedmin'ton]
biatlo (m)	biatlon (n)	[biat'lon]
bilhar (m)	biliard (n)	[bi'ljard]

bobsled (m)	bob (n)	[bob]
musculação (f)	culturism (n)	[kultu'rism]
polo (m) aquático	polo (n) pe apă	['polo pe 'apə]
handebol (m)	handbal (n)	['handbal]
golfe (m)	golf (n)	[golf]

remo (m)	canotaj (n)	[kano'taʒ]
mergulho (m)	scufundare (f)	[skufun'dare]
corrida (f) de esqui	concurs (n) de schi	[ko'nkurs de 'ski]
tênis (m) de mesa	tenis (n) de masă	['tenis de 'masə]

vela (f)	iahting (n)	['jahting]
rali (m)	raliu (n)	[ra'liu]
rúgbi (m)	rugby (n)	['regbi]
snowboard (m)	snowboard (n)	[snou'bord]
arco-e-flecha (m)	tragere (f) cu arcul	['tradʒere 'ku 'arkul]

134. Ginásio

| barra (f) | halteră (f) | [hal'terə] |
| halteres (m pl) | haltere (f pl) | ['haltere] |

aparelho (m) de musculação	dispozitiv (n) pentru antrenament	[dispozi'tiv 'pentru antrena'ment]
bicicleta (f) ergométrica	bicicletă (f)	[bitʃi'kletə]
esteira (f) de corrida	pistă (f) de alergare	['pistə de aler'gare]
barra (f) fixa	bară (f)	['barə]
barras (f pl) paralelas	bare (f pl)	['bare]
cavalo (m)	cal (m) de gimnastică	['kal de dʒim'nastikə]
tapete (m) de ginástica	saltea (f)	[sal'tʲa]
aeróbica (f)	aerobică (f)	[ae'robikə]
ioga, yoga (f)	yoga (f)	['joga]

135. Hóquei

hóquei (m)	hochei (n)	['hokej]
jogador (m) de hóquei	hocheist (m)	[hoke'ist]
jogar hóquei	a juca hochei	[a ʒu'ka 'hokej]
gelo (m)	gheață (f)	['gʲatsə]
disco (m)	puc (n)	[puk]
taco (m) de hóquei	crosă (f)	['krosə]
patins (m pl) de gelo	patine (f pl)	[pa'tine]
muro (m)	bandă (f)	['bandə]
tiro (m)	lovitură (f)	[lovi'turə]
goleiro (m)	portar (m)	[por'tar]
gol (m)	gol (n)	[gol]
marcar um gol	a marca un gol	[a mar'ka un gol]
tempo (m)	repriză (f)	[re'prizə]
banco (m) de reservas	bancă (f) de rezervă	['bankə de re'zervə]

136. Futebol

futebol (m)	fotbal (n)	['fotbal]
jogador (m) de futebol	fotbalist (m)	[fotba'list]
jogar futebol	a juca fotbal	[a ʒu'ka 'fotbal]
Time (m) Principal	ligă (f) superioară	['ligə superio'arə]
time (m) de futebol	club (n) de fotbal	['klub de 'fotbal]
treinador (m)	antrenor (m)	[antre'nor]
proprietário (m)	proprietar (m)	[proprie'tar]
equipe (f)	echipă (f)	[e'kipə]
capitão (m)	căpitanul (m) echipei	[kəpi'tanul e'kipej]
jogador (m)	jucător (m)	[ʒuke'tor]
jogador (m) reserva	jucător (m) de rezervă	[ʒuke'tor de re'zervə]
atacante (m)	atacant (m)	[ata'kant]
centroavante (m)	atacant (m) la centru	[ata'kant la 'tʃentru]

marcador (m)	golgheter (m)	[gol'geter]
defesa (m)	apărător (m)	[apərə'tor]
meio-campo (m)	mijlocaş (m)	[miʒlo'kaʃ]

jogo (m), partida (f)	meci (n)	['metʃi]
encontrar-se (vr)	a se întâlni	[a se intil'ni]
final (m)	finală (f)	[fi'nalə]
semifinal (f)	semifinală (f)	[semifi'nalə]
campeonato (m)	campionat (n)	[kampio'nat]

tempo (m)	repriză (f)	[re'prizə]
primeiro tempo (m)	prima repriză (f)	['prima re'prizə]
intervalo (m)	pauză (f)	['pauzə]

goleira (f)	poartă (f)	[po'artə]
goleiro (m)	portar (m)	[por'tar]
trave (f)	bară (f)	['barə]
travessão (m)	bară (f) transversală	['barə transver'salə]
rede (f)	plasă (f)	['plasə]
tomar um gol	a rata gol	[a re'ta gol]

bola (f)	minge (f)	['mindʒe]
passe (m)	pasă (f)	['pasə]
chute (m)	lovitură (f)	[lovi'turə]
chutar (vt)	a da o lovitură	[a da o lovi'turə]
pontapé (m)	lovitură (f) de pedeapsă	[lovi'turə de pe'd'apsə]
escanteio (m)	lovitură (f) de colţ	[lovi'turə de 'kolts]

ataque (m)	atac (n)	[a'tak]
contra-ataque (m)	contraatac (n)	[kontraa'tak]
combinação (f)	combinaţie (f)	[kombi'natsie]

árbitro (m)	arbitru (m)	[ar'bitru]
apitar (vi)	a fluiera	[a flue'ra]
apito (m)	fluier (n)	['flujer]
falta (f)	încălcare (f)	[inkəl'kare]
cometer a falta	a încălca	[a inkəl'ka]
expulsar (vt)	a elimina de pe teren	[a elimi'na de pe te'ren]

cartão (m) amarelo	cartonaş (n) galben	[karto'naʃ 'galben]
cartão (m) vermelho	cartonaş (n) roşu	[karto'naʃ 'roʃu]
desqualificação (f)	descalificare (f)	[deskalifi'kare]
desqualificar (vt)	a descalifica	[a deskalifi'ka]

pênalti (m)	penalti (n)	[pe'nalti]
barreira (f)	perete (m)	[pe'rete]
marcar (vt)	a marca	[a mar'ka]
gol (m)	gol (n)	[gol]
marcar um gol	a marca un gol	[a mar'ka un gol]

substituição (f)	înlocuire (f)	[inloku'ire]
substituir (vt)	a înlocui	[a inloku'i]
regras (f pl)	reguli (f pl)	['regulʲ]
tática (f)	tactică (f)	['taktikə]
estádio (m)	stadion (n)	[stadi'on]
arquibancadas (f pl)	tribună (f)	[tri'bunə]

| fã, torcedor (m) | suporter (m) | [su'porter] |
| gritar (vi) | a striga | [a stri'ga] |

| placar (m) | tablă (f) | ['tablə] |
| resultado (m) | scor (n) | [skor] |

derrota (f)	înfrângere (f)	[in'frindʒere]
perder (vt)	a pierde	[a 'pjerde]
empate (m)	egalitate (f)	[egali'tate]
empatar (vi)	a juca la egalitate	[a ʒu'ka la egali'tate]

| vitória (f) | victorie (f) | [vik'torie] |
| vencer (vi, vt) | a învinge | [a in'vindʒe] |

campeão (m)	campion (m)	[kampi'on]
melhor (adj)	cel mai bun	[ʧel maj bun]
felicitar (vt)	a felicita	[a feliʧi'ta]

comentarista (m)	comentator (m)	[komenta'tor]
comentar (vt)	a comenta	[a komen'ta]
transmissão (f)	transmisiune (f)	[trans'misjune]

137. Esqui alpino

esqui (m)	schiuri (n)	['skjuri]
esquiar (vi)	a schia	[a ski'a]
estação (f) de esqui	stațiune (f) de schi montan	[staʦi'une de ski mon'tan]
teleférico (m)	ascensor (m)	[asʧen'sor]

bastões (m pl) de esqui	bețe (n pl)	['beʦe]
declive (m)	pantă (f)	['pantə]
slalom (m)	slalom (n)	['slalom]

138. Tênis. Golfe

golfe (m)	golf (n)	[golf]
clube (m) de golfe	club (n) de golf	['klub de 'golf]
jogador (m) de golfe	jucător (m) de golf	[ʒukə'tor de 'golf]

buraco (m)	gaură (f)	['ɡaurə]
taco (m)	crosă (f)	['krosə]
trolley (m)	cărucior (n) pentru crose	[kəru'ʧior 'pentru 'krose]

| tênis (m) | tenis (n) | ['tenis] |
| quadra (f) de tênis | teren (n) de tenis | [te'ren de 'tenis] |

| saque (m) | serviciu (n) | [ser'viʧiu] |
| sacar (vi) | a servi | [a ser'vi] |

raquete (f)	paletă (f)	[pa'letə]
rede (f)	plasă (f)	['plasə]
bola (f)	minge (f)	['mindʒe]

139. Xadrez

xadrez (m)	şah (n)	[ʃah]
peças (f pl) de xadrez	piese (f pl)	['pjese]
jogador (m) de xadrez	şahist (m)	[ʃa'hist]
tabuleiro (m) de xadrez	tablă (f) de şah	['table de ʃah]
peça (f)	piesă (f)	['pjese]
brancas (f pl)	piese (f pl) albe	['pjese 'albe]
pretas (f pl)	piese (f pl) negre	['pjese 'negre]
peão (m)	pion (m)	[pi'on]
bispo (m)	nebun (m)	[ne'bun]
cavalo (m)	cal (m)	[kal]
torre (f)	turn (n)	[turn]
dama (f)	regină (f)	[re'dʒine]
rei (m)	rege (m)	['redʒe]
vez (f)	mutare (f)	[mu'tare]
mover (vt)	a muta	[a mu'ta]
sacrificar (vt)	a sacrifica	[a sakrifi'ka]
roque (m)	rocadă (f)	[ro'kade]
xeque (m)	şah (n)	[ʃah]
xeque-mate (m)	mat (n)	[mat]
torneio (m) de xadrez	turneu (n) de şah	[tur'neu de ʃah]
grão-mestre (m)	mare maestru (m)	['mare ma'estru]
combinação (f)	combinaţie (f)	[kombi'natsie]
partida (f)	partidă (f)	[par'tide]
jogo (m) de damas	joc (n) de dame	[ʒok de 'dame]

140. Boxe

boxe (m)	box (n)	[boks]
combate (m)	luptă (f)	['lupte]
luta (f) de boxe	duel (n)	[du'el]
round (m)	rundă (f)	['runde]
ringue (m)	ring (n)	[ring]
gongo (m)	gong (n)	[gong]
murro, soco (m)	lovitură (f)	[lovi'ture]
derrubada (f)	cnocdaun (n)	['knokdaun]
nocaute (m)	cnocaut (n)	['knokaut]
nocautear (vt)	a face cnocaut	[a 'fatʃe 'knokaut]
luva (f) de boxe	mănuşă (f) de box	[me'nuʃe de 'boks]
juiz (m)	arbitru (m)	[ar'bitru]
peso-pena (m)	categorie (f) uşoară	[katego'rie uʃo'are]
peso-médio (m)	categorie (f) mijlocie	[katego'rie miʒlo'tʃie]
peso-pesado (m)	categorie (f) grea	[katego'rie gr'a]

141. Desportos. Diversos

Jogos (m pl) Olímpicos	Jocuri (n pl) Olimpice	['ʒokurʲ o'limpitʃe]
vencedor (m)	învingător (m)	[învinge'tor]
vencer (vi)	a învinge	[a în'vindʒe]
vencer (vi, vt)	a câştiga	[a kiʃti'ga]
líder (m)	lider (m)	['lider]
liderar (vt)	a fi în fruntea	[a fi în 'fruntʲa]
primeiro lugar (m)	primul loc (n)	['primul lok]
segundo lugar (m)	al doilea loc (n)	[al 'dojlʲa lok]
terceiro lugar (m)	al treilea loc (n)	[al 'trejlʲa lok]
medalha (f)	medalie (f)	[me'dalie]
troféu (m)	trofeu (n)	[tro'feu]
taça (f)	cupă (f)	['kupə]
prêmio (m)	premiu (n)	['premju]
prêmio (m) principal	premiul (n) principal	['premjul printʃi'pal]
recorde (m)	record (n)	[re'kord]
estabelecer um recorde	a bate recordul	[a 'bate re'kordul]
final (m)	finală (f)	[fi'nalə]
final (adj)	final	[fi'nal]
campeão (m)	campion (m)	[kampi'on]
campeonato (m)	campionat (n)	[kampio'nat]
estádio (m)	stadion (n)	[stadi'on]
arquibancadas (f pl)	tribună (f)	[tri'bunə]
fã, torcedor (m)	suporter (m)	[su'porter]
adversário (m)	adversar (m)	[adver'sar]
partida (f)	start (n)	[start]
linha (f) de chegada	finiş (n)	['finiʃ]
derrota (f)	înfrângere (f)	[în'frîndʒere]
perder (vt)	a pierde	[a 'pjerde]
árbitro, juiz (m)	arbitru (m)	[ar'bitru]
júri (m)	juriu (n)	['ʒurju]
resultado (m)	scor (n)	[skor]
empate (m)	egalitate (f)	[egali'tate]
empatar (vi)	a juca la egalitate	[a ʒu'ka la egali'tate]
ponto (m)	punct (n)	[punkt]
resultado (m) final	rezultat (n)	[rezul'tat]
intervalo (m)	pauză (f)	['pauzə]
doping (m)	dopaj (n)	[do'paʒ]
penalizar (vt)	a penaliza	[a penali'za]
desqualificar (vt)	a descalifica	[a deskalifi'ka]
aparelho, aparato (m)	aparat (n)	[apa'rat]
dardo (m)	suliță (f)	['sulitse]

| peso (m) | greutate (f) | [greu'tate] |
| bola (f) | bilă (f) | ['bilə] |

alvo, objetivo (m)	ţintă (f)	['tsintə]
alvo (~ de papel)	ţintă (f)	['tsintə]
disparar, atirar (vi)	a trage	[a 'tradʒe]
preciso (tiro ~)	exact	[e'gzakt]

treinador (m)	antrenor (m)	[antre'nor]
treinar (vt)	a antrena	[a antre'na]
treinar-se (vr)	a se antrena	[a se antre'na]
treino (m)	antrenament (n)	[antrena'ment]

academia (f) de ginástica	sală (f) de sport	['salə de sport]
exercício (m)	exerciţiu (n)	[egzer'tʃitsju]
aquecimento (m)	încălzire (f)	[inkəl'zire]

Educação

142. Escola

escola (f)	şcoală (f)	[ʃko'alə]
diretor (m) de escola	director (m)	[di'rektor]
aluno (m)	elev (m)	[e'lev]
aluna (f)	elevă (f)	[e'levə]
estudante (m)	elev (m)	[e'lev]
estudante (f)	elevă (f)	[e'levə]
ensinar (vt)	a învăţa	[a invə'tsa]
aprender (vt)	a învăţa	[a invə'tsa]
decorar (vt)	a învăţa pe de rost	[a invə'tsa pe de rost]
estudar (vi)	a învăţa	[a invə'tsa]
estar na escola	a merge la şcoală	[a 'merdʒe la ʃko'alə]
ir à escola	a merge la şcoală	[a 'merdʒe la ʃko'alə]
alfabeto (m)	alfabet (n)	[alfa'bet]
disciplina (f)	disciplină (f)	[distʃi'plinə]
sala (f) de aula	clasă (f)	['klasə]
lição, aula (f)	lecţie (f)	['lektsie]
recreio (m)	recreaţie (f)	[rekre'atsie]
toque (m)	sunet (n)	['sunet]
classe (f)	bancă (f)	['bankə]
quadro (m) negro	tablă (f)	['tablə]
nota (f)	notă (f)	['notə]
boa nota (f)	notă (f) bună	['notə 'bunə]
nota (f) baixa	notă (f) rea	['notə rʲa]
dar uma nota	a pune notă	[a 'pune 'notə]
erro (m)	greşeală (f)	[gre'ʃalə]
errar (vi)	a greşi	[ɑ grə'ʃi]
corrigir (~ um erro)	a corecta	[a korek'ta]
cola (f)	fiţuică (f)	[fi'tsujkə]
dever (m) de casa	temă (f) pentru acasă	['temə 'pentru a'kasə]
exercício (m)	exerciţiu (n)	[egzer'tʃitsju]
estar presente	a fi prezent	[a fi pre'zent]
estar ausente	a lipsi	[a lip'si]
punir (vt)	a pedepsi	[a pedep'si]
punição (f)	pedeapsă (f)	[pe'dʲapsə]
comportamento (m)	comportament (n)	[komporta'ment]

boletim (m) escolar	agendă (f)	[a'dʒendə]
lápis (m)	creion (n)	[kre'jon]
borracha (f)	radieră (f)	[radi'erə]
giz (m)	cretă (f)	['kretə]
porta-lápis (m)	penar (n)	[pe'nar]

mala, pasta, mochila (f)	ghiozdan (n)	[goz'dan]
caneta (f)	pix (n)	[piks]
caderno (m)	caiet (n)	[ka'et]
livro (m) didático	manual (n)	[manu'al]
compasso (m)	compas (n)	[kom'pas]

traçar (vt)	a schiţa	[a ski'tsa]
desenho (m) técnico	plan (n)	[plan]

poesia (f)	poezie (f)	[poe'zie]
de cor	pe de rost	[pe de rost]
decorar (vt)	a învăţa pe de rost	[a înve'tsa pe de rost]

férias (f pl)	vacanţă (f)	[va'kantsə]
estar de férias	a fi în vacanţă	[a fi in va'kantsə]

teste (m), prova (f)	lucrare (f) de control	[lu'krare de kon'trol]
redação (f)	compunere (f)	[kom'punere]
ditado (m)	dictare (f)	[dik'tare]

exame (m), prova (f)	examen (n)	[e'gzamen]
fazer prova	a da examene	[a da e'gzamene]
experiência (~ química)	experiment (f)	[eksperi'ment]

143. Colégio. Universidade

academia (f)	academie (f)	[akade'mie]
universidade (f)	universitate (f)	[universi'tate]
faculdade (f)	facultate (f)	[fakul'tate]

estudante (m)	student (m)	[stu'dent]
estudante (f)	studentă (f)	[stu'dentə]
professor (m)	profesor (m)	[pro'fesor]

auditório (m)	aulă (f)	[a'ule]
graduado (m)	absolvent (m)	[absol'vent]

diploma (m)	diplomă (f)	['diplomə]
tese (f)	disertaţie (f)	[diser'tatsie]

estudo (obra)	cercetare (f)	[tʃertʃe'tare]
laboratório (m)	laborator (n)	[labora'tor]

palestra (f)	prelegere (f)	[pre'ledʒere]
colega (m) de curso	coleg (m) de an	[ko'leg de an]

bolsa (f) de estudos	bursă (f)	['bursə]
grau (m) acadêmico	titlu (n) ştiinţific	['titlu ʃtiin'tsifik]

144. Ciências. Disciplinas

matemática (f)	matematică (f)	[mate'matikə]
álgebra (f)	algebră (f)	[al'dʒebrə]
geometria (f)	geometrie (f)	[dʒeome'trie]
astronomia (f)	astronomie (f)	[astrono'mie]
biologia (f)	biologie (f)	[biolo'dʒie]
geografia (f)	geografie (f)	[dʒeogra'fie]
geologia (f)	geologie (f)	[dʒeolo'dʒie]
história (f)	istorie (f)	[is'torie]
medicina (f)	medicină (f)	[medi'ʧinə]
pedagogia (f)	pedagogie (f)	[pedago'dʒie]
direito (m)	drept (n)	[drept]
física (f)	fizică (f)	['fizikə]
química (f)	chimie (f)	[ki'mie]
filosofia (f)	filozofie (f)	[filozo'fie]
psicologia (f)	psihologie (f)	[psiholo'dʒie]

145. Sistema de escrita. Ortografia

gramática (f)	gramatică (f)	[gra'matikə]
vocabulário (m)	lexic (n)	['leksik]
fonética (f)	fonetică (f)	[fo'netikə]
substantivo (m)	substantiv (n)	[substan'tiv]
adjetivo (m)	adjectiv (n)	[adʒek'tiv]
verbo (m)	verb (n)	[verb]
advérbio (m)	adverb (n)	[ad'verb]
pronome (m)	pronume (n)	[pro'nume]
interjeição (f)	interjecție (f)	[inter'ʒektsie]
preposição (f)	prepoziție (f)	[prepo'zitsie]
raiz (f)	rădăcina (f) cuvântului	[rədə'ʧina ku'vintuluj]
terminação (f)	terminație (f)	[termi'natsie]
prefixo (m)	prefix (n)	[pre'fiks]
sílaba (f)	silabă (f)	[si'labə]
sufixo (m)	sufix (n)	[su'fiks]
acento (m)	accent (n)	[ak'ʧent]
apóstrofo (f)	apostrof (n)	[apo'strof]
ponto (m)	punct (n)	[punkt]
vírgula (f)	virgulă (f)	['virgulə]
ponto e vírgula (m)	punct (n) și virgulă	[punkt ʃi 'virgulə]
dois pontos (m pl)	două puncte (n pl)	['dowə 'punkte]
reticências (f pl)	puncte-puncte (n pl)	['punkte 'punkte]
ponto (m) de interrogação	semn (n) de întrebare	[semn de intre'bare]
ponto (m) de exclamação	semn (n) de exclamare	[semn de ekskla'mare]

aspas (f pl)	ghilimele (f pl)	[gili'mele]
entre aspas	în ghilimele	[in gili'mele]
parênteses (m pl)	paranteze (f pl)	[paran'teze]
entre parênteses	în paranteze	[in paran'teze]

hífen (m)	cratimă (f)	['kratimə]
travessão (m)	cratimă (f)	['kratimə]
espaço (m)	spaţiu (n) liber	['spatsju 'liber]

letra (f)	literă (f)	['literə]
letra (f) maiúscula	majusculă (f)	[ma'ʒuskulʲa]

vogal (f)	vocală (f)	[vo'kalə]
consoante (f)	consoană (f)	[konso'anə]

frase (f)	prepoziţie (f)	[prepo'zitsie]
sujeito (m)	subiect (n)	[su'bjekt]
predicado (m)	predicat (n)	[predi'kat]

linha (f)	rând (n)	[rind]
em uma nova linha	alineat	[aline'at]
parágrafo (m)	paragraf (n)	[para'graf]

palavra (f)	cuvânt (n)	[ku'vint]
grupo (m) de palavras	îmbinare (f) de cuvinte	[imbi'nare de ku'vinte]
expressão (f)	expresie (f)	[eks'presie]
sinônimo (m)	sinonim (n)	[sino'nim]
antônimo (m)	antonim (n)	[anto'nim]

regra (f)	regulă (f)	['regulə]
exceção (f)	excepţie (f)	[eks'tʃeptsie]
correto (adj)	corect	[ko'rekt]

conjugação (f)	conjugare (f)	[konʒu'gare]
declinação (f)	declinare (f)	[dekli'nare]
caso (m)	caz (n)	[kaz]
pergunta (f)	întrebare (f)	[intre'bare]
sublinhar (vt)	a sublinia	[a sublini'a]
linha (f) pontilhada	linie (f) punctată	['linie punk'tatə]

146. Línguas estrangeiras

língua (f)	limbă (f)	['limbə]
estrangeiro (adj)	străin	[strə'in]
estudar (vt)	a studia	[a studi'a]
aprender (vt)	a învăţa	[a invə'tsa]

ler (vt)	a citi	[a tʃi'ti]
falar (vi)	a vorbi	[a vor'bi]
entender (vt)	a înţelege	[a intse'ledʒe]
escrever (vt)	a scrie	[a 'skrie]

rapidamente	repede	['repede]
devagar, lentamente	încet	[in'tʃet]

fluentemente	liber	['liber]
regras (f pl)	reguli (f pl)	['regulʲ]
gramática (f)	gramatică (f)	[gra'matikə]
vocabulário (m)	lexic (n)	['leksik]
fonética (f)	fonetică (f)	[fo'netikə]

livro (m) didático	manual (n)	[manu'al]
dicionário (m)	dicţionar (n)	[dikʦio'nar]
manual (m) autodidático	manual (n) autodidactic	[manu'al autodi'daktik]
guia (m) de conversação	ghid (n) de conversaţie	[gid de konver'saʦie]

fita (f) cassete	casetă (f)	[ka'setə]
videoteipe (m)	casetă (f) video	[ka'setə 'video]
CD (m)	CD (n)	[si'di]
DVD (m)	DVD (n)	[divi'di]

alfabeto (m)	alfabet (n)	[alfa'bet]
soletrar (vt)	a spune pe litere	[a vor'bi pe 'litere]
pronúncia (f)	pronunţie (f)	[pro'nunʦie]

sotaque (m)	accent (n)	[ak'ʧent]
com sotaque	cu accent	['ku ak'ʧent]
sem sotaque	fără accent	['fərə ak'ʧent]

palavra (f)	cuvânt (n)	[ku'vint]
sentido (m)	sens (n)	[sens]

curso (m)	cursuri (n)	['kursurʲ]
inscrever-se (vr)	a se înscrie	[a se in'skrie]
professor (m)	profesor (m)	[pro'fesor]

tradução (processo)	traducere (f)	[tra'duʧere]
tradução (texto)	traducere (f)	[tra'duʧere]
tradutor (m)	traducător (m)	[traduke'tor]
intérprete (m)	translator (m)	[trans'lator]

poliglota (m)	poliglot (m)	[poli'glot]
memória (f)	memorie (f)	[me'morie]

147. Personagens de contos de fadas

Papai Noel (m)	Santa Claus (m)	['sɑntɑ 'klauɛ]
sereia (f)	sirenă (f)	[si'renə]

bruxo, feiticeiro (m)	vrăjitor (m)	[vrəʒi'tor]
fada (f)	vrăjitoare (f)	[vrəʒito'are]
mágico (adj)	miraculos	[miraku'los]
varinha (f) mágica	baghetă (f) magică	[ba'getə 'madʒikə]

conto (m) de fadas	poveste (f)	[po'veste]
milagre (m)	minune (f)	[mi'nune]
anão (m)	gnom (m)	[gnom]
transformar-se em ...	a se preface în ...	[a se pre'faʧe in]
fantasma (m)	fantomă (f)	[fan'tomə]

fantasma (m)	stafie (f)	[sta'fie]
monstro (m)	monstru (m)	['monstru]
dragão (m)	dragon (m)	[dra'gon]
gigante (m)	uriaş (m)	[uri'aʃ]

148. Signos do Zodíaco

Áries (f)	Berbec (m)	[ber'bek]
Touro (m)	Taur (m)	['taur]
Gêmeos (m pl)	Gemeni (m pl)	['dʒemenʲ]
Câncer (m)	Rac (m)	[rak]
Leão (m)	Leu (m)	['leu]
Virgem (f)	Fecioară (f)	[fetʃio'arə]

Libra (f)	Balanţă (f)	[ba'lantsə]
Escorpião (m)	Scorpion (m)	[skorpi'on]
Sagitário (m)	Săgetător (m)	[sədʒete'tor]
Capricórnio (m)	Capricorn (m)	[kapri'korn]
Aquário (m)	Vărsător (m)	[vərse'tor]
Peixes (pl)	Peşti (m pl)	[peʃtʲ]

caráter (m)	caracter (m)	[karak'ter]
traços (m pl) do caráter	trăsături (f pl) de caracter	[trəsə'turʲ de karak'ter]
comportamento (m)	comportament (n)	[komporta'ment]
prever a sorte	a prezice	[a pre'zitʃe]
adivinha (f)	prezicătoare (f)	[prezikəto'are]
horóscopo (m)	horoscop (n)	[horo'skop]

Artes

149. Teatro

teatro (m)	teatru (n)	[te'atru]
ópera (f)	operă (f)	['operə]
opereta (f)	operetă (f)	[ope'retə]
balé (m)	balet (n)	[ba'let]
cartaz (m)	afiş (n)	[a'fiʃ]
companhia (f) de teatro	trupă (f)	['trupə]
turnê (f)	turneu (n)	[tur'neu]
estar em turnê	a juca în turneu	[a ʒu'ka in tur'neu]
ensaiar (vt)	a repeta	[a repe'ta]
ensaio (m)	repetiţie (f)	[repe'titsie]
repertório (m)	repertoriu (n)	[reper'torju]
apresentação (f)	reprezentaţie (f)	[rəprəzən'tatje]
espetáculo (m)	spectacol (n)	[spekta'kol]
peça (f)	piesă (f) de teatru	['pjesə de te'atru]
entrada (m)	bilet (n)	[bi'let]
bilheteira (f)	casă (f) de bilete	['kasə de bi'lete]
hall (m)	hol (n)	[hol]
vestiário (m)	garderobă (f)	[garde'robə]
senha (f) numerada	număr (n)	['numər]
binóculo (m)	binoclu (n)	[bi'noklu]
lanterninha (m)	controlor (m)	[kontro'lor]
plateia (f)	parter (n)	[par'ter]
balcão (m)	balcon (n)	[bal'kon]
primeiro balcão (m)	mezanin (n)	[meza'nin]
camarote (m)	lojă (f)	['loʒə]
fila (f)	rând (n)	[rind]
assento (m)	loc (n)	[lok]
público (m)	public (n)	['publik]
espectador (m)	spectator (m)	[spekta'tor]
aplaudir (vt)	a aplauda	[a aplau'da]
aplauso (m)	aplauze (f pl)	[ap'lauze]
ovação (f)	ovaţii (f pl)	[o'vatsij]
palco (m)	scenă (f)	['stʃenə]
cortina (f)	cortină (f)	[kor'tinə]
cenário (m)	decor (n)	[de'kor]
bastidores (m pl)	culise (f)	[ku'lise]
cena (f)	scenă (f)	['stʃenə]
ato (m)	act (n)	[akt]
intervalo (m)	antract (n)	[an'trakt]

150. Cinema

ator (m)	actor (m)	[ak'tor]
atriz (f)	actriță (f)	[ak'tritsə]
cinema (m)	cinema (n)	[ʧine'ma]
filme (m)	film (n)	[film]
episódio (m)	serie (f)	['serie]
filme (m) policial	detectiv (n)	[detek'tiv]
filme (m) de ação	film (n) de acțiune	['film de aktsi'une]
filme (m) de aventuras	film (n) de aventură	['film de aven'turə]
filme (m) de ficção científica	film (n) fantastic	['film fan'tastik]
filme (m) de horror	film (m) de groază	['film de gro'azə]
comédia (f)	comedie (f)	[kome'die]
melodrama (m)	melodramă (f)	[melo'dramə]
drama (m)	dramă (f)	['dramə]
filme (m) de ficção	film (n) artistic	[film ar'tistik]
documentário (m)	film (n) documentar	[film dokumen'tar]
desenho (m) animado	desene (n) animate	[de'sene ani'mate]
cinema (m) mudo	film (n) mut	[film mut]
papel (m)	rol (n)	[rol]
papel (m) principal	rolul (n) principal	['rolul prinʧi'pal]
representar (vt)	a juca	[a ʒu'ka]
estrela (f) de cinema	stea (f) de cinema	[stʲa de ʧine'ma]
conhecido (adj)	cunoscut	[kunos'kut]
famoso (adj)	vestit	[ves'tit]
popular (adj)	popular	[popu'lar]
roteiro (m)	scenariu (n)	[sʧe'narju]
roteirista (m)	scenarist (m)	[sʧena'rist]
diretor (m) de cinema	regizor (m)	[re'dʒizor]
produtor (m)	producător (m)	[produkə'tor]
assistente (m)	asistent (m)	[asis'tent]
diretor (m) de fotografia	operator (m)	[opera'tor]
dublê (m)	cascador (m)	[kaska'dor]
filmar (vt)	a turna un film	[a tur'na un film]
audição (f)	probe (f pl)	['probe]
filmagem (f)	filmări (f pl)	[filmərʲ]
equipe (f) de filmagem	echipă (f) de filmare	[e'kipə de fil'mare]
set (m) de filmagem	teren (n) de filmare	[te'ren de fil'mare]
câmera (f)	cameră (f) de luat vederi	['kamerə de lu'at ve'derʲ]
cinema (m)	cinematograf (n)	[ʧinemato'graf]
tela (f)	ecran (n)	[e'kran]
exibir um filme	a prezenta un film	[a prezen'ta un 'film]
trilha (f) sonora	linie (f) sonoră	['linie so'norə]
efeitos (m pl) especiais	efecte (n pl) speciale	[e'fekte speʧi'ale]
legendas (f pl)	subtitluri (n pl)	[sub'titlurʲ]

| crédito (m) | titrări (f pl) | [tit'rərʲ] |
| tradução (f) | traducere (f) | [tra'duʧere] |

151. Pintura

arte (f)	artă (f)	['arte]
belas-artes (f pl)	arte (f pl) frumoase	['arte frumo'ase]
galeria (f) de arte	galerie (f)	[gale'rie]
exibição (f) de arte	expoziție (f) de tablouri	[ekspo'zitsie de tab'lourʲ]

pintura (f)	pictură (f)	[pik'ture]
arte (f) gráfica	grafică (f)	['grafike]
arte (f) abstrata	abstracționism (n)	[abstraktsio'nism]
impressionismo (m)	impresionism (n)	[impresio'nism]

pintura (f), quadro (m)	tablou (n)	[tab'lou]
desenho (m)	desen (n)	[de'sen]
cartaz, pôster (m)	afiş (n)	[a'fiʃ]

ilustração (f)	ilustrație (f)	[ilus'tratsie]
miniatura (f)	miniatură (f)	[minia'ture]
cópia (f)	copie (f)	['kopie]
reprodução (f)	reproducere (f)	[repro'duʧere]

mosaico (m)	mozaic (n)	[moza'ik]
vitral (m)	vitraliu (n)	[vi'tralju]
afresco (m)	frescă (f)	['freske]
gravura (f)	gravură (f)	[gra'vure]

busto (m)	bust (n)	[bust]
escultura (f)	sculptură (f)	[skulp'ture]
estátua (f)	statuie (f)	[sta'tue]
gesso (m)	ghips (n)	[gips]
em gesso (adj)	de, din ghips	[de, din gips]

retrato (m)	portret (n)	[por'tret]
autorretrato (m)	autoportret (n)	[autopor'tret]
paisagem (m)	peisaj (n)	[pej'saʒ]
natureza (f) morta	natură (f) moartă	[na'ture mo'arte]
caricatura (f)	caricatură (f)	[karika'ture]

tinta (f)	vopsea (f)	[voр'sʲa]
aquarela (f)	acuarelă (f)	[akua'rele]
tinta (f) a óleo	ulei (n)	[u'lej]
lápis (m)	creion (n)	[kre'jon]
tinta (f) nanquim	tuş (n)	[tuʃ]
carvão (m)	cărbune (m)	[ker'bune]

desenhar (vt)	a schița	[a ski'tsa]
pintar (vt)	a schița	[a ski'tsa]
posar (vi)	a poza	[a po'za]
modelo (m)	naturist (m)	[natu'rist]
modelo (f)	naturistă (f)	[natu'riste]
pintor (m)	pictor (m)	['piktor]

obra (f)	operă (f)	['operə]
obra-prima (f)	capodoperă (f)	[kapo'doperə]
estúdio (m)	atelier (n)	[ate'ljer]

tela (f)	pânză (f)	['pɨnzə]
cavalete (m)	şevalet (n)	[ʃəva'let]
paleta (f)	paletă (f)	[pa'letə]

moldura (f)	ramă (f)	['ramə]
restauração (f)	restaurare (f)	[restau'rare]
restaurar (vt)	a restaura	[a restau'ra]

152. Literatura & Poesia

literatura (f)	literatură (f)	[litera'turə]
autor (m)	autor (m)	[au'tor]
pseudônimo (m)	pseudonim (n)	[pseudo'nim]

livro (m)	carte (f)	['karte]
volume (m)	volum (n)	[vo'lum]
índice (m)	cuprins (n)	[ku'prins]
página (f)	pagină (f)	['padʒinə]
protagonista (m)	erou (m) principal	[e'rou prinʧi'pal]
autógrafo (m)	autograf (n)	[auto'graf]

conto (m)	povestire (f)	[poves'tire]
novela (f)	nuvelă (f)	[nu'velə]
romance (m)	roman (n)	[ro'man]
obra (f)	compunere (f)	[kom'punere]
fábula (m)	fabulă (f)	['fabulə]
romance (m) policial	detectiv (m)	[detek'tiv]

verso (m)	poezie (f)	[poe'zie]
poesia (f)	poezie (f)	[poe'zie]
poema (m)	poem (n)	[po'em]
poeta (m)	poet (m)	[po'et]

ficção (f)	literatură (f) artistică	[litera'turə ar'tistikə]
ficção (f) científica	science fiction (n)	['saens 'fikʃn]
aventuras (f pl)	aventură (f)	[aven'turə]
literatura (f) didática	literatură (f) ştiinţifică	[litera'turə ʃtiin'ʦifikə]
literatura (f) infantil	literatură (f) pentru copii	[litera'turə 'pentru ko'pij]

153. Circo

circo (m)	circ (n)	[ʧirk]
circo (m) ambulante	circ (n) pe roţi	[ʧirk pe 'roʦ]
programa (m)	program (n)	[pro'gram]
apresentação (f)	spectacol (n)	[spekta'kol]

número (m)	număr (n)	['numər]
picadeiro (f)	arenă (f)	[a'renə]

| pantomima (f) | pantomimă (f) | [panto'mimə] |
| palhaço (m) | clovn (m) | [klovn] |

acrobata (m)	acrobat (m)	[akro'bat]
acrobacia (f)	acrobatică (f)	[akro'batikə]
ginasta (m)	gimnast (m)	[dʒim'nast]
ginástica (f)	gimnastică (f)	[dʒim'nastikə]
salto (m) mortal	tumbă (f)	['tumbə]

homem (m) forte	atlet (m)	[at'let]
domador (m)	îmblânzitor (m)	[imblinzi'tor]
cavaleiro (m) equilibrista	călăreț (m)	[kələ'rets]
assistente (m)	asistent (m)	[asis'tent]

truque (m)	truc (n)	[truk]
truque (m) de mágica	scamatorie (f)	[skama'torie]
ilusionista (m)	scamator (m)	[skama'tor]

malabarista (m)	jongler (m)	[ʒon'gler]
fazer malabarismos	a jongla	[a ʒon'gla]
adestrador (m)	dresor (m)	[dre'sor]
adestramento (m)	dresare (f)	[dre'sare]
adestrar (vt)	a dresa	[a dre'sa]

154. Música. Música popular

música (f)	muzică (f)	['muzikə]
músico (m)	muzician (m)	[muzitʃi'an]
instrumento (m) musical	instrument (n) muzical	[instru'ment muzi'kal]
tocar ...	a cânta la ...	[a kin'ta 'la]

guitarra (f)	chitară (f)	[ki'tarə]
violino (m)	vioară (f)	[vio'arə]
violoncelo (m)	violoncel (n)	[violon'tʃel]
contrabaixo (m)	contrabas (n)	[kontra'bas]
harpa (f)	harpă (f)	['harpə]

piano (m)	pianină (f)	[pia'nino]
piano (m) de cauda	pian (n) cu coadă	['pjan ku ku'ado]
órgão (m)	orgă (f)	['orgə]

instrumentos (m pl) de sopro	instrumente (n pl) de suflat	[instru'mente de suf'lat]
oboé (m)	oboi (m)	[o'boj]
saxofone (m)	saxofon (n)	[sakso'fon]
clarinete (m)	clarinet (n)	[klari'net]
flauta (f)	flaut (n)	['flaut]
trompete (m)	trompetă (f)	[trom'petə]

| acordeão (m) | acordeon (n) | [akorde'on] |
| tambor (m) | tobă (f) | ['tobə] |

dueto (m)	duet (n)	[du'et]
trio (m)	trio (n)	['trio]
quarteto (m)	cvartet (n)	[kvar'tet]

coro (m)	cor (n)	[kor]
orquestra (f)	orchestră (f)	[or'kestrə]
música (f) pop	muzică (f) pop	['muzikə pop]
música (f) rock	muzică (f) rock	['muzikə rok]
grupo (m) de rock	formaţie (n) rock	[for'matsie rok]
jazz (m)	jazz (n)	[dʒaz]
ídolo (m)	idol (m)	['idol]
fã, admirador (m)	fan (m)	[fan]
concerto (m)	concert (n)	[kon'tʃert]
sinfonia (f)	simfonie (f)	[simfo'nie]
composição (f)	operă (f)	['operə]
compor (vt)	a compune	[a kom'pune]
canto (m)	cântare (f)	[kin'tare]
canção (f)	cântec (n)	['kintek]
melodia (f)	melodie (f)	[melo'die]
ritmo (m)	ritm (n)	[ritm]
blues (m)	blues (n)	[bluz]
notas (f pl)	note (f pl)	['note]
batuta (f)	baghetă (f)	[ba'getə]
arco (m)	arcuş (n)	[ar'kuʃ]
corda (f)	coardă (f)	[ko'ardə]
estojo (m)	husă (f)	['husə]

Descanso. Entretenimento. Viagens

155. Viagens

turismo (m)	turism (n)	[tu'rism]
turista (m)	turist (m)	[tu'rist]
viagem (f)	călătorie (f)	[kələto'rie]
aventura (f)	aventură (f)	[aven'turə]
percurso (curta viagem)	voiaj (n)	[vo'jaʒ]
férias (f pl)	concediu (n)	[kon'ʧedju]
estar de férias	a fi în concediu	[a fi in kon'ʧedju]
descanso (m)	odihnă (f)	[o'dihnə]
trem (m)	tren (n)	[tren]
de trem (chegar ~)	cu trenul	[ku 'trenul]
avião (m)	avion (n)	[a'vjon]
de avião	cu avionul	[ku a'vjonul]
de carro	cu automobilul	[ku automo'bilul]
de navio	cu vaporul	[ku va'porul]
bagagem (f)	bagaj (n)	[ba'gaʒ]
mala (f)	valiză (f)	[va'lizə]
carrinho (m)	cărucior (n) pentru bagaj	[kəru'ʧior 'pentru ba'gaʒ]
passaporte (m)	paşaport (n)	[paʃa'port]
visto (m)	viză (f)	['vizə]
passagem (f)	bilet (n)	[bi'let]
passagem (f) aérea	bilet (n) de avion	[bi'let de a'vjon]
guia (m) de viagem	ghid (m)	[gid]
mapa (m)	hartă (f)	['hartə]
área (f)	localitate (f)	[lokali'tate]
lugar (m)	loc (n)	[lok]
exotismo (m)	exotism (n)	[egzo'tism]
exótico (adj)	exotic	[e'gzotik]
surpreendente (adj)	uimitor	[ujmi'tor]
grupo (m)	grup (n)	[grup]
excursão (f)	excursie (f)	[eks'kursie]
guia (m)	ghid (m)	[gid]

156. Hotel

hotel (m)	hotel (n)	[ho'tel]
motel (m)	motel (n)	[mo'tel]
três estrelas	trei stele	[trej 'stele]

cinco estrelas	cinci stele	[ʧinʧ 'stele]
ficar (vi, vt)	a se opri	[a se o'pri]
quarto (m)	cameră (f)	['kamerə]
quarto (m) individual	cameră pentru o persoană (n)	['kamerə 'pentru o perso'anə]
quarto (m) duplo	cameră pentru două persoane (n)	['kamerə 'pentru 'dowə perso'ane]
reservar um quarto	a rezerva o cameră	[a rezer'va o 'kamerə]
meia pensão (f)	demipensiune (f)	[demipensi'une]
pensão (f) completa	pensiune (f)	[pensi'une]
com banheira	cu baie	[ku 'bae]
com chuveiro	cu duş	[ku duʃ]
televisão (m) por satélite	televiziune (f) prin satelit	[televizi'une 'prin sate'lit]
ar (m) condicionado	aer (n) condiţionat	['aer konditsio'nat]
toalha (f)	prosop (n)	[pro'sop]
chave (f)	cheie (f)	['kee]
administrador (m)	administrator (m)	[adminis'trator]
camareira (f)	femeie (f) de serviciu	[fe'mee de ser'viʧiu]
bagageiro (m)	hamal (m)	[ha'mal]
porteiro (m)	portar (m)	[por'tar]
restaurante (m)	restaurant (n)	[restau'rant]
bar (m)	bar (n)	[bar]
café (m) da manhã	micul dejun (n)	['mikul de'ʒun]
jantar (m)	cină (f)	['ʧinə]
bufê (m)	masă suedeză (f)	['masə sue'dezə]
saguão (m)	vestibul (n)	[vesti'bul]
elevador (m)	lift (n)	[lift]
NÃO PERTURBE	NU DERANJAŢI!	[nu deran'ʒats]
PROIBIDO FUMAR!	NU FUMAŢI!	[nu fu'mats]

157. Livros. Leitura

livro (m)	carte (f)	['karte]
autor (m)	autor (m)	[au'tor]
escritor (m)	scriitor (m)	[skrii'tor]
escrever (~ um livro)	a scrie	[a 'skrie]
leitor (m)	cititor (m)	[ʧiti'tor]
ler (vt)	a citi	[a ʧi'ti]
leitura (f)	lectură (f)	[lek'turə]
para si	în gând	[in gind]
em voz alta	cu voce tare	[ku 'voʧe 'tare]
publicar (vt)	a publica	[a publi'ka]
publicação (f)	ediţie (f)	[e'ditsie]
editor (m)	editor (m)	[edi'tor]

editora (f)	editură (f)	[edi'turə]
sair (vi)	a apărea	[a apə'rʲa]
lançamento (m)	publicare (f)	[publi'kare]
tiragem (f)	tiraj (n)	[ti'raʒ]
livraria (f)	librărie (f)	[librə'rie]
biblioteca (f)	bibliotecă (f)	[biblio'tekə]
novela (f)	nuvelă (f)	[nu'velə]
conto (m)	povestire (f)	[poves'tire]
romance (m)	roman (n)	[ro'man]
romance (m) policial	detectiv (n)	[detek'tiv]
memórias (f pl)	memorii (n pl)	[me'morij]
lenda (f)	legendă (f)	[le'dʒendə]
mito (m)	mit (n)	[mit]
poesia (f)	versuri (n pl)	['versurʲ]
autobiografia (f)	autobiografie (f)	[autobiogra'fie]
obras (f pl) escolhidas	opere (f pl) alese	['opere a'lese]
ficção (f) científica	fantastică (f)	[fan'tastikə]
título (m)	denumire (f)	[denu'mire]
introdução (f)	prefață (f)	[pre'fatsə]
folha (f) de rosto	foaie (f) de titlu	[fo'ae de 'titlu]
capítulo (m)	capitol (n)	[ka'pitol]
excerto (m)	fragment (n)	[frag'ment]
episódio (m)	episod (n)	[epi'zod]
enredo (m)	subiect (n)	[su'bjekt]
conteúdo (m)	cuprins (n)	[ku'prins]
índice (m)	cuprins (n)	[ku'prins]
protagonista (m)	erou (m) principal	[e'rou printʃiˈpal]
volume (m)	volum (n)	[vo'lum]
capa (f)	copertă (f)	[ko'pertə]
encadernação (f)	copertă (f)	[ko'pertə]
marcador (m) de página	semn (n) de carte	[semn de 'karte]
página (f)	pagină (f)	['padʒinə]
folhear (vt)	a răsfoi	[a rəsfo'i]
margem (f)	margine (f)	['mardʒine]
anotação (f)	notă (f) marginală	['noto mardʒiˈnalə]
nota (f) de rodapé	însemnare (f)	[insem'nare]
texto (m)	text (n)	[tekst]
fonte (f)	caracter (n)	[karak'ter]
falha (f) de impressão	greşeală (f) de tipar	[gre'ʃale de ti'par]
tradução (f)	traducere (f)	[tra'dutʃere]
traduzir (vt)	a traduce	[a tra'dutʃe]
original (m)	original (n)	[oridʒi'nal]
famoso (adj)	vestit	[ves'tit]
desconhecido (adj)	necunoscut	[nekunos'kut]

interessante (adj)	interesant	[intere'sant]
best-seller (m)	best seller (n)	[best 'seler]
dicionário (m)	dicţionar (n)	[diktsio'nar]
livro (m) didático	manual (n)	[manu'al]
enciclopédia (f)	enciclopedie (f)	[entʃiklope'die]

158. Caça. Pesca

caça (f)	vânătoare (f)	[vɨnəto'are]
caçar (vi)	a vâna	[a vɨ'na]
caçador (m)	vânător (m)	[vɨnə'tor]
disparar, atirar (vi)	a trage	[a 'tradʒə]
rifle (m)	armă (f)	['armə]
cartucho (m)	cartuş (n)	[kar'tuʃ]
chumbo (m) de caça	alice (f)	[a'litʃe]
armadilha (f)	capcană (f)	[kap'kanə]
armadilha (com corda)	cursă (f)	['kursə]
pôr a armadilha	a pune capcană	[a 'pune kap'kanə]
caçador (m) furtivo	braconier (m)	[brako'njer]
caça (animais)	vânat (n)	[vɨ'nat]
cão (m) de caça	câine (m) de vânătoare	['kine de vɨnəto'are]
safári (m)	safari (n)	[sa'fari]
animal (m) empalhado	animal (n) împăiat	[ani'mal ɨmpə'jat]
pescador (m)	pescar (m)	[pes'kar]
pesca (f)	pescuit (n)	[pesku'it]
pescar (vt)	a pescui	[a pesku'i]
vara (f) de pesca	undiţă (f)	['unditsə]
linha (f) de pesca	sfoara (f) undiţei	[sfo'ara 'unditsej]
anzol (m)	cârlig (n)	[kɨr'lig]
boia (f), flutuador (m)	plută (f)	['plutə]
isca (f)	momeală (f)	[mo'mʲalə]
lançar a linha	a arunca undiţa	[a arun'ka 'unditsa]
morder (peixe)	a trage la undiţă	[a 'tradʒe la 'unditsə]
pesca (f)	pescuit (n)	[pesku'it]
buraco (m) no gelo	copcă (f)	['kopkə]
rede (f)	plasă (f)	['plasə]
barco (m)	barcă (f)	['barkə]
pescar com rede	a prinde cu plasa	[a 'prinde 'ku 'plasa]
lançar a rede	a arunca plasa	[a arun'ka 'plasa]
puxar a rede	a scoate plasa	[a sko'ate 'plasa]
baleeiro (m)	vânător (m) de balene	[vanə'tor də 'balene]
baleeira (f)	balenieră (f)	[bale'njerə]
arpão (m)	harpon (n)	[har'pon]

159. Jogos. Bilhar

bilhar (m)	biliard (n)	[bi'ljard]
sala (f) de bilhar	sală (f) de biliard	['salə de bi'ljard]
bola (f) de bilhar	bilă (f)	['bilə]
embolsar uma bola	a băga bila	[a bə'ga 'bila]
taco (m)	tac (n)	[tak]
caçapa (f)	gaură (f) de biliard	['gaurə de bi'ljard]

160. Jogos. Jogar cartas

ouros (m pl)	tobă (f)	['tobə]
espadas (f pl)	pică (f)	['pikə]
copas (f pl)	cupă (f)	['kupə]
paus (m pl)	treflă (f)	['treflə]
ás (m)	as (m)	[as]
rei (m)	rege (m)	['redʒe]
dama (f), rainha (f)	damă (f)	['damə]
valete (m)	valet (m)	[va'let]
carta (f) de jogar	carte (f) de joc	['karte de ʒok]
cartas (f pl)	cărţi (f pl) de joc	[kərtsʲ de ʒok]
trunfo (m)	atu (n)	[a'tu]
baralho (m)	pachet (n) de cărţi de joc	[pa'ket de kərts de ʒok]
dar, distribuir (vt)	a împărţi	[a impər'tsi]
embaralhar (vt)	a amesteca	[a ameste'ka]
vez, jogada (f)	rând (n)	[rind]
trapaceiro (m)	trişor (m)	[tri'ʃor]

161. Casino. Roleta

cassino (m)	cazinou (n)	[kazi'nou]
roleta (f)	ruletă (f)	[ru'letə]
aposta (f)	miză (f)	['mizə]
apostar (vt)	a miza	[a mi'za]
vermelho (m)	roşu (m)	['roʃu]
preto (m)	negru (m)	['negru]
apostar no vermelho	a miza pe roşu	[a mi'za pe 'roʃu]
apostar no preto	a miza pe negru	[a mi'za pe 'negru]
croupier (m, f)	crupier (m)	[kru'pjer]
girar da roleta	a învârti ruleta	[a invir'ti ru'leta]
regras (f pl) do jogo	reguli (f pl) de joc	['regulʲ de ʒok]
ficha (f)	fisă (f)	['fisə]
ganhar (vi, vt)	a câştiga	[a kiʃti'ga]
ganho (m)	câştig (n)	[kiʃ'tig]

| perder (dinheiro) | a pierde | [a 'pjerde] |
| perda (f) | pierdere (f) | ['perdere] |

jogador (m)	jucător (m)	[ʒukə'tor]
blackjack, vinte-e-um (m)	Black Jack (m)	[blɛk dʒek]
jogo (m) de dados	table (f pl)	['table]
caça-níqueis (m)	joc (n) mecanic	[ʒok me'kanik]

162. Descanso. Jogos. Diversos

passear (vi)	a se plimba	[a se plim'ba]
passeio (m)	plimbare (f)	[plim'bare]
viagem (f) de carro	excursie (f)	[eks'kursie]
aventura (f)	aventură (f)	[aven'turə]
piquenique (m)	picnic (n)	['piknik]

jogo (m)	joc (n)	[ʒok]
jogador (m)	jucător (m)	[ʒukə'tor]
partida (f)	partidă (f)	[par'tidə]

colecionador (m)	colecţionar (m)	[kolektsio'nar]
colecionar (vt)	a colecţiona	[a kolektsio'na]
coleção (f)	colecţie (f)	[ko'lektsie]

palavras (f pl) cruzadas	rebus (n)	['rebus]
hipódromo (m)	hipodrom (n)	[hipo'drom]
discoteca (f)	discotecă (f)	[disko'tekə]

| sauna (f) | saună (f) | ['saunə] |
| loteria (f) | loterie (f) | [lote'rie] |

campismo (m)	camping (n)	['kemping]
acampamento (m)	tabără (f)	['tabərə]
barraca (f)	cort (n)	[kort]
bússola (f)	busolă (f)	[bu'solə]
campista (m)	turist (m)	[tu'rist]

ver (vt), assistir à ...	a se uita	[a se uj'ta]
telespectador (m)	telespectator (m)	[telespekta'tor]
programa (m) de TV	emisiune (f) televizată	[emisi'une televi'zatə]

163. Fotografia

| máquina (f) fotográfica | aparat (n) foto | [apa'rat 'foto] |
| foto, fotografia (f) | fotografie (f) | [fotogra'fie] |

fotógrafo (m)	fotograf (m)	[foto'graf]
estúdio (m) fotográfico	studio (n) foto	[stu'djo 'foto]
álbum (m) de fotografias	album (n) foto	[al'bum 'foto]

| lente (f) fotográfica | obiectiv (n) | [objek'tiv] |
| lente (f) teleobjetiva | teleobiectiv (n) | [teleobjek'tiv] |

| filtro (m) | filtru (n) | ['filtru] |
| lente (f) | lentilă (f) | [len'tilə] |

ótica (f)	optică (f)	['optikə]
abertura (f)	diafragmă (f)	[dia'fragmə]
exposição (f)	timp (m) de expunere	['timp de eks'punere]
visor (m)	vizor (n)	[vi'zor]

câmera (f) digital	cameră (f) digitală	['kamerə didʒi'talə]
tripé (m)	suport (n)	[su'port]
flash (m)	blitz (n)	[blits]

fotografar (vt)	a fotografia	[a fotografi'ja]
tirar fotos	a fotografia	[a fotografi'ja]
fotografar-se (vr)	a se fotografia	[a se fotografi'ja]

foco (m)	claritate (f)	[klari'tate]
focar (vt)	a îndrepta	[a indrep'ta]
nítido (adj)	clar	[klar]
nitidez (f)	claritatea (f) imaginii	[klari'tatʲa i'madʒinij]

| contraste (m) | contrast (n) | [kon'trast] |
| contrastante (adj) | de contrast | [de kon'trast] |

retrato (m)	fotografie (f)	[fotogra'fie]
negativo (m)	negativ (n)	[nega'tiv]
filme (m)	film (n)	[film]
fotograma (m)	cadru (n)	['kadru]
imprimir (vt)	a tipări	[a tipə'ri]

164. Praia. Natação

praia (f)	plajă (f)	['plaʒə]
areia (f)	nisip (n)	[ni'sip]
deserto (adj)	pustiu	[pus'tiu]

bronzeado (m)	bronz (n)	[bronz]
bronzear-se (vr)	a se bronza	[a se bron'za]
bronzeado (adj)	bronzat	[bron'zat]
protetor (m) solar	cremă (f) pentru bronzat	['kremə 'pentru bron'zat]

biquíni (m)	bikini (n)	[bi'kini]
maiô (m)	costum (n) de baie	[kos'tum de 'bae]
calção (m) de banho	slipi (m pl)	[slipʲ]

piscina (f)	bazin (n)	[ba'zin]
nadar (vi)	a înota	[a ino'ta]
chuveiro (m), ducha (f)	duş (n)	[duʃ]
mudar, trocar (vt)	a se schimba	[a se skim'ba]
toalha (f)	prosop (n)	[pro'sop]

barco (m)	barcă (f)	['barkə]
lancha (f)	cuter (n)	['kuter]
esqui (m) aquático	schiuri (n pl) pe apă	['skjurʲ pe 'apə]

barco (m) de pedais	bicicletă (f) pe apă	[bitʃi'kletə pe 'apə]
surf, surfe (m)	surfing (n)	['serfing]
surfista (m)	surfer (m)	['serfer]
equipamento (m) de mergulho	acvalang (n)	[akva'lang]
pé (m pl) de pato	labe (f pl) de înot	['labe de i'not]
máscara (f)	mască (f)	['maskə]
mergulhador (m)	scufundător (m)	[skufundə'tor]
mergulhar (vi)	a se scufunda	[a se skufun'da]
debaixo d'água	sub apă	[sub 'apə]
guarda-sol (m)	umbrelă (f)	[um'brelə]
espreguiçadeira (f)	şezlong (n)	[ʃez'long]
óculos (m pl) de sol	ochelari (m pl)	[oke'larʲ]
colchão (m) de ar	saltea (f) de înot	[sal'tʲa de i'not]
brincar (vi)	a juca	[a ʒu'ka]
ir nadar	a se scălda	[a se skəl'da]
bola (f) de praia	minge (f)	['mindʒe]
encher (vt)	a umfla	[a um'fla]
inflável (adj)	pneumatic	[pneu'matik]
onda (f)	val (n)	[val]
boia (f)	baliză (f)	[ba'lizə]
afogar-se (vr)	a se îneca	[a se ine'ka]
salvar (vt)	a salva	[a sal'va]
colete (m) salva-vidas	vestă (f) de salvare	['vestə de sal'vare]
observar (vt)	a observa	[a obser'va]
salva-vidas (pessoa)	salvator (m)	[salva'tor]

EQUIPAMENTO TÉCNICO. TRANSPORTES

Equipamento técnico. Transportes

165. Computador

computador (m)	calculator (n)	[kalkula'tor]
computador (m) portátil	laptop (n)	[ləp'top]
ligar (vt)	a deschide	[a des'kide]
desligar (vt)	a închide	[a i'nkide]
teclado (m)	tastatură (f)	[tasta'turə]
tecla (f)	tastă (f)	['tastə]
mouse (m)	mouse (n)	['maus]
tapete (m) para mouse	mousepad (n)	[maus'pad]
botão (m)	tastă (f)	['tastə]
cursor (m)	cursor (m)	[kur'sor]
monitor (m)	monitor (n)	[moni'tor]
tela (f)	ecran (n)	[e'kran]
disco (m) rígido	hard disc (n)	[hard disk]
capacidade (f) do disco rígido	capacitatea (f) hard discului	[kapatʃi'tatʲa 'hard 'diskuluj]
memória (f)	memorie (f)	[me'morie]
memória RAM (f)	memorie (f) operativă	[me'morie opera'tivə]
arquivo (m)	fişier (n)	[fiʃi'er]
pasta (f)	document (n)	[doku'ment]
abrir (vt)	a deschide	[a des'kide]
fechar (vt)	a închide	[a i'nkide]
salvar (vt)	a păstra	[a pəs'tra]
deletar (vt)	a şterge	[a 'ʃterdʒe]
copiar (vt)	a copia	[a kopi'ja]
ordenar (vt)	a sorta	[a sor'ta]
copiar (vt)	a copia	[a kopi'ja]
programa (m)	program (n)	[pro'gram]
software (m)	programe (n) de aplicaţie	[pro'grame de apli'katsie]
programador (m)	programator (m)	[programa'tor]
programar (vt)	a programa	[a progra'ma]
hacker (m)	hacker (m)	['haker]
senha (f)	parolă (f)	[pa'rolə]
vírus (m)	virus (m)	['virus]
detectar (vt)	a găsi	[a gə'si]
byte (m)	bait (m)	[bajt]

megabyte (m)	**megabyte** (m)	[mega'bajt]
dados (m pl)	**date** (f pl)	['date]
base (f) de dados	**bază** (f) **de date**	['bazə de 'date]
cabo (m)	**cablu** (n)	['kablu]
desconectar (vt)	**a deconecta**	[a dekonek'ta]
conectar (vt)	**a conecta**	[a konek'ta]

166. Internet. E-mail

internet (f)	**internet** (n)	[inter'net]
browser (m)	**browser** (n)	['brauzer]
motor (m) de busca	**motor** (n) **de căutare**	[mo'tor de kəu'tare]
provedor (m)	**cablu** (n)	['kablu]
webmaster (m)	**web master** (m)	[web 'master]
website (m)	**web site** (n)	[web 'sajt]
web page (f)	**pagină** (f) **web**	['padʒinə web]
endereço (m)	**adresă** (f)	[a'dresə]
livro (m) de endereços	**registru** (n) **de adrese**	[re'dʒistru de a'drese]
caixa (f) de correio	**cutie** (f) **poştală**	[ku'tie poʃ'talə]
correio (m)	**corespondenţă** (f)	[korespon'dentsə]
mensagem (f)	**mesaj** (n)	[me'saʒ]
remetente (m)	**expeditor** (m)	[ekspedi'tor]
enviar (vt)	**a expedia**	[a ekspedi'ja]
envio (m)	**expediere** (f)	[ekspe'djere]
destinatário (m)	**destinatar** (m)	[destina'tar]
receber (vt)	**a primi**	[a pri'mi]
correspondência (f)	**corespondenţă** (f)	[korespon'dentsə]
corresponder-se (vr)	**a coresponda**	[a korespon'da]
arquivo (m)	**fişier** (n)	[fiʃi'er]
fazer download, baixar (vt)	**a copia**	[a kopi'ja]
criar (vt)	**a crea**	[a 'krʲa]
deletar (vt)	**a şterge**	[a 'ʃterdʒe]
deletado (adj)	**şters**	[ʃters]
conexão (f)	**conexiune** (f)	[koneksi'une]
velocidade (f)	**viteză** (f)	[vi'tezə]
modem (m)	**modem** (n)	[mo'dem]
acesso (m)	**acces** (n)	[ak'tʃes]
porta (f)	**port** (n)	[port]
conexão (f)	**conectare** (f)	[konek'tare]
conectar (vi)	**a se conecta**	[a se konek'ta]
escolher (vt)	**a alege**	[a a'ledʒe]
buscar (vt)	**a căuta**	[a kəu'ta]

167. Eletricidade

eletricidade (f)	electricitate (f)	[elektritʃi'tate]
elétrico (adj)	electric	[e'lektrik]
planta (f) elétrica	centrală (f) electrică	[tʃen'trale e'lektrike]
energia (f)	energie (f)	[ener'dʒie]
energia (f) elétrica	energie (f) electrică	[ener'dʒie e'lektrike]
lâmpada (f)	bec (n)	[bek]
lanterna (f)	lanternă (f)	[lan'terne]
poste (m) de iluminação	felinar (n)	[feli'nar]
luz (f)	lumină (f)	[lu'mine]
ligar (vt)	a aprinde	[a a'prinde]
desligar (vt)	a stinge	[a 'stindʒe]
apagar a luz	a stinge lumina	[a 'stindʒe lu'mina]
queimar (vi)	a arde	[a 'arde]
curto-circuito (m)	scurtcircuit (n)	['skurtʃirku'it]
ruptura (f)	ruptură (f)	[rup'ture]
contato (m)	contact (n)	[kon'takt]
interruptor (m)	întrerupător (n)	[intrerupe'tor]
tomada (de parede)	priză (f)	['prize]
plugue (m)	furcă (f)	['furke]
extensão (f)	prelungitor (n)	[prelundʒi'tor]
fusível (m)	siguranță (f)	[sigu'rantse]
fio, cabo (m)	fir (n) electric	[fir e'lektrik]
instalação (f) elétrica	instalație (f) electrică	[insta'latsie e'lektrike]
ampère (m)	amper (m)	[am'per]
amperagem (f)	intensitatea (f) curentului	[intensi'tatˈa ku'rentuluj]
volt (m)	volt (m)	[volt]
voltagem (f)	tensiune (f)	[tensi'une]
aparelho (m) elétrico	aparat (n) electric	[apa'rat e'lektrik]
indicador (m)	indicator (n)	[indika'tor]
eletricista (m)	electrician (m)	[elektritʃi'an]
soldar (vt)	a lipi	[a li'pi]
soldador (m)	ciocan (n) de lipit	[tʃio'kan de li'pit]
corrente (f) elétrica	curent (m)	[ku'rent]

168. Ferramentas

ferramenta (f)	instrument (n)	[instru'ment]
ferramentas (f pl)	instrumente (n pl)	[instru'mente]
equipamento (m)	utilaj (n)	[uti'laʒ]
martelo (m)	ciocan (n)	[tʃio'kan]
chave (f) de fenda	şurubelniță (f)	[ʃuru'belnitse]
machado (m)	topor (n)	[to'por]

serra (f)	ferăstrău (n)	[ferəstrəu]
serrar (vt)	a tăia cu ferăstrăul	[a tə'ja 'ku ferəstrəul]
plaina (f)	rindea (f)	[rin'd'a]
aplainar (vt)	a gelui	[a dʒelu'i]
soldador (m)	ciocan (n) de lipit	[tʃio'kan de li'pit]
soldar (vt)	a lipi	[a li'pi]

lima (f)	pilă (f)	['pilə]
tenaz (f)	cleşte (m)	['kleʃte]
alicate (m)	cleşte (m) patent	['kleʃte pa'tent]
formão (m)	daltă (f) de tâmplărie	['daltə de timplə'rie]

broca (f)	burghiu (n)	[bur'gju]
furadeira (f) elétrica	sfredel (n)	['sfredel]
furar (vt)	a sfredeli	[a sfrede'li]

faca (f)	cuţit (n)	[ku'tsit]
lâmina (f)	lamă (f)	['lamə]

afiado (adj)	ascuţit	[asku'tsit]
cego (adj)	tocit	[to'tʃit]
embotar-se (vr)	a se toci	[a se to'tʃi]
afiar, amolar (vt)	a ascuţi	[a asku'tsi]

parafuso (m)	şurub (n)	[ʃu'rub]
porca (f)	piuliţă (f)	[pju'litsə]
rosca (f)	filet (n)	[fi'let]
parafuso (para madeira)	şurub (n)	[ʃu'rub]

prego (m)	cui (n)	[kuj]
cabeça (f) do prego	bont (n)	[bont]

régua (f)	linie (f)	['linie]
fita (f) métrica	ruletă (f)	[ru'letə]
nível (m)	nivelă (f)	[ni'vela]
lupa (f)	lupă (f)	['lupə]

medidor (m)	aparat (n) de măsurat	[apa'rat de məsu'rat]
medir (vt)	a măsura	[a məsu'ra]
escala (f)	scală (f)	['skalə]
indicação (f), registro (m)	indicaţii (f pl)	[indi'katsij]

compressor (m)	compresor (n)	[kompre'sor]
microscópio (m)	microscop (n)	[mikro'skop]

bomba (f)	pompă (f)	['pompə]
robô (m)	robot (m)	[ro'bot]
laser (m)	laser (n)	['laser]

chave (f) de boca	cheie (f) franceză	['kee fran'tʃezə]
fita (f) adesiva	bandă (f) izolatoare	['bandə izolato'are]
cola (f)	clei (n)	[klej]

lixa (f)	hârtie (f) abrazivă	[hir'tie abra'zivə]
mola (f)	arc (n)	[ark]
ímã (m)	magnet (m)	[mag'net]

luva (f)	mănuşi (f pl)	[mə'nuʃ]
corda (f)	funie (f)	['funie]
cabo (~ de nylon, etc.)	şnur (n)	[ʃnur]
fio (m)	fir (n) electric	[fir e'lektrik]
cabo (~ elétrico)	cablu (n)	['kablu]

marreta (f)	baros (m)	[ba'ros]
pé de cabra (m)	rangă (f)	['rangə]
escada (f) de mão	scară (f)	['skarə]
escada (m)	scară (f) de frânghie	['skarə de frin'gie]

enroscar (vt)	a înşuruba	[a inʃuru'ba]
desenroscar (vt)	a deşuruba	[a deʃuru'ba]
apertar (vt)	a strânge	[a 'strindʒe]
colar (vt)	a lipi	[a li'pi]
cortar (vt)	a tăia	[a tə'ja]

falha (f)	deranjament (n)	[deranʒa'ment]
conserto (m)	reparaţie (f)	[repa'ratsie]
consertar, reparar (vt)	a repara	[a repa'ra]
regular, ajustar (vt)	a regla	[a re'gla]

verificar (vt)	a verifica	[a verifi'ka]
verificação (f)	verificare (f)	[verifi'kare]
indicação (f), registro (m)	indicaţie (f)	[indi'katsie]

| seguro (adj) | sigur | ['sigur] |
| complicado (adj) | complex | [kom'pleks] |

enferrujar (vi)	a rugini	[a rudʒi'ni]
enferrujado (adj)	ruginit	[rudʒi'nit]
ferrugem (f)	rugină (f)	[ru'dʒinə]

149

Transportes

169. Avião

avião (m)	avion (n)	[a'vjon]
passagem (f) aérea	bilet (n) de avion	[bi'let de a'vjon]
companhia (f) aérea	companie (f) aeriană	[kompa'nie aeri'anə]
aeroporto (m)	aeroport (n)	[aero'port]
supersônico (adj)	supersonic	[super'sonik]
comandante (m) do avião	comandant (m) de navă	[koman'dant de 'navə]
tripulação (f)	echipaj (n)	[eki'paʒ]
piloto (m)	pilot (m)	[pi'lot]
aeromoça (f)	stewardesă (f)	[stjuar'desə]
copiloto (m)	navigator (m)	[naviga'tor]
asas (f pl)	aripi (f pl)	[a'ripʲ]
cauda (f)	coadă (f)	[ko'adə]
cabine (f)	cabină (f)	[ka'binə]
motor (m)	motor (n)	[mo'tor]
trem (m) de pouso	tren (n) de aterizare	[tren de ateri'zare]
turbina (f)	turbină (f)	[tur'binə]
hélice (f)	elice (f)	[e'litʃe]
caixa-preta (f)	cutie (f) neagră	[ku'tie 'nʲagrə]
coluna (f) de controle	manşă (f)	['manʃe]
combustível (m)	combustibil (m)	[kombus'tibil]
instruções (f pl) de segurança	instrucţiune (f)	[instrukʦi'une]
máscara (f) de oxigênio	mască (f) cu oxigen	['maskə 'ku oksi'dʒen]
uniforme (m)	uniformă (f)	[uni'forme]
colete (m) salva-vidas	vestă (f) de salvare	['vestə de sal'vare]
paraquedas (m)	paraşută (f)	[para'ʃutə]
decolagem (f)	decolare (f)	[deko'lare]
descolar (vi)	a decola	[a deko'la]
pista (f) de decolagem	pistă (f) de decolare	['pistə de deko'lare]
visibilidade (f)	vizibilitate (f)	[vizibili'tate]
voo (m)	zbor (n)	[zbor]
altura (f)	înălţime (f)	[inəl'ʦime]
poço (m) de ar	gol de aer (n)	[gol de 'aer]
assento (m)	loc (n)	[lok]
fone (m) de ouvido	căşti (f pl)	[kəʃtʲ]
mesa (f) retrátil	măsuţă (f) rabatabilă	[mə'suʦe raba'tabile]
janela (f)	hublou (n)	[hu'blou]
corredor (m)	trecere (f)	['tretʃere]

170. Comboio

trem (m)	tren (n)	[tren]
trem (m) elétrico	tren (n) electric	['tren e'lektrik]
trem (m)	tren (n) accelerat	['tren aktʃele'rat]
locomotiva (f) diesel	locomotivă (f) cu motor diesel	[lokomo'tivǝ ku mo'tor 'dizel]
locomotiva (f) a vapor	locomotivă (f)	[lokomo'tivǝ]
vagão (f) de passageiros	vagon (n)	[va'gon]
vagão-restaurante (m)	vagon-restaurant (n)	[va'gon restau'rant]
carris (m pl)	şine (f pl)	['ʃine]
estrada (f) de ferro	cale (f) ferată	['kale fe'ratǝ]
travessa (f)	traversă (f)	[tra'versǝ]
plataforma (f)	peron (n)	[pe'ron]
linha (f)	linie (f)	['linie]
semáforo (m)	semafor (n)	[sema'for]
estação (f)	staţie (f)	['staʦie]
maquinista (m)	maşinist (m)	[maʃi'nist]
bagageiro (m)	hamal (m)	[ha'mal]
hospedeiro, -a (m, f)	însoţitor (m)	[insoʦi'tor]
passageiro (m)	pasager (m)	[pasa'dʒer]
revisor (m)	controlor (m)	[kontro'lor]
corredor (m)	coridor (n)	[kori'dor]
freio (m) de emergência	semnal (n) de alarmă	[sem'nal de a'larmǝ]
compartimento (m)	compartiment (n)	[komparti'ment]
cama (f)	cuşetă (f)	[ku'ʃetǝ]
cama (f) de cima	patul (n) de sus	['patul de sus]
cama (f) de baixo	patul (n) de jos	['patul de ʒos]
roupa (f) de cama	lenjerie (f) de pat	[lenʒe'rie de pat]
passagem (f)	bilet (n)	[bi'let]
horário (m)	orar (n)	[o'rar]
painel (m) de informação	panou (n)	[pa'nou]
partir (vt)	a pleca	[a ple'ka]
partida (f)	plecare (f)	[ple'kare]
chegar (vi)	a sosi	[a so'si]
chegada (f)	sosire (f)	[so'sire]
chegar de trem	a veni cu trenul	[a ve'ni ku 'trenul]
pegar o trem	a se aşeza în tren	[a se aʃe'za in tren]
descer de trem	a coborî din tren	[a kobo'rɨ din tren]
acidente (m) ferroviário	accident (n) de tren	[aktʃi'dent de tren]
locomotiva (f) a vapor	locomotivă (f)	[lokomo'tivǝ]
foguista (m)	fochist (m)	[fo'kist]
fornalha (f)	focar (n)	[fo'kar]
carvão (m)	cărbune (m)	[kǝr'bune]

171. Barco

navio (m)	corabie (f)	[ko'rabie]
embarcação (f)	navă (f)	['navə]

barco (m) a vapor	vapor (n)	[va'por]
barco (m) fluvial	motonavă (f)	[moto'navə]
transatlântico (m)	vas (n) de croazieră	[vas de kroa'zjerə]
cruzeiro (m)	crucişător (n)	[krutʃiʃə'tor]

iate (m)	iaht (n)	[jaht]
rebocador (m)	remorcher (n)	[remor'ker]
barcaça (f)	şlep (n)	[ʃlep]
ferry (m)	bac (n)	[bak]

veleiro (m)	velier (n)	[ve'ljer]
bergantim (m)	brigantină (f)	[brigan'tinə]

quebra-gelo (m)	spărgător (n) de gheață	[spərgə'tor de 'gʲatsə]
submarino (m)	submarin (n)	[subma'rin]

bote, barco (m)	barcă (f)	['barkə]
baleeira (bote salva-vidas)	şalupă (f)	[ʃa'lupə]
bote (m) salva-vidas	şalupă (f) de salvare	[ʃa'lupə de sal'vare]
lancha (f)	cuter (n)	['kuter]

capitão (m)	căpitan (m)	[kəpi'tan]
marinheiro (m)	marinar (m)	[mari'nar]
marujo (m)	marinar (m)	[mari'nar]
tripulação (f)	echipaj (n)	[eki'paʒ]

contramestre (m)	şef (m) de echipaj	[ʃef de eki'paʒ]
grumete (m)	mus (m)	[mus]
cozinheiro (m) de bordo	bucătar (m)	[bukə'tar]
médico (m) de bordo	medic (m) pe navă	['medik pe 'navə]

convés (m)	teugă (f)	[te'ugə]
mastro (m)	catarg (n)	[ka'targ]
vela (f)	velă (f)	['velə]

porão (m)	cală (f)	['kalə]
proa (f)	proră (f)	['prorə]
popa (f)	pupă (f)	['pupə]
remo (m)	vâslă (f)	['vislə]
hélice (f)	elice (f)	[e'litʃe]

cabine (m)	cabină (f)	[ka'binə]
sala (f) dos oficiais	salonul (n) ofițerilor	[sa'lonul ofi'tserilor]
sala (f) das máquinas	sala (f) maşinilor	['sala ma'ʃinilor]
ponte (m) de comando	punte (f) de comandă	['punte de ko'mandə]
sala (f) de comunicações	stație (f) de radio	['statsie de 'radio]
onda (f)	undă (f)	['undə]
diário (m) de bordo	jurnal (n) de bord	[ʒur'nal de bord]
luneta (f)	lunetă (f)	[lu'netə]
sino (m)	clopot (n)	['klopot]

bandeira (f)	steag (n)	['stʲag]
cabo (m)	parâmă (f)	[pa'rimə]
nó (m)	nod (n)	[nod]

corrimão (m)	bară (f)	['barə]
prancha (f) de embarque	pasarelă (f)	[pasa'relə]

âncora (f)	ancoră (f)	['ankorə]
recolher a âncora	a ridica ancora	[a ridi'ka 'ankora]
jogar a âncora	a ancora	[a anko'ra]
amarra (corrente de âncora)	lanţ (n) de ancoră	[lants de 'ankorə]

porto (m)	port (n)	[port]
cais, amarradouro (m)	acostare (f)	[akos'tare]
atracar (vi)	a acosta	[a akos'ta]
desatracar (vi)	a demara	[a dema'ra]

viagem (f)	călătorie (f)	[kələto'rie]
cruzeiro (m)	croazieră (f)	[kroa'zjerə]
rumo (m)	direcţie (f)	[di'rektsie]
itinerário (m)	rută (f)	['rutə]

canal (m) de navegação	cale (f) navigabilă	['kale navi'gabilə]
banco (m) de areia	banc (n) de nisip	[bank de ni'sip]
encalhar (vt)	a se împotmoli	[a se impotmo'li]

tempestade (f)	furtună (f)	[fur'tunə]
sinal (m)	semnal (n)	[sem'nal]
afundar-se (vr)	a se scufunda	[a se skufun'da]
SOS	SOS	[sos]
boia (f) salva-vidas	colac (m) de salvare	[ko'lak de sal'vare]

172. Aeroporto

aeroporto (m)	aeroport (n)	[aero'port]
avião (m)	avion (n)	[a'vjon]
companhia (f) aérea	companie (f) aeriană	[kompa'nie aeri'anə]
controlador (m) de tráfego aéreo	dispecer (n)	[dis'petʃer]

partida (f)	decolare (f)	[deko'lare]
chegada (f)	aterizare (f)	[ateri'zare]
chegar (vi)	a ateriza	[a ateri'za]

hora (f) de partida	ora (f) decolării	['ora dekolərij]
hora (f) de chegada	ora (f) aterizării	['ora aterizərij]

estar atrasado	a întârzia	[a intir'zija]
atraso (m) de voo	întârzierea (f) zborului	[intirzjer'a 'zboruluj]

painel (m) de informação	panou (n)	[pa'nou]
informação (f)	informaţie (f)	[infor'matsie]
anunciar (vt)	a anunţa	[a anun'tsa]
voo (m)	cursă (f)	['kursə]

alfândega (f)	vamă (f)	['vamə]
funcionário (m) da alfândega	vameş (m)	['vameʃ]

declaração (f) alfandegária	declaraţie (f)	[dekla'ratsie]
preencher (vt)	a completa	[a komple'ta]
preencher a declaração	a completa declaraţia	[a komple'ta dekla'ratsija]
controle (m) de passaporte	controlul (n) paşapoartelor	[kon'trolul paʃapo'artelor]

bagagem (f)	bagaj (n)	[ba'gaʒ]
bagagem (f) de mão	bagaj (n) de mână	[ba'gaʒ de 'minə]
carrinho (m)	cărucior (n) pentru bagaj	[kəru'tʃior 'pentru ba'gaʒ]

pouso (m)	aterizare (f)	[ateri'zare]
pista (f) de pouso	pistă (f) de aterizare	['pistə de ateri'zare]
aterrissar (vi)	a ateriza	[a ateri'za]
escada (f) de avião	scară (f)	['skarə]

check-in (m)	înregistrare (f)	[ɨnredʒis'trare]
balcão (m) do check-in	birou (n) de înregistrare	[bi'rou de ɨnredʒis'trare]
fazer o check-in	a se înregistra	[a se ɨnredʒis'tra]
cartão (m) de embarque	număr (n) de bord	['numər de bord]
portão (m) de embarque	debarcare (f)	[debar'kare]

trânsito (m)	tranzit (n)	['tranzit]
esperar (vi, vt)	a aştepta	[a aʃtep'ta]
sala (f) de espera	sală (f) de aşteptare	['salə de aʃtep'tare]
despedir-se (acompanhar)	a conduce	[a kon'dutʃe]
despedir-se (dizer adeus)	a-şi lua rămas bun	[aʃ lu'a rə'mas bun]

173. Bicicleta. Motocicleta

bicicleta (f)	bicicletă (f)	[bitʃi'kletə]
lambreta (f)	scuter (n)	['skuter]
moto (f)	motocicletă (f)	[mototʃi'kletə]

ir de bicicleta	a merge cu bicicleta	[a 'merdʒe ku bitʃik'leta]
guidão (m)	ghidon (n)	[gi'don]
pedal (m)	pedală (f)	[pe'dalə]
freios (m pl)	frână (f)	['frɨnə]
banco, selim (m)	şa (f)	[ʃa]

bomba (f)	pompă (f)	['pompə]
bagageiro (m) de teto	portbagaj (n)	[portba'gaʒ]
lanterna (f)	felinar (n)	[feli'nar]
capacete (m)	cască (f)	['kaskə]

roda (f)	roată (f)	[ro'atə]
para-choque (m)	aripă (f)	[a'ripə]
aro (m)	obada (f) roţii	[o'bada 'rotsij]
raio (m)	spiţă (f)	['spitsə]

Carros

174. Tipos de carros

carro, automóvel (m)	automobil (n)	[automo'bil]
carro (m) esportivo	automobil (n) sport	[automo'bil 'sport]
limusine (f)	limuzină (f)	[limu'zinə]
todo o terreno (m)	vehicul (n) de teren (n)	[ve'hikul de te'ren]
conversível (m)	cabrioletă (f)	[kabrio'letə]
minibus (m)	microbuz (n)	[mikro'buz]
ambulância (f)	ambulanţă (f)	[ambu'lantsə]
limpa-neve (m)	maşină (f) de deszăpezire	[ma'ʃinə de deszəpe'zire]
caminhão (m)	autocamion (n)	[autoka'mjon]
caminhão-tanque (m)	autocisternă (f) pentru combustibil	[autotʃis'ternə 'pentru kombus'tibil]
perua, van (f)	furgon (n)	[fur'gon]
caminhão-trator (m)	remorcher (n)	[remor'ker]
reboque (m)	remorcă (f)	[re'morkə]
confortável (adj)	confortabil	[konfor'tabil]
usado (adj)	uzat	[u'zat]

175. Carros. Carroçaria

capô (m)	capotă (f)	[ka'potə]
para-choque (m)	aripă (f)	[a'ripə]
teto (m)	acoperiş (n)	[akope'riʃ]
para-brisa (m)	parbriz (n)	[par'briz]
retrovisor (m)	oglindă (f) retrovizoare	[og'lində retrovizo'are]
esguicho (m)	ştergător (n)	[ʃtergə'tor]
limpadores (m) de para-brisas	ştergător (n) de parbriz	[ʃtergə'tor de par'briz]
vidro (m) lateral	fereastră (f) laterală	[fe'rʲastrə late'ralə]
elevador (m) do vidro	macara (f) de geam	[maka'ra de dʒʲam]
antena (f)	antenă (f)	[an'tenə]
teto (m) solar	trapă (f)	['trapə]
para-choque (m)	amortizor (n)	[amorti'zor]
porta-malas (f)	portbagaj (n)	[portba'gaʒ]
porta (f)	portieră (f)	[por'tjerə]
maçaneta (f)	mâner (n)	[mɨ'ner]
fechadura (f)	încuietoare (f)	[ɨnkueto'are]
placa (f)	număr (n)	['numər]
silenciador (m)	tobă (f)	['tobə]

tanque (m) de gasolina	rezervor (n) de benzină	[rezer'vor de ben'zinə]
tubo (m) de exaustão	ţeavă (f) de eşapament	['tsʲavə de eʃapa'ment]

acelerador (m)	gaz (n)	[gaz]
pedal (m)	pedală (f)	[pe'dalə]
pedal (m) do acelerador	pedală (f) de acceleraţie	[pe'dalə de aktʃele'ratsie]

freio (m)	frână (f)	['frinə]
pedal (m) do freio	pedală (f) de frână	[pe'dalə de 'frinə]
frear (vt)	a frâna	[a fri'na]
freio (m) de mão	frână (f) de staţionare	['frinə de statsio'nare]

embreagem (f)	ambreiaj (n)	[ambre'jaʒ]
pedal (m) da embreagem	pedală (f) de ambreiaj	[pe'dalə de ambre'jaʒ]
disco (m) de embreagem	disc (n) de ambreiaj	['disk de ambre'jaʒ]
amortecedor (m)	amortizor (n)	[amorti'zor]

roda (f)	roată (f)	[ro'atə]
pneu (m) estepe	roată (f) de rezervă	[ro'atə de re'zervə]
calota (f)	capac (n)	[ka'pak]

rodas (f pl) motrizes	roţi (f pl) de tracţiune	['rotsʲ de traktsi'une]
de tração dianteira	tracţiune (f) frontală	[traktsi'une fron'talə]
de tração traseira	tracţiune (f) spate	[traktsi'une 'spate]
de tração às 4 rodas	tracţiune (f) integrală	[traktsi'une inte'gralə]

caixa (f) de mudanças	cutie (f) de viteză	[ku'tie de vi'tezə]
automático (adj)	automat	[auto'mat]
mecânico (adj)	mecanic	[me'kanik]
alavanca (f) de câmbio	manetă (f) de viteze	[ma'netə de vi'teze]

farol (m)	far (n)	[far]
faróis (m pl)	faruri (n pl)	['farurʲ]

farol (m) baixo	fază (f) mică	['fazə 'mikə]
farol (m) alto	fază (f) mare	['fazə 'mare]
luzes (f pl) de parada	semnal (n) de oprire	[sem'nal de o'prire]

luzes (f pl) de posição	semn (n) de gabarit	[semn de gaba'rit]
luzes (f pl) de emergência	lumini (f) de avarie	[lu'minʲ de a'varie]
faróis (m pl) de neblina	faruri (n pl) anticeaţă	['farurʲ anti'tʃatsə]
pisca-pisca (m)	mecanism (n) de direcţie	[meka'nism de di'rektsie]
luz (f) de marcha ré	marşarier (n)	[marʃari'er]

176. Carros. Habitáculo

interior (do carro)	interior (n)	[inte'rjor]
de couro	de piele	[de 'pjele]
de veludo	de catifea	[de kati'fʲa]
estofamento (m)	tapiţare (f)	[tapi'tsare]

indicador (m)	dispozitiv (n)	[dispozi'tiv]
painel (m)	panou (n) de comandă	[pa'nou de ko'mandə]
velocímetro (m)	vitezometru (n)	[vitezo'metru]

ponteiro (m)	ac (n)	[ak]
hodômetro, odômetro (m)	contor (n)	[kon'tor]
indicador (m)	indicator (n)	[indika'tor]
nível (m)	nivel (n)	[ni'vel]
luz (f) de aviso	bec (n)	[bek]

volante (m)	volan (n)	[vo'lan]
buzina (f)	claxon (n)	[klak'son]
botão (m)	buton (n)	[bu'ton]
interruptor (m)	schimbător (n) de viteză	[skimbə'tor de vi'tezə]

assento (m)	scaun (n)	['skaun]
costas (f pl) do assento	spătar (n)	[spə'tar]
cabeceira (f)	tetieră (f)	[te'tjerə]
cinto (m) de segurança	centură (f) de siguranţă	[ʧen'turə de sigu'rantsə]
apertar o cinto	a pune centura de siguranţă	[a 'pune ʧen'tura de sigu'rantsə]
ajuste (m)	reglare (f)	[re'glare]

airbag (m)	airbag (n)	['erbeg]
ar (m) condicionado	aer (n) condiţionat	['aer konditsio'nat]

rádio (m)	radio (n)	['radio]
leitor (m) de CD	CD player (n)	[si'di 'pleer]
ligar (vt)	a deschide	[a des'kide]
antena (f)	antenă (f)	[an'tenə]
porta-luvas (m)	torpedou (m)	[torpe'dou]
cinzeiro (m)	scrumieră (f)	[skru'mjerə]

177. Carros. Motor

motor (m)	motor (n)	[mo'tor]
a diesel	diesel	['dizel]
a gasolina	pe benzină	[pe ben'zinə]

cilindrada (f)	capacitatea (n) motorului	[kapaʧi'tat'a mo'toruluj]
potência (f)	putere (f)	[pu'tere]
cavalo (m) de potência	cal-putere (m)	[kal pu'tere]
pistão (m)	piston (m)	[pis'ton]
cilindro (m)	cilindru (m)	[ʧi'lindru]
válvula (f)	supapă (f)	[su'papə]

injetor (m)	injector (n)	[inʒek'tor]
gerador (m)	generator (n)	[dʒenera'tor]
carburador (m)	carburator (n)	[karbura'tor]
óleo (m) de motor	ulei (n) pentru motor	[u'lej 'pentru mo'tor]

radiador (m)	radiator (n)	[radia'tor]
líquido (m) de arrefecimento	antigel (n)	[anti'dʒel]
ventilador (m)	ventilator (n)	[ventila'tor]

bateria (f)	acumulator (n)	[akumula'tor]
dispositivo (m) de arranque	demaror (n)	[dema'ror]
ignição (f)	aprindere (f)	[a'prindere]

vela (f) de ignição	bujie (f) de aprindere	[bu'ʒie de a'prindere]
terminal (m)	bornă (f)	['bornə]
terminal (m) positivo	plus (n)	[plus]
terminal (m) negativo	minus (m)	['minus]
fusível (m)	siguranţă (f)	[sigu'rantsə]

filtro (m) de ar	filtru (n) de aer	['filtru de 'aer]
filtro (m) de óleo	filtru (n) pentru ulei	['filtru 'pentru u'lej]
filtro (m) de combustível	filtru (n) pentru combustibil	['filtru 'pentru kombus'tibil]

178. Carros. Batidas. Reparação

acidente (m) de carro	accident (n)	[akʧi'dent]
acidente (m) rodoviário	accident (n) rutier	[akʧi'dent ru'tjer]
bater (~ num muro)	a se tampona	[a se tampo'na]
sofrer um acidente	a se sparge	[a se 'spardʒe]
dano (m)	avariere (f)	[ava'rjere]
intato	întreg	[in'treg]

pane (f)	pană (f)	['panə]
avariar (vi)	a se strica	[a se stri'ka]
cabo (m) de reboque	cablu (n) de remorcaj	['kablu de remor'kaʒ]

furo (m)	găurire (f)	[gəu'rire]
estar furado	a se dezumfla	[a se dezum'fla]
encher (vt)	a pompa	[a pom'pa]
pressão (f)	presiune (f)	[presi'une]
verificar (vt)	a verifica	[a verifi'ka]

reparo (m)	reparaţie (f)	[repa'ratsie]
oficina (f) automotiva	service (n) auto	['servis 'auto]
peça (f) de reposição	detalii (f pl)	[de'talij]
peça (f)	detaliu (n)	[de'talju]

parafuso (com porca)	şurub (n)	[ʃu'rub]
parafuso (m)	şurub (n)	[ʃu'rub]
porca (f)	piuliţă (f)	[pju'litsə]
arruela (f)	şaibă (f)	['ʃajbə]
rolamento (m)	rulment (m)	[rul'ment]

tubo (m)	tub (n)	[tub]
junta, gaxeta (f)	garnitură (f)	[garni'turə]
fio, cabo (m)	cablu (n)	['kablu]

macaco (m)	cric (n)	[krik]
chave (f) de boca	cheie (f) fixă	['kee 'fiksə]
martelo (m)	ciocan (n)	[ʧio'kan]
bomba (f)	pompă (f)	['pompə]
chave (f) de fenda	şurubelniţă (f)	[ʃuru'belnitsə]

extintor (m)	stingător (n)	[stingə'tor]
triângulo (m) de emergência	semn (n) de avarie	[semn de a'varie]
morrer (motor)	a se opri	[a se o'pri]
paragem, "morte" (f)	oprire (f)	[o'prire]

estar quebrado	a fi stricat	[a fi stri'kat]
superaquecer-se (vr)	a se încălzi	[a se inkəl'zi]
entupir-se (vr)	a se înfunda	[a se infun'da]
congelar-se (vr)	a îngheța	[a inge'tsa]
rebentar (vi)	a crăpa	[a krə'pa]

pressão (f)	presiune (f)	[presi'une]
nível (m)	nivel (n)	[ni'vel]
frouxo (adj)	scăzut	[skə'zut]

batida (f)	îndoitură (f)	[indoi'turə]
ruído (m)	lovitură (f)	[lovi'turə]
fissura (f)	crăpătură (f)	[krəpə'turə]
arranhão (m)	zgârietură (f)	[zgirie'turə]

179. Carros. Estrada

estrada (f)	drum (n)	[drum]
autoestrada (f)	autostradă (f)	[auto'stradə]
rodovia (f)	șosea (f)	[ʃo's'a]
direção (f)	direcție (f)	[di'rektsie]
distância (f)	distanță (f)	[dis'tantsə]

ponte (f)	pod (n)	[pod]
parque (m) de estacionamento	loc (n) de parcare	[lok de par'kare]
praça (f)	piață (f)	['pjatsə]
nó (m) rodoviário	răscruce (f)	[rəs'krutʃe]
túnel (m)	tunel (n)	[tu'nel]

posto (m) de gasolina	benzinărie (f)	[benzinə'rie]
parque (m) de estacionamento	parcare (f)	[par'kare]
bomba (f) de gasolina	stație (f) de benzină	['statsie de ben'zinə]
oficina (f) automotiva	garaj (n)	[ga'raʒ]
abastecer (vt)	a alimenta	[a alimen'ta]
combustível (m)	combustibil (m)	[kombus'tibil]
galão (m) de gasolina	canistră (f)	[ka'nistrə]

asfalto (m)	asfalt (n)	[as'falt]
marcação (f) de estradas	marcare (f)	[mar'kare]
meio-fio (m)	bordură (f)	[bor'durə]
guard-rail (m)	îngrădire (f)	[ingrə'dire]
valeta (f)	șanț (n) de scurgere	[ʃants de 'skurdʒere]
acostamento (m)	margine (f)	['mardʒine]
poste (m) de luz	stâlp (m)	[stilp]

dirigir (vt)	a conduce	[a kon'dutʃe]
virar (~ para a direita)	a întoarce	[a into'artʃe]
dar retorno	a vira	[a vi'ra]
ré (f)	mers (n) înapoi	['mers ina'poj]

buzinar (vi)	a semnaliza	[a semnali'za]
buzina (f)	semnal (n) acustic	[sem'nal a'kustik]
atolar-se (vr)	a se împotmoli	[a se impotmo'li]
patinar (na lama)	a remorca	[a remor'ka]

desligar (vt)	a opri	[a op'ri]
velocidade (f)	viteză (f)	[vi'tezə]
exceder a velocidade	a depăşi viteza	[a depə'ʃi vi'teza]
multar (vt)	a amenda	[a amen'da]
semáforo (m)	semafor (n)	[sema'for]
carteira (f) de motorista	permis (n) de conducere	[per'mis de kon'dutʃere]
passagem (f) de nível	traversare (f)	[traver'sare]
cruzamento (m)	intersecţie (f)	[inter'sektsie]
faixa (f)	trecere (f) de pietoni	['tretʃere de pie'tonʲ]
curva (f)	curbă (f)	['kurbə]
zona (f) de pedestres	zonă (f) pentru pietoni	['zonə 'pentru pie'tonʲ]

180. Sinais de trânsito

código (m) de trânsito	reguli (f pl) de circulaţie	['regulʲ de tʃirku'latsie]
sinal (m) de trânsito	semn (n)	[semn]
ultrapassagem (f)	întrecere (f)	[in'tretʃere]
curva (f)	viraj (n)	[vi'raʒ]
retorno (m)	întoarcere (f)	[intu'artʃerə]
rotatória (f)	mişcare (f) circulară	[miʃ'kare tʃiru'larə]
sentido proibido	intrarea interzisă	[in'trarʲa inter'zisə]
trânsito proibido	circulaţia interzisă	[tʃirku'latsia inter'zisə]
proibido de ultrapassar	depăşirea interzisă	[depə'ʃirʲa inter'zisə]
estacionamento proibido	parcarea interzisă	[par'karʲa inter'zisə]
paragem proibida	oprirea interzisă	[o'prirʲa inter'zisə]
curva (f) perigosa	curbă (f) periculoasă	['kurbə perikulo'asə]
descida (f) perigosa	pantă (f) abruptă	['pantə a'bruptə]
trânsito de sentido único	într-o singură direcţie (f)	['intro 'singurə di'rektsie]
faixa (f)	trecere (f) de pietoni	['tretʃere de pie'tonʲ]
pavimento (m) escorregadio	drum (n) alunecos	[drum alune'kos]
conceder passagem	cedează trecerea	[tʃe'dʲazə 'tretʃerʲa]

PESSOAS. EVENTOS

Eventos

181. Férias. Evento

festa (f)	sărbătoare (f)	[sərbəto'are]
feriado (m) nacional	sărbătoare (f) naţională	[sərbəto'are natsio'nalə]
feriado (m)	zi (f) de sărbătoare	[zi de sərbəto'are]
festejar (vt)	a sărbători	[a sərbəto'ri]

evento (festa, etc.)	eveniment (n)	[eveni'ment]
evento (banquete, etc.)	manifestare (f)	[manifes'tare]
banquete (m)	banchet (n)	[ban'ket]
recepção (f)	recepţie (f)	[re'ʧeptsie]
festim (m)	ospăţ (n)	[os'pəts]

aniversário (m)	aniversare (f)	[aniver'sare]
jubileu (m)	jubileu (n)	[ʒubi'leu]
celebrar (vt)	a sărbători	[a sərbəto'ri]

| Ano (m) Novo | Anul (m) Nou | ['anul 'nou] |
| Feliz Ano Novo! | La Mulţi Ani! | [la 'mulsi anj] |

Natal (m)	Crăciun (n)	[krə'ʧiun]
Feliz Natal!	Crăciun Fericit!	[krə'ʧiun feri'ʧit]
árvore (f) de Natal	pom (m) de Crăciun	[pom de krə'ʧiun]
fogos (m pl) de artifício	artificii (n)	[arti'fiʧij]

casamento (m)	nuntă (f)	['nuntə]
noivo (m)	mire (m)	['mire]
noiva (f)	mireasă (f)	[mi'rjasə]

| convidar (vt) | a invita | [a invi'ta] |
| convite (m) | invitaţie (f) | [invi'tatsie] |

convidado (m)	oaspete (m)	[o'aspoto]
visitar (vt)	a merge în ospeţie	[a 'merdʒe in ospe'tsie]
receber os convidados	a întâmpina oaspeţii	[a intimpi'na o'aspetsij]

presente (m)	cadou (n)	[ka'dou]
oferecer, dar (vt)	a dărui	[a dəru'i]
receber presentes	a primi cadouri	[a pri'mi ka'dourj]
buquê (m) de flores	buchet (n)	[bu'ket]

felicitações (f pl)	urare (f)	[u'rare]
felicitar (vt)	a felicita	[a feliʧi'ta]
cartão (m) de parabéns	felicitare (f)	[feliʧi'tare]
enviar um cartão postal	a expedia o felicitare	[a ekspedi'ja o feliʧi'tare]

receber um cartão postal	a primi o felicitare	[a pri'mi o felitʃi'tare]
brinde (m)	toast (n)	[tost]
oferecer (vt)	a servi	[a ser'vi]
champanhe (m)	şampanie (f)	[ʃam'panie]
divertir-se (vr)	a se veseli	[a se vese'li]
diversão (f)	veselie (f)	[vese'lie]
alegria (f)	bucurie (f)	[buku'rie]
dança (f)	dans (n)	[dans]
dançar (vi)	a dansa	[a dan'sa]
valsa (f)	vals (n)	[vals]
tango (m)	tangou (n)	[tan'gou]

182. Funerais. Enterro

cemitério (m)	cimitir (n)	[tʃimi'tir]
sepultura (f), túmulo (m)	mormânt (n)	[mor'mɨnt]
cruz (f)	cruce (f)	['krutʃe]
lápide (f)	piatră funerară (n)	['pjatrə fune'rarə]
cerca (f)	gard (n)	[gard]
capela (f)	capelă (f)	[ka'pelə]
morte (f)	moarte (f)	[mo'arte]
morrer (vi)	a muri	[a mu'ri]
defunto (m)	mort (m)	[mort]
luto (m)	doliu (n)	['dolju]
enterrar, sepultar (vt)	a îngropa	[a ɨngro'pa]
funerária (f)	pompe (f pl) funebre	['pompe fu'nebre]
funeral (m)	înmormântare (f)	[ɨnmormɨn'tare]
coroa (f) de flores	cunună (f)	[ku'nunə]
caixão (m)	sicriu (n)	[si'kriu]
carro (m) funerário	dric (n)	[drik]
mortalha (f)	giulgiu (n)	['dʒiuldʒiu]
urna (f) funerária	urnă (f) funerară	['urnə fune'rarə]
crematório (m)	crematoriu (n)	[krema'torju]
obituário (m), necrologia (f)	necrolog (m)	[nekro'log]
chorar (vi)	a plânge	[a 'plɨndʒe]
soluçar (vi)	a plânge în hohote	[a 'plɨndʒe ɨn 'hohote]

183. Guerra. Soldados

pelotão (m)	pluton (n)	[plu'ton]
companhia (f)	companie (f)	[kompa'nie]
regimento (m)	regiment (n)	[redʒi'ment]
exército (m)	armată (f)	[ar'matə]
divisão (f)	divizie (f)	[di'vizie]

esquadrão (m)	detaşament (n)	[detaʃa'ment]
hoste (f)	armată (f)	[ar'matə]

soldado (m)	soldat (m)	[sol'dat]
oficial (m)	ofiţer (m)	[ofi'tser]

soldado (m) raso	soldat (m)	[sol'dat]
sargento (m)	sergent (m)	[ser'dʒent]
tenente (m)	locotenent (m)	[lokote'nent]
capitão (m)	căpitan (m)	[kəpi'tan]
major (m)	maior (m)	[ma'jor]
coronel (m)	colonel (m)	[kolo'nel]
general (m)	general (m)	[dʒene'ral]

marujo (m)	marinar (m)	[mari'nar]
capitão (m)	căpitan (m)	[kəpi'tan]
contramestre (m)	şef (m) de echipaj	[ʃef de eki'paʒ]

artilheiro (m)	artilerist (m)	[artile'rist]
soldado (m) paraquedista	paraşutist (m)	[paraʃu'tist]
piloto (m)	pilot (m)	[pi'lot]
navegador (m)	navigator (m)	[naviga'tor]
mecânico (m)	mecanic (m)	[me'kanik]

sapador-mineiro (m)	genist (m)	[dʒe'nist]
paraquedista (m)	paraşutist (m)	[paraʃu'tist]
explorador (m)	cercetaş (m)	[tʃertʃe'taʃ]
atirador (m) de tocaia	lunetist (m)	[lune'tist]

patrulha (f)	patrulă (f)	[pa'trulə]
patrulhar (vt)	a patrula	[a patru'la]
sentinela (f)	santinelă (f)	[santi'nelə]

guerreiro (m)	ostaş (m)	[os'taʃ]
patriota (m)	patriot (m)	[patri'ot]
herói (m)	erou (m)	[e'rou]
heroína (f)	eroină (f)	[ero'inə]

traidor (m)	trădător (m)	[trədə'tor]
desertor (m)	dezertor (m)	[dezer'tor]
desertar (vt)	a dezerta	[a dezer'ta]

mercenário (m)	mercenar (m)	[mertʃe'nar]
recruta (m)	recrut (m)	[re'krut]
voluntário (m)	voluntar (m)	[volun'tar]

morto (m)	ucis (m)	[u'tʃis]
ferido (m)	rănit (m)	[rə'nit]
prisioneiro (m) de guerra	prizonier (m)	[prizo'njer]

184. Guerra. Ações militares. Parte 1

guerra (f)	război (n)	[rəz'boj]
guerrear (vt)	a lupta	[a lup'ta]

guerra (f) civil	război (n) civil	[rəz'boj ʧi'vil]
perfidamente	în mod perfid	[in mod per'fid]
declaração (f) de guerra	declarare (f)	[dekla'rare]
declarar guerra	a declara	[a dekla'ra]
agressão (f)	agresiune (f)	[agresi'une]
atacar (vt)	a ataca	[a ata'ka]

invadir (vt)	a captura	[a kaptu'ra]
invasor (m)	cotropitor (m)	[kotropi'tor]
conquistador (m)	cuceritor (m)	[kuʧeri'tor]

defesa (f)	apărare (f)	[apə'rare]
defender (vt)	a apăra	[a apə'ra]
defender-se (vr)	a se apăra	[a se apə'ra]

inimigo (m)	duşman (m)	[duʃ'man]
adversário (m)	adversar (m)	[adver'sar]
inimigo (adj)	duşmănos	[duʃmə'nos]

estratégia (f)	strategie (f)	[strate'dʒie]
tática (f)	tactică (f)	['taktikə]

ordem (f)	ordin (n)	['ordin]
comando (m)	comandă (f)	[ko'mandə]
ordenar (vt)	a ordona	[a ordo'na]
missão (f)	misiune (f)	[misi'une]
secreto (adj)	secret	[se'kret]

batalha (f)	bătălie (f)	[bətə'lie]
combate (m)	luptă (f)	['luptə]

ataque (m)	atac (n)	[a'tak]
assalto (m)	asalt (n)	[a'salt]
assaltar (vt)	a asalta	[a asal'ta]
assédio, sítio (m)	asediu (n)	[a'sedju]

ofensiva (f)	atac (n)	[a'tak]
tomar à ofensiva	a ataca	[a ata'ka]

retirada (f)	retragere (f)	[re'tradʒere]
retirar-se (vr)	a se retrage	[a se re'tradʒe]

cerco (m)	încercuire (f)	[inʧerku'ire]
cercar (vt)	a încercui	[a inʧerku'i]

bombardeio (m)	bombardament (n)	[bombarda'ment]
lançar uma bomba	a arunca o bombă	[a arun'ka o 'bombə]
bombardear (vt)	a bombarda	[a bombar'da]
explosão (f)	explozie (f)	[eks'plozie]

tiro (m)	împuşcătură (f)	[impuʃkə'turə]
dar um tiro	a împuşca	[a impuʃ'ka]
tiroteio (m)	foc (n)	[fok]

apontar para ...	a ţinti	[a tsin'ti]
apontar (vt)	a îndrepta	[a indrep'ta]

acertar (vt)	a nimeri	[a nime'ri]
afundar (~ um navio, etc.)	a scufunda	[a skufun'da]
brecha (f)	gaură (f)	['gaurə]
afundar-se (vr)	a se scufunda	[a se skufun'da]
frente (m)	front (n)	[front]
evacuação (f)	evacuare (f)	[evaku'are]
evacuar (vt)	a evacua	[a evaku'a]
trincheira (f)	tranşee (f)	[tran'ʃee]
arame (m) enfarpado	sârmă (f) ghimpată	['sɨrmə gim'patə]
barreira (f) anti-tanque	îngrădire (f)	[ɨngrə'dire]
torre (f) de vigia	turlă (f)	['turlə]
hospital (m) militar	spital (n)	[spi'tal]
ferir (vt)	a răni	[a rə'ni]
ferida (f)	rană (f)	['ranə]
ferido (m)	rănit (m)	[rə'nit]
ficar ferido	a fi rănit	[a fi rə'nit]
grave (ferida ~)	serios	[se'rjos]

185. Guerra. Ações militares. Parte 2

cativeiro (m)	prizonierat (n)	[prizonie'rat]
capturar (vt)	a lua prizonier	[a lu'a prizo'njer]
estar em cativeiro	a fi prizonier	[a fi prizo'njer]
ser aprisionado	a cădea prizonier	[a kə'dia prizo'njer]
campo (m) de concentração	lagăr (n) de concentrare	['lagər de kontʃen'trare]
prisioneiro (m) de guerra	prizonier (m)	[prizo'njer]
escapar (vi)	a evada	[a eva'da]
trair (vt)	a trăda	[a trə'da]
traidor (m)	trădător (m)	[trədə'tor]
traição (f)	trădare (f)	[trə'dare]
fuzilar, executar (vt)	a împuşca	[a ɨmpuʃ'ka]
fuzilamento (m)	împuşcare (f)	[ɨmpuʃ'kare]
equipamento (m)	echipare (f)	[eki'pare]
insígnia (f) de ombro	epolet (m)	[epo'let]
máscara (f) de gás	mască (f) de gaze	['maskə de 'gaze]
rádio (m)	staţie (f) de radio	['statsie de 'radio]
cifra (f), código (m)	cifru (n)	['tʃifru]
conspiração (f)	conspiraţie (f)	[konspi'ratsie]
senha (f)	parolă (f)	[pa'role]
mina (f)	mină (f)	['minə]
minar (vt)	a mina	[a mi'na]
campo (m) minado	câmp (n) minat	[kɨmp mi'nat]
alarme (m) aéreo	alarmă (f) aeriană	[a'larme aeri'anə]
alarme (m)	alarmă (f)	[a'larmə]

sinal (m)	semnal (n)	[sem'nal]
sinalizador (m)	rachetă (f) de semnalizare	[ra'ketə de semnali'zare]
quartel-general (m)	stat-major (n)	[stat ma'ʒor]
reconhecimento (m)	cercetare (f)	[ʧerʧe'tare]
situação (f)	condiţii (f pl)	[kon'ditsij]
relatório (m)	raport (n)	[ra'port]
emboscada (f)	ambuscadă (f)	[ambus'kadə]
reforço (m)	întărire (f)	[intə'rire]
alvo (m)	ţintă (f)	['tsintə]
campo (m) de tiro	poligon (n)	[poli'gon]
manobras (f pl)	manevre (f pl)	[ma'nevre]
pânico (m)	panică (f)	['panikə]
devastação (f)	ruină (f)	[ru'inə]
ruínas (f pl)	distrugere (f)	[dis'truʤere]
destruir (vt)	a distruge	[a dis'truʤe]
sobreviver (vi)	a scăpa cu viaţă	[a skə'pa ku 'vjatsə]
desarmar (vt)	a dezarma	[a dezar'ma]
manusear (vt)	a mânui	[a minu'i]
Sentido!	Drepţi!	[drepts]
Descansar!	Pe loc repaus!	[pe lok re'paus]
façanha (f)	faptă (f) eroică	['faptə ero'ikə]
juramento (m)	jurământ (n)	[ʒurə'mint]
jurar (vi)	a jura	[a ʒu'ra]
condecoração (f)	premiu (n)	['premju]
condecorar (vt)	a premia	[a premi'ja]
medalha (f)	medalie (f)	[me'dalie]
ordem (f)	ordin (n)	['ordin]
vitória (f)	victorie (f)	[vik'torie]
derrota (f)	înfrângere (f)	[in'frinʤere]
armistício (m)	armistiţiu (n)	[armis'titsju]
bandeira (f)	drapel (n)	[dra'pel]
glória (f)	glorie (f)	['glorie]
parada (f)	paradă (f)	[pa'radə]
marchar (vi)	a mărşălui	[a mərʃəlu'i]

186. Armas

arma (f)	armă (f)	['armə]
arma (f) de fogo	armă (f) de foc	['armə de fok]
arma (f) branca	armă (f) albă	['armə 'albə]
arma (f) química	armă (f) chimică	['armə 'kimikə]
nuclear (adj)	nuclear	[nukle'ar]
arma (f) nuclear	armă (f) nucleară	['armə nukle'arə]
bomba (f)	bombă (f)	['bombə]

bomba (f) atômica	bombă (f) atomică	['bombə a'tomikə]
pistola (f)	pistol (n)	[pis'tol]
rifle (m)	armă (f)	['armə]
semi-automática (f)	automat (n)	[auto'mat]
metralhadora (f)	mitralieră (f)	[mitra'ljerə]
boca (f)	gură (f)	['gurə]
cano (m)	ţeavă (f)	['tșavə]
calibre (m)	calibru (n)	[ka'libru]
gatilho (m)	cocoş (m)	[ko'koʃ]
mira (f)	înălţător (n)	[inəltșə'tor]
carregador (m)	magazie (f)	[maga'zie]
coronha (f)	patul (n) de puşcă	['patul de 'puʃka]
granada (f) de mão	grenadă (f)	[gre'nadə]
explosivo (m)	exploziv (n)	[eksplo'ziv]
bala (f)	glonţ (n)	[glontș]
cartucho (m)	cartuş (n)	[kar'tuʃ]
carga (f)	încărcătură (f)	[inkərkə'turə]
munições (f pl)	muniţii (f pl)	[mu'nitșij]
bombardeiro (m)	bombardier (n)	[bombar'djer]
avião (m) de caça	distrugător (n)	[distrugə'tor]
helicóptero (m)	elicopter (n)	[elikop'ter]
canhão (m) antiaéreo	tun (n) antiaerian	[tun antiaeri'an]
tanque (m)	tanc (n)	[tank]
canhão (de um tanque)	tun (n)	[tun]
artilharia (f)	artilerie (f)	[artile'rie]
fazer a pontaria	a îndrepta	[a indrep'ta]
projétil (m)	proiectil (n)	[proek'til]
granada (f) de morteiro	mină (f)	['minə]
morteiro (m)	aruncător (n) de mine	[arunkə'tor de 'mine]
estilhaço (m)	schijă (f)	['skiʒə]
submarino (m)	submarin (n)	[subma'rin]
torpedo (m)	torpilă (f)	[tor'pilə]
míssil (m)	rachetă (f)	[ra'ketə]
carregar (uma arma)	a încărca	[a inkər'ka]
disparar, atirar (vi)	a trage	[a 'tradʒe]
apontar para ...	a ţinti	[a tsin'ti]
baioneta (f)	baionetă (f)	[bajo'netə]
espada (f)	spadă (f)	['spadə]
sabre (m)	sabie (f)	['sabie]
lança (f)	suliţă (f)	['sulitșə]
arco (m)	arc (n)	[ark]
flecha (f)	săgeată (f)	[sə'dʒ atə]
mosquete (m)	flintă (f)	['flintə]
besta (f)	arbaletă (f)	[arba'letə]

187. Povos da antiguidade

primitivo (adj)	primitiv	[primi'tiv]
pré-histórico (adj)	preistoric	[preis'torik]
antigo (adj)	străvechi	[strə'veki]
Idade (f) da Pedra	Epoca (f) de piatră	['epoka de 'pjatrə]
Idade (f) do Bronze	Epoca (f) de bronz	['epoka de 'bronz]
Era (f) do Gelo	Epoca (f) glaciară	['epoka glatʃi'arə]
tribo (f)	trib (n)	[trib]
canibal (m)	canibal (m)	[kani'bal]
caçador (m)	vânător (m)	[vinə'tor]
caçar (vi)	a vâna	[a vi'na]
mamute (m)	mamut (m)	[ma'mut]
caverna (f)	peșteră (f)	['peʃterə]
fogo (m)	foc (n)	[fok]
fogueira (f)	foc (n) de tabără	[fok də ta'bərə]
pintura (f) rupestre	desen (n) pe piatră	[de'sen pe 'pjatrə]
ferramenta (f)	unealtă (f)	[u'nʲaltə]
lança (f)	suliță (f)	['sulitsə]
machado (m) de pedra	topor (n) de piatră	[to'por din 'pjatrə]
guerrear (vt)	a lupta	[a lup'ta]
domesticar (vt)	a domestici	[a domesti'tʃi]
ídolo (m)	idol (m)	['idol]
adorar, venerar (vt)	a se închina	[a se iŋki'na]
superstição (f)	superstiție (f)	[supers'titsie]
evolução (f)	evoluție (f)	[evo'lutsie]
desenvolvimento (m)	dezvoltare (f)	[dezvol'tare]
extinção (f)	dispariție (f)	[dispa'ritsie]
adaptar-se (vr)	a se acomoda	[a se akomo'da]
arqueologia (f)	arheologie (f)	[arheolo'dʒie]
arqueólogo (m)	arheolog (m)	[arheo'log]
arqueológico (adj)	arheologic	[arheo'lodʒik]
escavação (sítio)	săpături (f pl)	[səpə'turʲ]
escavações (f pl)	săpături (f pl)	[səpə'turʲ]
achado (m)	descoperire (f)	[deskope'rire]
fragmento (m)	fragment (n)	[frag'ment]

188. Idade média

povo (m)	popor (n)	[po'por]
povos (m pl)	popoare (n pl)	[popo'are]
tribo (f)	trib (n)	[trib]
tribos (f pl)	triburi (n pl)	['triburʲ]
bárbaros (pl)	barbari (m pl)	[bar'barʲ]
galeses (pl)	gali (m pl)	[galʲ]

godos (pl)	goți (m pl)	[gotsʲ]
eslavos (pl)	slavi (m pl)	[slavʲ]
viquingues (pl)	vikingi (m pl)	['vikindʒʲ]

| romanos (pl) | romani (m pl) | [ro'manʲ] |
| romano (adj) | roman | [ro'man] |

bizantinos (pl)	bizantinieni (m pl)	[bizantini'enʲ]
Bizâncio	Imperiul (n) Bizantin	[im'perjul bizan'tin]
bizantino (adj)	bizantin	[bizan'tin]

imperador (m)	împărat (m)	[impə'rat]
líder (m)	căpetenie (f)	[kəpe'tenie]
poderoso (adj)	puternic	[pu'ternik]
rei (m)	rege (m)	['redʒe]
governante (m)	conducător (m)	[konduke'tor]

cavaleiro (m)	cavaler (m)	[kava'ler]
senhor feudal (m)	feudal (m)	[feu'dal]
feudal (adj)	feudal	[feu'dal]
vassalo (m)	vasal (m)	[va'sal]

duque (m)	duce (m)	['dutʃe]
conde (m)	conte (m)	['konte]
barão (m)	baron (m)	[ba'ron]
bispo (m)	episcop (m)	[e'piskop]

armadura (f)	armură (f)	[ar'murə]
escudo (m)	scut (n)	[skut]
espada (f)	sabie (f)	['sabie]
viseira (f)	vizieră (f)	[vi'zjerə]
cota (f) de malha	zale (f pl)	['zale]

| cruzada (f) | cruciadă (f) | [krutʃi'adə] |
| cruzado (m) | cruciat (m) | [krutʃi'at] |

território (m)	teritoriu (n)	[teri'torju]
atacar (vt)	a ataca	[a ata'ka]
conquistar (vt)	a cuceri	[a kutʃe'ri]
ocupar, invadir (vt)	a cotropi	[a kotro'pi]

assédio, sítio (m)	asediu (n)	[a'sedju]
sitiado (adj)	asediat (m)	[asedi'at]
assediar, sitiar (vt)	a asedia	[a asedi'a]

inquisição (f)	inchiziție (f)	[inki'zitsie]
inquisidor (m)	inchizitor (m)	[inkizi'tor]
tortura (f)	tortură (f)	[tor'turə]
cruel (adj)	crud	[krud]
herege (m)	eretic (m)	[e'retik]
heresia (f)	erezie (f)	[ere'zie]

navegação (f) marítima	navigație (f) maritimă	[navi'gatsie ma'ritime]
pirata (m)	pirat (m)	[pi'rat]
pirataria (f)	piraterie (f)	[pirate'rie]
abordagem (f)	abordaj (n)	[abor'daʒ]

169

presa (f), butim (m)	captură (f)	[kap'turə]
tesouros (m pl)	comoară (f)	[komo'arə]

descobrimento (m)	descoperire (f)	[deskope'rire]
descobrir (novas terras)	a descoperi	[a deskope'ri]
expedição (f)	expediţie (f)	[ekspe'ditsie]

mosqueteiro (m)	muşchetar (m)	[muʃke'tar]
cardeal (m)	cardinal (m)	[kardi'nal]
heráldica (f)	heraldică (f)	[he'raldikə]
heráldico (adj)	heraldic	[he'raldik]

189. Líder. Chefe. Autoridades

rei (m)	rege (m)	['redʒe]
rainha (f)	regină (f)	[re'dʒinə]
real (adj)	regal	[re'gal]
reino (m)	regat (n)	[re'gat]

príncipe (m)	prinţ (m)	[prints]
princesa (f)	prinţesă (f)	[prin'tsesə]

presidente (m)	preşedinte (m)	[preʃə'dinte]
vice-presidente (m)	vice-preşedinte (m)	['vitʃe preʃə'dinte]
senador (m)	senator (m)	[sena'tor]

monarca (m)	monarh (m)	[mo'narh]
governante (m)	conducător (m)	[kondukə'tor]
ditador (m)	dictator (m)	[dikta'tor]
tirano (m)	tiran (m)	[ti'ran]
magnata (m)	magnat (m)	[mag'nat]

diretor (m)	director (m)	[di'rektor]
chefe (m)	şef (m)	[ʃef]
gerente (m)	manager (m)	['menedʒə]

patrão (m)	boss (m)	[bos]
dono (m)	patron (m)	[pa'tron]

chefe (m)	şef (m)	[ʃef]
autoridades (f pl)	autorităţi (f pl)	[autoritətsʲ]
superiores (m pl)	conducere (f)	[kon'dutʃere]

governador (m)	guvernator (m)	[guverna'tor]
cônsul (m)	consul (m)	['konsul]
diplomata (m)	diplomat (m)	[diplo'mat]

Presidente (m) da Câmara	primar (m)	[pri'mar]
xerife (m)	şerif (m)	[ʃə'rif]

imperador (m)	împărat (m)	[impə'rat]
czar (m)	ţar (m)	[tsar]
faraó (m)	faraon (m)	[fara'on]
cã, khan (m)	han (m)	[han]

190. Estrada. Caminho. Direções

estrada (f)	drum (n)	[drum]
via (f)	cale (f)	['kale]
rodovia (f)	şosea (f)	[ʃo'sʲa]
autoestrada (f)	autostradă (f)	[auto'stradə]
estrada (f) nacional	drum (n) naţional	['drum natsio'nal]
estrada (f) principal	drumul (n) principal	['drumul printʃi'pal]
estrada (f) de terra	drum (n) vicinal	['drum vitʃi'nal]
trilha (f)	potecă (f)	[po'təkə]
pequena trilha (f)	cărare (f)	[kə'rare]
Onde?	Unde?	['unde]
Para onde?	Unde?	['unde]
De onde?	De unde?	[de 'unde]
direção (f)	direcţie (f)	[di'rektsie]
indicar (~ o caminho)	a arăta	[a arə'ta]
para a esquerda	la stânga	[la 'stinga]
para a direita	la dreapta	[la 'drʲapta]
em frente	înainte	[ina'inte]
para trás	înapoi	[ina'poj]
curva (f)	curbă (f)	['kurbə]
virar (~ para a direita)	a vira	[a vi'ra]
dar retorno	a întoarce	[a into'artʃe]
estar visível	a se zări	[a se zə'ri]
aparecer (vi)	a se arăta	[a se arə'ta]
paragem (pausa)	oprire (f)	[o'prire]
descansar (vi)	a se odihni	[a se odih'ni]
descanso, repouso (m)	odihnă (f)	[o'dihnə]
perder-se (vr)	a se rătăci	[a se rətə'tʃi]
conduzir a … (caminho)	a duce spre …	[a 'dutʃe spre]
chegar a …	a ieşi la …	[a e'ʃi la]
trecho (m)	porţiune (f)	[portsi'une]
asfalto (m)	asfalt (n)	[as'falt]
meio-fio (m)	bordură (f)	[bor'durə]
valeta (f)	şanţ (n)	[ʃants]
tampa (f) de esgoto	capac (n) de canalizare	[ka'pak de kanali'zare]
acostamento (m)	margine (f)	['mardʒine]
buraco (m)	groapă (f)	[gro'apə]
ir (a pé)	a merge	[a 'merdʒe]
ultrapassar (vt)	a depăşi	[a depə'ʃi]
passo (m)	pas (m)	[pas]
a pé	pe jos	[pe ʒos]

bloquear (vt)	a despărţi	[a despər'tsi]
cancela (f)	barieră (f)	[ba'rjerə]
beco (m) sem saída	fundătură (f)	[fundə'turə]

191. Violação da lei. Criminosos. Parte 1

bandido (m)	bandit (m)	[ban'dit]
crime (m)	crimă (f)	['krimə]
criminoso (m)	criminal (m)	[krimi'nal]
ladrão (m)	hoţ (m)	[hots]
roubar (vt)	a fura	[a fu'ra]
roubo (atividade)	hoţie (f)	[ho'tsie]
furto (m)	furt (n)	[furt]
raptar, sequestrar (vt)	a răpi	[a rə'pi]
sequestro (m)	răpire (f)	[rə'pire]
sequestrador (m)	răpitor (m)	[rəpi'tor]
resgate (m)	răscumpărare (f)	[rəskumpə'rare]
pedir resgate	a cere răscumpărare	[a 'tʃere rəskumpə'rare]
roubar (vt)	a jefui	[a ʒefu'i]
assalto, roubo (m)	jaf (n)	[ʒaf]
assaltante (m)	jefuitor (m)	[ʒefui'tor]
extorquir (vt)	a escroca	[a eskro'ka]
extorsionário (m)	escroc (m)	[es'krok]
extorsão (f)	escrocherie (f)	[eskroke'rie]
matar, assassinar (vt)	a ucide	[a u'tʃide]
homicídio (m)	asasinat (n)	[asasi'nat]
homicida, assassino (m)	asasin (m)	[asa'sin]
tiro (m)	împuşcătură (f)	[împuʃkə'turə]
dar um tiro	a împuşca	[a împuʃ'ka]
matar a tiro	a împuşca	[a împuʃ'ka]
disparar, atirar (vi)	a trage	[a 'tradʒə]
tiroteio (m)	focuri (n) de armă	['fokurʲ de 'armə]
incidente (m)	întâmplare (f)	[întîm'plare]
briga (~ de rua)	bătaie (f)	[bə'tae]
vítima (f)	jertfă (f)	['ʒertfə]
danificar (vt)	a prejudicia	[a preʒuditʃi'a]
dano (m)	daună (f)	['daunə]
cadáver (m)	cadavru (n)	[ka'davru]
grave (adj)	grav	[grav]
atacar (vt)	a ataca	[a ata'ka]
bater (espancar)	a bate	[a 'bate]
espancar (vt)	a snopi în bătăi	[a sno'pi în bətəj]
tirar, roubar (dinheiro)	a lua	[a lu'a]
esfaquear (vt)	a înjunghia	[a înʒungi'ja]

mutilar (vt)	a schilodi	[a skilo'di]
ferir (vt)	a răni	[a rə'ni]

chantagem (f)	şantaj (n)	[ʃan'taʒ]
chantagear (vt)	a şantaja	[a ʃanta'ʒa]
chantagista (m)	şantajist (m)	[ʃanta'ʒist]

extorsão (f)	banditism (n)	[bandi'tizm]
extorsionário (m)	bandit (m)	[ban'dit]
gângster (m)	gangster (m)	['gangster]
máfia (f)	mafie (f)	['mafie]

punguista (m)	hoţ (m) de buzunare	[hots de buzu'nare]
assaltante, ladrão (m)	spărgător (m)	[spərgə'tor]
contrabando (m)	contrabandă (f)	[kontra'bandə]
contrabandista (m)	contrabandist (m)	[kontraban'dist]

falsificação (f)	falsificare (f)	[falsifi'kare]
falsificar (vt)	a falsifica	[a falsifi'ka]
falsificado (adj)	fals	[fals]

192. Violação da lei. Criminosos. Parte 2

estupro (m)	viol (n)	[vi'ol]
estuprar (vt)	a viola	[a vio'la]
estuprador (m)	violator (m)	[viola'tor]
maníaco (m)	maniac (m)	[mani'ak]

prostituta (f)	prostituată (f)	[prostitu'atə]
prostituição (f)	prostituţie (f)	[prosti'tutsie]
cafetão (m)	proxenet (m)	[prokse'net]

drogado (m)	narcoman (m)	[narko'man]
traficante (m)	vânzător (m) de droguri	[vinzə'tor de 'droguri]

explodir (vt)	a arunca în aer	[a arun'ka in 'aer]
explosão (f)	explozie (f)	[eks'plozie]
incendiar (vt)	a incendia	[a intʃendi'a]
incendiário (m)	incendiator (m)	[intʃendia'tor]

terrorismo (m)	terorism (n)	[tero'rism]
terrorista (m)	terorist (m)	[tero'rist]
refém (m)	ostatic (m)	[os'tatik]

enganar (vt)	a înşela	[a inʃə'la]
engano (m)	înşelăciune (f)	[inʃələ'tʃiune]
vigarista (m)	şarlatan (m)	[ʃarla'tan]

subornar (vt)	a mitui	[a mitu'i]
suborno (atividade)	mituire (f)	[mitu'ire]
suborno (dinheiro)	mită (f)	['mitə]

veneno (m)	otravă (f)	[o'travə]
envenenar (vt)	a otrăvi	[a otrə'vi]

envenenar-se (vr)	a se otrăvi	[a se otrə'vi]
suicídio (m)	sinucidere (f)	[sinu'tʃidere]
suicida (m)	sinucigaş (m)	[sinutʃi'gaʃ]

ameaçar (vt)	a ameninţa	[a amenin'tsa]
ameaça (f)	ameninţare (f)	[amenin'tsare]
atentar contra a vida de ...	a atenta la	[a aten'ta la]
atentado (m)	atentat (n)	[aten'tat]

| roubar (um carro) | a goni | [a go'ni] |
| sequestrar (um avião) | a goni | [a go'ni] |

| vingança (f) | răzbunare (f) | [rəzbu'nare] |
| vingar (vt) | a răzbuna | [a rezbu'na] |

torturar (vt)	a tortura	[a tortu'ra]
tortura (f)	tortură (f)	[tor'turə]
atormentar (vt)	a chinui	[a kinu'i]

pirata (m)	pirat (m)	[pi'rat]
desordeiro (m)	huligan (m)	[huli'gan]
armado (adj)	înarmat	[inar'mat]
violência (f)	violenţă (f)	[vio'lentsə]

| espionagem (f) | spionaj (n) | [spio'naʒ] |
| espionar (vi) | a spiona | [a spio'na] |

193. Polícia. Lei. Parte 1

| justiça (sistema de ~) | justiţie (f) | [ʒus'titsie] |
| tribunal (m) | curte (f) | ['kurte] |

juiz (m)	judecător (m)	[ʒudekə'tor]
jurados (m pl)	juraţi (m pl)	[ʒu'ratsʲ]
tribunal (m) do júri	curte (f) de juraţi	['kurte de ʒu'ratsʲ]
julgar (vt)	a judeca	[a ʒude'ka]

advogado (m)	avocat (m)	[avo'kat]
réu (m)	acuzat (m)	[aku'zat]
banco (m) dos réus	banca (f) acuzaţilor	['banka aku'zatsilor]

| acusação (f) | învinuire (f) | [invinu'ire] |
| acusado (m) | învinuit (m) | [invinu'it] |

| sentença (f) | verdict (n) | [ver'dikt] |
| sentenciar (vt) | a condamna | [a kondam'na] |

culpado (m)	vinovat (m)	[vino'vat]
punir (vt)	a pedepsi	[a pedep'si]
punição (f)	pedeapsă (f)	[pe'dʲapsə]

multa (f)	amendă (f)	[a'mendə]
prisão (f) perpétua	închisoare (f) pe viaţă	[inkiso'are pe 'vjatsə]
pena (f) de morte	pedeapsă (f) capitală	[pe'dʲapsə kapi'talə]

cadeira (f) elétrica	scaun (n) electric	['skaun e'lektrik]
forca (f)	spânzurătoare (f)	[spinzurəto'are]
executar (vt)	a executa	[a egzeku'ta]
execução (f)	execuție (f)	[egze'kuʦie]
prisão (f)	închisoare (f)	[inkiso'are]
cela (f) de prisão	cameră (f)	['kamerə]
escolta (f)	convoi (n)	[kon'voj]
guarda (m) prisional	paznic (m)	['paznik]
preso, prisioneiro (m)	arestat (m)	[ares'tat]
algemas (f pl)	cătușe (f pl)	[kə'tuʃə]
algemar (vt)	a pune cătușele	[a 'pune kə'tuʃele]
fuga, evasão (f)	evadare (f)	[eva'dare]
fugir (vi)	a evada	[a eva'da]
desaparecer (vi)	a dispărea	[a dispə'rʲa]
soltar, libertar (vt)	a elibera	[a elibe'ra]
anistia (f)	amnistie (f)	[am'nistie]
polícia (instituição)	poliție (f)	[po'liʦie]
polícia (m)	polițist (m)	[poli'ʦist]
delegacia (f) de polícia	secție (f) de poliție	['sekʦie de po'liʦie]
cassetete (m)	baston (n) de cauciuc	[bas'ton de kau'ʧiuk]
megafone (m)	portavoce (f)	[porta'voʧe]
carro (m) de patrulha	mașină (f) de patrulă	[ma'ʃine de pa'trulə]
sirene (f)	sirenă (f)	[si'renə]
ligar a sirene	a conecta sirena	[a konek'ta si'rena]
toque (m) da sirene	alarma (f) sirenei	[a'larma si'renej]
cena (f) do crime	locul (n) faptei	['lokul 'faptej]
testemunha (f)	martor (m)	['martor]
liberdade (f)	libertate (f)	[liber'tate]
cúmplice (m)	complice (m)	[kom'pliʧe]
escapar (vi)	a se ascunde	[a se as'kunde]
traço (não deixar ~s)	urmă (f)	['urmə]

194. Polícia. Lei. Parte 2

procura (f)	investigație (f)	[investi'gaʦie]
procurar (vt)	a căuta	[a kəu'ta]
suspeita (f)	suspiciune (f)	[suspiʧi'une]
suspeito (adj)	suspect	[sus'pekt]
parar (veículo, etc.)	a opri	[a op'ri]
deter (fazer parar)	a reține	[a re'ʦine]
caso (~ criminal)	dosar (n)	[do'sar]
investigação (f)	anchetă (f)	[an'ketə]
detetive (m)	detectiv (m)	[detek'tiv]
investigador (m)	anchetator (m)	[anketa'tor]
versão (f)	versiune (f)	[versi'une]

175

motivo (m)	motiv (n)	[mo'tiv]
interrogatório (m)	interogatoriu (n)	[interoga'torju]
interrogar (vt)	a interoga	[a intero'ga]
questionar (vt)	a audia	[a audi'a]
verificação (f)	verificare (f)	[verifi'kare]

batida (f) policial	razie (f)	['razie]
busca (f)	perchezţie (f)	[perke'ziʦie]
perseguição (f)	urmărire (f)	[urmə'rire]
perseguir (vt)	a urmări	[a urmə'ri]
seguir, rastrear (vt)	a urmări	[a urmə'ri]

prisão (f)	arestare (f)	[ares'tare]
prender (vt)	a aresta	[a ares'ta]
pegar, capturar (vt)	a prinde	[a 'prinde]
captura (f)	prindere (f)	['prindere]

documento (m)	act (n)	[akt]
prova (f)	dovadă (f)	[do'vadə]
provar (vt)	a dovedi	[a dove'di]
pegada (f)	amprentă (f)	[am'prentə]
impressões (f pl) digitais	amprente (f pl) digitale	[am'prente didʒi'tale]
prova (f)	probă (f)	['probə]

álibi (m)	alibi (n)	['alibi]
inocente (adj)	nevinovat (m)	[nevino'vat]
injustiça (f)	nedreptate (f)	[nedrep'tate]
injusto (adj)	nedrept	[ne'drept]

criminal (adj)	criminal (m)	[krimi'nal]
confiscar (vt)	a confisca	[a konfis'ka]
droga (f)	narcotic (n)	[nar'kotik]
arma (f)	armă (f)	['armə]
desarmar (vt)	a dezarma	[a dezar'ma]
ordenar (vt)	a ordona	[a ordo'na]
desaparecer (vi)	a dispărea	[a dispə'rʲa]

lei (f)	lege (f)	['ledʒe]
legal (adj)	legal	[le'gal]
ilegal (adj)	ilegal	[ile'gal]

| responsabilidade (f) | responsabilitate (f) | [responsabili'tate] |
| responsável (adj) | responsabil | [respon'sabil] |

NATUREZA

A Terra. Parte 1

195. Espaço sideral

espaço, cosmo (m)	cosmos (n)	['kosmos]
espacial, cósmico (adj)	cosmic	['kosmik]
espaço (m) cósmico	spaţiu (n) cosmic	['spatsju 'kosmik]
galáxia (f)	galaxie (f)	[galak'sie]
estrela (f)	stea (f)	[stʲa]
constelação (f)	constelaţie (f)	[konste'latsie]
planeta (m)	planetă (f)	[pla'netə]
satélite (m)	satelit (m)	[sate'lit]
meteorito (m)	meteorit (m)	[meteo'rit]
cometa (m)	cometă (f)	[ko'metə]
asteroide (m)	asteroid (m)	[astero'id]
órbita (f)	orbită (f)	[or'bitə]
girar (vi)	a se roti	[a se ro'ti]
atmosfera (f)	atmosferă (f)	[atmos'ferə]
Sol (m)	soare (n)	[so'are]
Sistema (m) Solar	sistem (n) solar	[sis'tem so'lar]
eclipse (m) solar	eclipsă (f) de soare	[ek'lipsə de so'are]
Terra (f)	Pământ (n)	[pə'mint]
Lua (f)	Lună (f)	['lunə]
Marte (m)	Marte (m)	['marte]
Vênus (f)	Venus (f)	['venus]
Júpiter (m)	Jupiter (m)	['ʒupiter]
Saturno (m)	Saturn (m)	[sa'turn]
Mercúrio (m)	Mercur (m)	[mer'kur]
Urano (m)	Uranus (m)	[u'ranus]
Netuno (m)	Neptun (m)	[nep'tun]
Plutão (m)	Pluto (m)	['pluto]
Via Láctea (f)	Calea (f) Lactee	['kalʲa lak'tee]
Ursa Maior (f)	Ursa (f) mare	['ursa 'mare]
Estrela Polar (f)	Steaua (f) polară	['stʲawa po'larə]
marciano (m)	marţian (m)	[martsi'an]
extraterrestre (m)	extraterestru (m)	[ekstrate'restru]
alienígena (m)	extraterestru (m)	[ekstrate'restru]

disco (m) voador	farfurie (f) zburătoare	[farfu'rie zburəto'are]
espaçonave (f)	navă (f) spaţială	['navə spatsi'alə]
estação (f) orbital	staţie (f) orbitală	['statsie orbi'talə]
lançamento (m)	start (n)	[start]
motor (m)	motor (n)	[mo'tor]
bocal (m)	ajutaj (n)	[aʒu'taʒ]
combustível (m)	combustibil (m)	[kombus'tibil]
cabine (f)	cabină (f)	[ka'binə]
antena (f)	antenă (f)	[an'tenə]
vigia (f)	hublou (n)	[hu'blou]
bateria (f) solar	baterie (f) solară	[bate'rie so'larə]
traje (m) espacial	scafandru (m)	[ska'fandru]
imponderabilidade (f)	imponderabilitate (f)	[imponderabili'tate]
oxigênio (m)	oxigen (n)	[oksi'dʒen]
acoplagem (f)	unire (f)	[u'nire]
fazer uma acoplagem	a uni	[a u'ni]
observatório (m)	observator (n) astronomic	[observa'tor astro'nomik]
telescópio (m)	telescop (n)	[tele'skop]
observar (vt)	a observa	[a obser'va]
explorar (vt)	a cerceta	[a tʃertʃe'ta]

196. A Terra

Terra (f)	Pământ (n)	[pə'mint]
globo terrestre (Terra)	globul (n) pământesc	['globul pəmin'tesk]
planeta (m)	planetă (f)	[pla'netə]
atmosfera (f)	atmosferă (f)	[atmos'ferə]
geografia (f)	geografie (f)	[dʒeogra'fie]
natureza (f)	natură (f)	[na'turə]
globo (mapa esférico)	glob (n)	[glob]
mapa (m)	hartă (f)	['hartə]
atlas (m)	atlas (n)	[at'las]
Europa (f)	Europa (f)	[eu'ropa]
Ásia (f)	Asia (f)	['asia]
África (f)	Africa (f)	['afrika]
Austrália (f)	Australia (f)	[au'stralia]
América (f)	America (f)	[a'merika]
América (f) do Norte	America (f) de Nord	[a'merika de nord]
América (f) do Sul	America (f) de Sud	[a'merika de sud]
Antártida (f)	Antarctida (f)	[antark'tida]
Ártico (m)	Arctica (f)	['arktika]

197. Pontos cardeais

norte (m)	nord (n)	[nord]
para norte	la nord	[la nord]
no norte	la nord	[la nord]
do norte (adj)	de nord	[de nord]
sul (m)	sud (n)	[sud]
para sul	la sud	[la sud]
no sul	la sud	[la sud]
do sul (adj)	de sud	[de sud]
oeste, ocidente (m)	vest (n)	[vest]
para oeste	la vest	[la vest]
no oeste	la vest	[la vest]
ocidental (adj)	de vest	[de vest]
leste, oriente (m)	est (n)	[est]
para leste	la est	[la est]
no leste	la est	[la est]
oriental (adj)	de est	[de est]

198. Mar. Oceano

mar (m)	mare (f)	['mare]
oceano (m)	ocean (n)	[otʃe'an]
golfo (m)	golf (n)	[golf]
estreito (m)	strâmtoare (f)	[strimto'are]
continente (m)	continent (n)	[konti'nent]
ilha (f)	insulă (f)	['insulə]
península (f)	peninsulă (f)	[pe'ninsulə]
arquipélago (m)	arhipelag (n)	[arhipe'lag]
baía (f)	golf (n)	[golf]
porto (m)	port (n)	[port]
lagoa (f)	lagună (f)	[la'gunə]
cabo (m)	cap (n)	[kap]
atol (m)	atol (m)	[a'tol]
recife (m)	recif (m)	[re'tʃif]
coral (m)	coral (m)	[ko'ral]
recife (m) de coral	recif (m) de corali	[re'tʃif de ko'ralʲ]
profundo (adj)	adânc	[a'dink]
profundidade (f)	adâncime (f)	[adin'tʃime]
abismo (m)	abis (n)	[a'bis]
fossa (f) oceânica	groapă (f)	[gro'apə]
corrente (f)	curent (n)	[ku'rent]
banhar (vt)	a spăla	[a spə'la]
litoral (m)	mal (n)	[mal]
costa (f)	litoral (n)	[lito'ral]

maré (f) alta	flux (n)	[fluks]
refluxo (m)	reflux (n)	[re'fluks]
restinga (f)	banc (n) de nisip	[bank de ni'sip]
fundo (m)	fund (n)	[fund]

onda (f)	val (n)	[val]
crista (f) da onda	creasta (f) valului	['kr'asta 'valuluj]
espuma (f)	spumă (f)	['spumə]

tempestade (f)	furtună (f)	[fur'tunə]
furacão (m)	uragan (m)	[ura'gan]
tsunami (m)	tsunami (n)	[tsu'nami]
calmaria (f)	timp (n) calm	[timp kalm]
calmo (adj)	liniştit	[liniʃ'tit]

polo (m)	pol (n)	[pol]
polar (adj)	polar	[po'lar]

latitude (f)	longitudine (f)	[londʒi'tudine]
longitude (f)	latitudine (f)	[lati'tudine]
paralela (f)	paralelă (f)	[para'lelə]
equador (m)	ecuator (n)	[ekua'tor]

céu (m)	cer (n)	[tʃer]
horizonte (m)	orizont (n)	[ori'zont]
ar (m)	aer (n)	['aer]

farol (m)	far (n)	[far]
mergulhar (vi)	a se scufunda	[a se skufun'da]
afundar-se (vr)	a se duce la fund	[a se dutʃe l'a fund]
tesouros (m pl)	comoară (f)	[komo'arə]

199. Nomes de Mares e Oceanos

Oceano (m) Atlântico	Oceanul (n) Atlantic	[otʃe'anul at'lantik]
Oceano (m) Índico	Oceanul (n) Indian	[otʃe'anul indi'an]
Oceano (m) Pacífico	Oceanul (n) Pacific	[otʃe'anul pa'tʃifik]
Oceano (m) Ártico	Oceanul (n) Îngheţat de Nord	[otʃe'anul ȋnge'tsat de nord]

Mar (m) Negro	Marea (f) Neagră	['mar'a 'n'agrə]
Mar (m) Vermelho	Marea (f) Roşie	['mar'a 'roʃie]
Mar (m) Amarelo	Marea (f) Galbenă	['mar'a 'galbenə]
Mar (m) Branco	Marea (f) Albă	['mar'a 'albə]

Mar (m) Cáspio	Marea (f) Caspică	['mar'a 'kaspikə]
Mar (m) Morto	Marea (f) Moartă	['mar'a mo'artə]
Mar (m) Mediterrâneo	Marea (f) Mediterană	['mar'a medite'ranə]

Mar (m) Egeu	Marea (f) Egee	['mar'a e'dʒee]
Mar (m) Adriático	Marea (f) Adriatică	['mar'a adri'atikə]

Mar (m) Arábico	Marea (f) Arabiei	['mar'a a'rabiej]
Mar (m) do Japão	Marea (f) Japoneză	['mar'a ʒapo'nezə]

Mar (m) de Bering	Marea (f) Bering	['marʲa 'bering]
Mar (m) da China Meridional	Marea (f) Chinei de Sud	['marʲa 'kinej de sud]
Mar (m) de Coral	Marea (f) Coral	['marʲa ko'ral]
Mar (m) de Tasman	Marea (f) Tasmaniei	['marʲa tas'maniej]
Mar (m) do Caribe	Marea (f) Caraibelor	['marʲa kara'ibelor]
Mar (m) de Barents	Marea (f) Barents	['marʲa ba'rents]
Mar (m) de Kara	Marea (f) Kara	['marʲa 'kara]
Mar (m) do Norte	Marea (f) Nordului	['marʲa 'norduluj]
Mar (m) Báltico	Marea (f) Baltică	['marʲa 'baltikə]
Mar (m) da Noruega	Marea (f) Norvegiei	['marʲa nor'vedʒiej]

200. Montanhas

montanha (f)	munte (m)	['munte]
cordilheira (f)	lanţ (n) muntos	[lants mun'tos]
serra (f)	lanţ (n) de munţi	[lants de munts]
cume (m)	vârf (n)	[virf]
pico (m)	culme (f)	['kulmə]
pé (m)	poale (f pl)	[po'ale]
declive (m)	pantă (f)	['pantə]
vulcão (m)	vulcan (n)	[vul'kan]
vulcão (m) ativo	vulcan (n) activ	[vul'kan ak'tiv]
vulcão (m) extinto	vulcan (n) stins	[vul'kan stins]
erupção (f)	erupţie (f)	[e'ruptsie]
cratera (f)	crater (n)	['krater]
magma (m)	magmă (f)	['magmə]
lava (f)	lavă (f)	['lavə]
fundido (lava ~a)	încins	[in'tʃins]
cânion, desfiladeiro (m)	canion (n)	[kani'on]
garganta (f)	defileu (n)	[defi'leu]
fenda (f)	pas (n)	[pas]
passo, colo (m)	trecătoare (f)	[trekəto'are]
planalto (m)	podiş (n)	[po'diʃ]
falésia (f)	stâncă (f)	['stinkə]
colina (f)	deal (n)	['dʲal]
geleira (f)	gheţar (m)	[ge'tsar]
cachoeira (f)	cascadă (f)	[kas'kadə]
gêiser (m)	gheizer (m)	['gejzer]
lago (m)	lac (n)	[lak]
planície (f)	şes (n)	[ʃes]
paisagem (f)	peisaj (n)	[pej'saʒ]
eco (m)	ecou (n)	[e'kou]
alpinista (m)	alpinist (m)	[alpi'nist]
escalador (m)	căţărător (m)	[kətsərə'tor]

conquistar (vt)	a cuceri	[a kutʃe'ri]
subida, escalada (f)	ascensiune (f)	[astʃensi'une]

201. Nomes de montanhas

Alpes (m pl)	Alpi (m pl)	['alpʲ]
Monte Branco (m)	Mont Blanc (m)	[mon 'blan]
Pirineus (m pl)	Pirinei (m)	[piri'nej]
Cárpatos (m pl)	Carpaţi (m pl)	[kar'patsʲ]
Urais (m pl)	Munţii (m pl) Ural	['muntsij u'ral]
Cáucaso (m)	Caucaz (m)	[kau'kaz]
Elbrus (m)	Elbrus (m)	['elbrus]
Altai (m)	Altai (m)	[al'taj]
Tian Shan (m)	Tian-Şan (m)	['tjan 'ʃan]
Pamir (m)	Pamir (m)	[pa'mir]
Himalaia (m)	Himalaya	[hima'laja]
monte Everest (m)	Everest (m)	[eve'rest]
Cordilheira (f) dos Andes	Anzi	['anzʲ]
Kilimanjaro (m)	Kilimanjaro (m)	[kiliman'ʒaro]

202. Rios

rio (m)	râu (n)	['riu]
fonte, nascente (f)	izvor (n)	[iz'vor]
leito (m) de rio	matcă (f)	['matkə]
bacia (f)	bazin (n)	[ba'zin]
desaguar no ...	a se vărsa	[a se vər'sa]
afluente (m)	afluent (m)	[aflu'ent]
margem (do rio)	mal (n)	[mal]
corrente (f)	curs (n)	[kurs]
rio abaixo	în josul apei	[in 'ʒosul 'apej]
rio acima	în susul apei	[in 'susul 'apej]
inundação (f)	inundaţie (f)	[inun'datsie]
cheia (f)	revărsare (f) a apelor	[revər'sare a 'apelor]
transbordar (vi)	a se revărsa	[a se revər'sa]
inundar (vt)	a inunda	[a inun'da]
banco (m) de areia	banc (n) de nisip	[bank de ni'sip]
corredeira (f)	prag (n)	[prag]
barragem (f)	baraj (n)	[ba'raʒ]
canal (m)	canal (n)	[ka'nal]
reservatório (m) de água	bazin (n)	[ba'zin]
eclusa (f)	ecluză (f)	[e'kluzə]
corpo (m) de água	bazin (n)	[ba'zin]
pântano (m)	mlaştină (f)	['mlaʃtinə]

| lamaçal (m) | mlaştină (f), smârc (n) | ['mlaʃtinə], [smɨrk] |
| redemoinho (m) | vârtej (n) de apă | [vɨr'teʒ de 'apə] |

riacho (m)	pârâu (n)	[pɨ'riu]
potável (adj)	potabil	[po'tabil]
doce (água)	nesărat	[nesə'rat]

| gelo (m) | gheață (f) | ['gʲatsə] |
| congelar-se (vr) | a îngheța | [a inge'tsa] |

203. Nomes de rios

| rio Sena (m) | Sena (f) | ['sena] |
| rio Loire (m) | Loara (f) | [lo'ara] |

rio Tâmisa (m)	Tamisa (f)	[ta'misa]
rio Reno (m)	Rin (m)	[rin]
rio Danúbio (m)	Dunăre (f)	['dunəre]

rio Volga (m)	Volga (f)	['volga]
rio Don (m)	Don (m)	[don]
rio Lena (m)	Lena (f)	['lena]

rio Amarelo (m)	Huang He (m)	[huan 'he]
rio Yangtzé (m)	Yangtze (m)	[jants'zi]
rio Mekong (m)	Mekong (m)	[me'kong]
rio Ganges (m)	Gang (m)	[gang]

rio Nilo (m)	Nil (m)	[nil]
rio Congo (m)	Congo (m)	['kongo]
rio Cubango (m)	Okavango (m)	[oka'vango]
rio Zambeze (m)	Zambezi (m)	[zam'bezi]
rio Limpopo (m)	Limpopo (m)	[limpo'po]
rio Mississippi (m)	Mississippi (m)	[misi'sipi]

204. Floresta

| floresta (f), bosque (m) | pădure (f) | [pə'dure] |
| florestal (adj) | de pădure | [de pə'dure] |

mata (f) fechada	desiş (n)	[de'siʃ]
arvoredo (m)	pădurice (f)	[pədu'ritʃe]
clareira (f)	poiană (f)	[po'janə]

| matagal (m) | tufiş (n) | [tu'fiʃ] |
| mato (m), caatinga (f) | arbust (m) | [ar'bust] |

| pequena trilha (f) | cărare (f) | [kə'rare] |
| ravina (f) | râpă (f) | ['ripə] |

| árvore (f) | copac (m) | [ko'pak] |
| folha (f) | frunză (f) | ['frunzə] |

folhagem (f)	frunziş (n)	[frun'ziʃ]
queda (f) das folhas	cădere (f) a frunzelor	[kə'dere a 'frunzelor]
cair (vi)	a cădea	[a kə'dʲa]
topo (m)	vârf (n)	[virf]

ramo (m)	ramură (f)	['ramurə]
galho (m)	creangă (f)	['krʲangə]
botão (m)	mugur (m)	['mugur]
agulha (f)	ac (n)	[ak]
pinha (f)	con (n)	[kon]

buraco (m) de árvore	scorbură (f)	['skorburə]
ninho (m)	cuib (n)	[kujb]
toca (f)	vizuină (f)	[vizu'inə]

tronco (m)	trunchi (n)	[trunkʲ]
raiz (f)	rădăcină (f)	[rədə'tʃinə]
casca (f) de árvore	scoarţă (f)	[sko'artsə]
musgo (m)	muşchi (m)	[muʃkʲ]

arrancar pela raiz	a defrişa	[a defri'ʃa]
cortar (vt)	a tăia	[a tə'ja]
desflorestar (vt)	a doborî	[a dobo'ri]
toco, cepo (m)	buturugă (f)	[butu'rugə]

fogueira (f)	foc (n)	[fok]
incêndio (m) florestal	incendiu (n)	[in'tʃendju]
apagar (vt)	a stinge	[a 'stindʒe]

guarda-parque (m)	pădurar (m)	[pədu'rar]
proteção (f)	protecţie (f)	[pro'tektsie]
proteger (a natureza)	a ocroti	[a okro'ti]
caçador (m) furtivo	braconier (m)	[brako'njer]
armadilha (f)	capcană (f)	[kap'kanə]

| colher (cogumelos, bagas) | a strânge | [a 'strindʒe] |
| perder-se (vr) | a se rătăci | [a se rətə'tʃi] |

205. Recursos naturais

recursos (m pl) naturais	resurse (f pl) naturale	[re'surse natu'rale]
minerais (m pl)	bogăţii (f pl) minerale	[bogə'tsij mine'rale]
depósitos (m pl)	depozite (n pl)	[de'pozite]
jazida (f)	zăcământ (n)	[zəkə'mint]

extrair (vt)	a extrage	[a eks'tradʒe]
extração (f)	obţinere (f)	[ob'tsinere]
minério (m)	minereu (n)	[mine'reu]
mina (f)	mină (f)	['minə]
poço (m) de mina	puţ (n)	['puts]
mineiro (m)	miner (m)	[mi'ner]

| gás (m) | gaz (n) | [gaz] |
| gasoduto (m) | conductă (f) de gaze | [kon'duktə de 'gaze] |

petróleo (m)	petrol (n)	[pe'trol]
oleoduto (m)	conductă (f) de petrol	[kon'duktə de pe'trol]
poço (m) de petróleo	sondă (f) de ţiţei (n)	['sondə de ʦi'ʦej]
torre (f) petrolífera	turlă (f) de foraj	['turlə de fo'raʒ]
petroleiro (m)	tanc (n) petrolier	['tank petro'ljer]
areia (f)	nisip (n)	[ni'sip]
calcário (m)	calcar (n)	[kal'kar]
cascalho (m)	pietriş (n)	[pe'triʃ]
turfa (f)	turbă (f)	['turbə]
argila (f)	argilă (f)	[ar'dʒilə]
carvão (m)	cărbune (m)	[kər'bune]
ferro (m)	fier (m)	[fier]
ouro (m)	aur (n)	['aur]
prata (f)	argint (n)	[ar'dʒint]
níquel (m)	nichel (n)	['nikel]
cobre (m)	cupru (n)	['kupru]
zinco (m)	zinc (n)	[zink]
manganês (m)	mangan (n)	[man'gan]
mercúrio (m)	mercur (n)	[mer'kur]
chumbo (m)	plumb (n)	[plumb]
mineral (m)	mineral (n)	[mine'ral]
cristal (m)	cristal (n)	[kris'tal]
mármore (m)	marmură (f)	['marmurə]
urânio (m)	uraniu (n)	[u'ranju]

A Terra. Parte 2

206. Tempo

tempo (m)	timp (n)	[timp]
previsão (f) do tempo	prognoză (f) meteo	[prog'nozə 'meteo]
temperatura (f)	temperatură (f)	[tempera'turə]
termômetro (m)	termometru (n)	[termo'metru]
barômetro (m)	barometru (n)	[baro'metru]
umidade (f)	umiditate (f)	[umidi'tate]
calor (m)	caniculă (f)	[ka'nikulə]
tórrido (adj)	fierbinte	[fier'binte]
está muito calor	e foarte cald	[e fo'arte kald]
está calor	e cald	[e kald]
quente (morno)	cald	[kald]
está frio	e frig	[e frig]
frio (adj)	rece	['retʃe]
sol (m)	soare (n)	[so'are]
brilhar (vi)	a străluci	[a strəlu'tʃi]
de sol, ensolarado	însorit	[inso'rit]
nascer (vi)	a răsări	[a rəsə'ri]
pôr-se (vr)	a apune	[a a'pune]
nuvem (f)	nor (m)	[nor]
nublado (adj)	înnorat	[inno'rat]
nuvem (f) preta	nor (m)	[nor]
escuro, cinzento (adj)	mohorât	[moho'rit]
chuva (f)	ploaie (f)	[plo'ae]
está a chover	plouă	['plowə]
chuvoso (adj)	ploios	[plo'jos]
chuviscar (vi)	a bura	[a bu'ra]
chuva (f) torrencial	ploaie (f) torențială	[plo'ae toren'tsjale]
aguaceiro (m)	rupere (f) de nori	['rupere de 'nor']
forte (chuva, etc.)	puternic	[pu'ternik]
poça (f)	băltoacă (f)	[bəlto'akə]
molhar-se (vr)	a se uda	[a se u'da]
nevoeiro (m)	ceață (f)	['tʃatsə]
de nevoeiro	cețos	[tʃe'tsos]
neve (f)	zăpadă (f)	[zə'padə]
está nevando	ninge	['nindʒe]

207. Tempo extremo. Catástrofes naturais

trovoada (f)	furtună (f)	[fur'tunə]
relâmpago (m)	fulger (n)	['fuldʒer]
relampejar (vi)	a fulgera	[a fuldʒe'ra]
trovão (m)	tunet (n)	['tunet]
trovejar (vi)	a tuna	[a tu'na]
está trovejando	tună	['tunə]
granizo (m)	grindină (f)	[grin'dinə]
está caindo granizo	plouă cu gheață	['plowə ku 'gʲatsə]
inundar (vt)	a inunda	[a inun'da]
inundação (f)	inundație (f)	[inun'datsie]
terremoto (m)	cutremur (n)	[ku'tremur]
abalo, tremor (m)	zguduire (f)	[zgudu'ire]
epicentro (m)	epicentru (m)	[epi'tʃentru]
erupção (f)	erupție (f)	[e'ruptsie]
lava (f)	lavă (f)	['lavə]
tornado (m)	vârtej (n)	[vir'teʒ]
tornado (m)	tornadă (f)	[tor'nadə]
tufão (m)	taifun (n)	[taj'fun]
furacão (m)	uragan (m)	[ura'gan]
tempestade (f)	furtună (f)	[fur'tunə]
tsunami (m)	tsunami (n)	[tsu'nami]
ciclone (m)	ciclon (m)	[tʃi'klon]
mau tempo (m)	vreme (f) rea	['vreme rʲa]
incêndio (m)	incendiu (n)	[in'tʃendju]
catástrofe (f)	catastrofă (f)	[katas'trofə]
meteorito (m)	meteorit (m)	[meteo'rit]
avalanche (f)	avalanşă (f)	[ava'lanʃə]
deslizamento (m) de neve	prăbuşire (f)	[prəbu'ʃire]
nevasca (f)	viscol (n)	['viskol]
tempestade (f) de neve	viscol (n)	['viskol]

208. Ruídos. Sons

silêncio (m)	tăcere (f)	[tə'tʃere]
som (m)	sunet (n)	['sunet]
ruído, barulho (m)	zgomot (n)	['zgomot]
fazer barulho	a face zgomot	[a 'fatʃe 'zgomot]
ruidoso, barulhento (adj)	zgomotos	[zgomo'tos]
alto	tare	['tare]
alto (ex. voz ~a)	tare	['tare]
constante (ruído, etc.)	permanent	[perma'nent]

grito (m)	strigăt (n)	['strigət]
gritar (vi)	a striga	[a stri'ga]
sussurro (m)	şoaptă (f)	[ʃo'aptə]
sussurrar (vi, vt)	a şopti	[a ʃop'ti]

latido (m)	lătrat (n)	[lə'trat]
latir (vi)	a lătra	[a lə'tra]

gemido (m)	geamăt (n)	['dʒamət]
gemer (vi)	a geme	[a 'dʒeme]
tosse (f)	tuse (f)	['tuse]
tossir (vi)	a tuşi	[a tu'ʃi]

assobio (m)	fluierat (n)	[flue'rat]
assobiar (vi)	a fluiera	[a flue'ra]
batida (f)	lovitură (f)	[lovi'turə]
bater (à porta)	a bate	[a 'bate]

estalar (vi)	a trosni	[a tros'ni]
estalido (m)	trosnitură (f)	[trosni'ture]

sirene (f)	sirenă (f)	[si'renə]
apito (m)	fluier (n)	['flujer]
apitar (vi)	a vui	[a vu'i]
buzina (f)	claxon (n)	[klak'son]
buzinar (vi)	a semnaliza	[a semnali'za]

209. Inverno

inverno (m)	iarnă (f)	['jarnə]
de inverno	de iarnă	[de 'jarnə]
no inverno	iarna	['jarna]

neve (f)	zăpadă (f)	[zə'padə]
está nevando	ninge	['nindʒe]
queda (f) de neve	ninsoare (f)	[ninso'are]
amontoado (m) de neve	troian (n)	[tro'jan]

floco (m) de neve	fulg (m) de zăpadă	[fulg de zə'padə]
bola (f) de neve	bulgăre (m) de zăpadă	['bulgəre de zə'padə]
boneco (m) de neve	om (m) de zăpadă	[om de zə'padə]
sincelo (m)	ţurţur (m)	['tsurtsur]

dezembro (m)	decembrie (m)	[de'tʃembrie]
janeiro (m)	ianuarie (m)	[janu'arie]
fevereiro (m)	februarie (m)	[febru'arie]

gelo (m)	ger (n)	[dʒer]
gelado (tempo ~)	geros	[dʒe'ros]

abaixo de zero	sub zero grade	[sub 'zero 'grade]
primeira geada (f)	îngheţ (n) uşor	[i'ngets u'ʃor]
geada (f) branca	brumă (f)	['brumə]
frio (m)	frig (n)	[frig]

está frio	frig	[frig]
casaco (m) de pele	şubă (f)	['ʃubə]
mitenes (f pl)	mănuşi (f pl)	[mə'nuʃ
	cu un singur deget	ku un 'singur 'deʤet]

adoecer (vi)	a se îmbolnăvi	[a se imbolne'vi]
resfriado (m)	răceală (f)	[rə'ʧalə]
ficar resfriado	a răci	[a rə'ʧi]

gelo (m)	gheaţă (f)	['gʲaʦe]
gelo (m) na estrada	polei (n)	[po'lej]
congelar-se (vr)	a îngheţa	[a inge'ʦa]
bloco (m) de gelo	sloi (n)	[sloj]

esqui (m)	schiuri (n pl)	['skjurʲ]
esquiador (m)	schior (m)	['skjor]
esquiar (vi)	a schia	[a ski'a]
patinar (vi)	a patina	[a pati'na]

Fauna

210. Mamíferos. Predadores

predador (m)	prădător (n)	[prədə'tor]
tigre (m)	tigru (m)	['tigru]
leão (m)	leu (m)	['leu]
lobo (m)	lup (m)	[lup]
raposa (f)	vulpe (f)	['vulpe]

jaguar (m)	jaguar (m)	[ʒagu'ar]
leopardo (m)	leopard (m)	[leo'pard]
chita (f)	ghepard (m)	[ge'pard]

pantera (f)	panteră (f)	[pan'terə]
puma (m)	pumă (f)	['pumə]
leopardo-das-neves (m)	ghepard (m)	[ge'pard]
lince (m)	râs (m)	[ris]

coiote (m)	coiot (m)	[ko'jot]
chacal (m)	şacal (m)	[ʃa'kal]
hiena (f)	hienă (f)	[hi'enə]

211. Animais selvagens

animal (m)	animal (n)	[ani'mal]
besta (f)	animal (n) sălbatic	[ani'mal səl'batik]

esquilo (m)	veveriță (f)	[veve'ritsə]
ouriço (m)	arici (m)	[a'ritʃi]
lebre (f)	iepure (m)	['jepure]
coelho (m)	iepure (m) de casă	['jepure de 'kasə]

texugo (m)	bursuc (m)	[bur'suk]
guaxinim (m)	enot (m)	[e'not]
hamster (m)	hârciog (m)	[hir'tʃiog]
marmota (f)	marmotă (f)	[mar'motə]

toupeira (f)	cârtiță (f)	['kirtitsə]
rato (m)	şoarece (m)	[ʃo'aretʃe]
ratazana (f)	şobolan (m)	[ʃobo'lan]
morcego (m)	liliac (m)	[lili'ak]

arminho (m)	hermină (f)	[her'minə]
zibelina (f)	samur (m)	[sa'mur]
marta (f)	jder (m)	[ʒder]
doninha (f)	nevăstuică (f)	[nevəs'tujkə]
visom (m)	nurcă (f)	['nurkə]

| castor (m) | castor (m) | ['kastor] |
| lontra (f) | vidră (f) | ['vidrə] |

cavalo (m)	cal (m)	[kal]
alce (m)	elan (m)	[e'lan]
veado (m)	cerb (m)	[ʧerb]
camelo (m)	cămilă (f)	[kə'milə]

bisão (m)	bizon (m)	[bi'zon]
auroque (m)	zimbru (m)	['zimbru]
búfalo (m)	bivol (m)	['bivol]

zebra (f)	zebră (f)	['zebrə]
antílope (m)	antilopă (f)	[anti'lopə]
corça (f)	căprioară (f)	[kəprio'arə]
gamo (m)	ciută (f)	['ʧiutə]
camurça (f)	capră (f) neagră	['kaprə 'nʲagrə]
javali (m)	mistreţ (m)	[mis'treʦ]

baleia (f)	balenă (f)	[ba'lenə]
foca (f)	focă (f)	['fokə]
morsa (f)	morsă (f)	['morsə]
urso-marinho (m)	urs (m) de mare	[urs de 'mare]
golfinho (m)	delfin (m)	[del'fin]

urso (m)	urs (m)	[urs]
urso (m) polar	urs (m) polar	[urs po'lar]
panda (m)	panda (m)	['panda]

macaco (m)	maimuţă (f)	[maj'muʦə]
chimpanzé (m)	cimpanzeu (m)	[ʧimpan'zeu]
orangotango (m)	urangutan (m)	[urangu'tan]
gorila (m)	gorilă (f)	[go'rilə]
macaco (m)	macac (m)	[ma'kak]
gibão (m)	gibon (m)	[ʤi'bon]

elefante (m)	elefant (m)	[ele'fant]
rinoceronte (m)	rinocer (m)	[rino'ʧer]
girafa (f)	girafă (f)	[ʤi'rafə]
hipopótamo (m)	hipopotam (m)	[hipopo'tam]

| canguru (m) | cangur (m) | ['kangur] |
| coala (m) | koala (f) | [ko'ala] |

mangusto (m)	mangustă (f)	[man'gustə]
chinchila (f)	şinşilă (f)	[ʃin'ʃilə]
cangambá (f)	sconcs (m)	[skonks]
porco-espinho (m)	porc (m) spinos	[pork spi'nos]

212. Animais domésticos

gata (f)	pisică (f)	[pi'sikə]
gato (m) macho	motan (m)	[mo'tan]
cavalo (m)	cal (m)	[kal]

garanhão (m)	armăsar (m)	[armə'sar]
égua (f)	iapă (f)	['japə]
vaca (f)	vacă (f)	['vakə]
touro (m)	taur (m)	['taur]
boi (m)	bou (m)	['bou]
ovelha (f)	oaie (f)	[o'ae]
carneiro (m)	berbec (m)	[ber'bek]
cabra (f)	capră (f)	['kaprə]
bode (m)	ţap (m)	[tsap]
burro (m)	măgar (m)	[mə'gar]
mula (f)	catâr (m)	[ka'tir]
porco (m)	porc (m)	[pork]
leitão (m)	purcel (m)	[pur'ʧel]
coelho (m)	iepure (m) de casă	['jepure de 'kasə]
galinha (f)	găină (f)	[gə'inə]
galo (m)	cocoş (m)	[ko'koʃ]
pata (f), pato (m)	raţă (f)	['ratsə]
pato (m)	răţoi (m)	[rə'tsoj]
ganso (m)	gâscă (f)	['gɪskə]
peru (m)	curcan (m)	[kur'kan]
perua (f)	curcă (f)	['kurkə]
animais (m pl) domésticos	animale (n pl) domestice	[ani'male do'mestiʧe]
domesticado (adj)	domestic	[do'mestik]
domesticar (vt)	a domestici	[a domesti'ʧi]
criar (vt)	a creşte	[a 'kreʃte]
fazenda (f)	fermă (f)	['fermə]
aves (f pl) domésticas	păsări (f pl) de curte	[pəsərʲ de 'kurte]
gado (m)	vite (f pl)	['vite]
rebanho (m), manada (f)	turmă (f)	['turmə]
estábulo (m)	grajd (n)	[graʒd]
chiqueiro (m)	cocină (f) de porci	[ko'ʧinə de 'porʧi]
estábulo (m)	grajd (n) pentru vaci	['graʒd 'pentru 'vaʧi]
coelheira (f)	cuşcă (f) pentru iepuri	['kuʃkə 'pentru 'epurʲ]
galinheiro (m)	coteţ (n) de găini	[ko'tets de gə'inʲ]

213. Cães. Raças de cães

cão (m)	câine (m)	['kɨjne]
cão pastor (m)	câine (m) ciobănesc	['kɨjne ʧiobə'nesk]
poodle (m)	pudel (m)	[pu'del]
linguicinha (m)	teckel (m)	['tekel]
buldogue (m)	buldog (m)	[bul'dog]
boxer (m)	boxer (m)	[bok'ser]

mastim (m)	mastif (m)	[mas'tif]
rottweiler (m)	rottweiler (m)	[rot'wejler]
dóberman (m)	doberman (m)	[dober'man]

basset (m)	basset (m)	[ba'set]
pastor inglês (m)	bobtail (m)	[bob'tejl]
dálmata (m)	dalmaţian (m)	[dalmatsi'an]
cocker spaniel (m)	cocker spaniel (m)	['koker spani'el]

terra-nova (m)	newfoundland (m)	[nju'faundlend]
são-bernardo (m)	sentbernar (m)	[senber'nar]

husky (m) siberiano	huski (m)	['haski]
Chow-chow (m)	chow chow (m)	['ʧau 'ʧau]
spitz alemão (m)	spitz (m)	[ʃpits]
pug (m)	mops (m)	[mops]

214. Sons produzidos pelos animais

latido (m)	lătrat (n)	[le'trat]
latir (vi)	a lătra	[a le'tra]
miar (vi)	a mieuna	[a meu'na]
ronronar (vi)	a toarce	[a to'arʧe]

mugir (vaca)	a mugi	[a mu'dʒi]
bramir (touro)	a rage	[a 'radʒe]
rosnar (vi)	a mârâi	[a miri'i]

uivo (m)	urlet (n)	['urlet]
uivar (vi)	a urla	[a ur'la]
ganir (vi)	a scheuna	[a skeu'na]

balir (vi)	a behăi	[a behe'i]
grunhir (vi)	a grohăi	[a grohe'i]
guinchar (vi)	a ţipa	[a tsi'pa]

coaxar (sapo)	a orăcăi	[a oreke'i]
zumbir (inseto)	a bâzâi	[a bizi'i]
ziziar (vi)	a ţârâi	[a tsiri'i]

215. Animais jovens

cria (f), filhote (m)	pui (m) de animal	[puj de ani'mal]
gatinho (m)	motănaş (m)	[mote'naʃ]
ratinho (m)	şoricel (m)	[ʃori'ʧel]
cachorro (m)	căţeluş (m)	[ketse'luʃ]

filhote (m) de lebre	iepuraş (m)	[jepu'raʃ]
coelhinho (m)	iepuraş (m)	[jepu'raʃ]
lobinho (m)	pui (m) de lup	[puj de lup]
filhote (m) de raposa	pui (m) de vulpe	[puj de 'vulpe]
filhote (m) de urso	ursuleţ (m)	[ursu'lets]

filhote (m) de leão	pui (m) de leu	[puj de 'leu]
filhote (m) de tigre	pui (m) de tigru	[puj de 'tigru]
filhote (m) de elefante	pui (m) de elefant	[puj de ele'fant]

leitão (m)	purcel (m)	[pur'ʧel]
bezerro (m)	vițel (m)	[vi'tsel]
cabrito (m)	ied (m)	[jed]
cordeiro (m)	miel (m)	[mjel]
filhote (m) de veado	pui (m) de cerb	[puj de ʧerb]
cria (f) de camelo	pui (m) de cămilă	[puj de kə'milə]

filhote (m) de serpente	pui (m) de şarpe	[puj de 'ʃarpe]
filhote (m) de rã	broscuță (f)	[bros'kutsə]

cria (f) de ave	pui (m) de pasăre	[puj de 'pasəre]
pinto (m)	pui (m)	[puj]
patinho (m)	rățușcă (f)	[rə'tsuʃkə]

216. Pássaros

pássaro (m), ave (f)	pasăre (f)	['pasəre]
pombo (m)	porumbel (m)	[porum'bel]
pardal (m)	vrabie (f)	['vrabie]
chapim-real (m)	pițigoi (m)	[pitsi'goj]
pega-rabuda (f)	coțofană (f)	[kotso'fanə]

corvo (m)	corb (m)	[korb]
gralha-cinzenta (f)	cioară (f)	[ʧio'arə]
gralha-de-nuca-cinzenta (f)	stancă (f)	['stankə]
gralha-calva (f)	cioară (f) de câmp	[ʧio'arə de 'kɨmp]

pato (m)	rață (f)	['ratsə]
ganso (m)	gâscă (f)	['giskə]
faisão (m)	fazan (m)	[fa'zan]

águia (f)	acvilă (f)	['akvilə]
açor (m)	uliu (m)	['ulju]
falcão (m)	şoim (m)	[ʃojm]
abutre (m)	vultur (m)	['vultur]
condor (m)	condor (m)	[kon'dor]

cisne (m)	lebădă (f)	['lebədə]
grou (m)	cocor (m)	[ko'kor]
cegonha (f)	cocostârc (m)	[kokos'tɨrk]

papagaio (m)	papagal (m)	[papa'gal]
beija-flor (m)	pasărea (f) colibri	['pasərʲa ko'libri]
pavão (m)	păun (m)	[pə'un]

avestruz (m)	struț (m)	[struts]
garça (f)	stârc (m)	[stirk]
flamingo (m)	flamingo (m)	[fla'mingo]
pelicano (m)	pelican (m)	[peli'kan]
rouxinol (m)	privighetoare (f)	[privigeto'are]

andorinha (f)	rândunică (f)	[rindu'nikə]
tordo-zornal (m)	mierlă (f)	['merlə]
tordo-músico (m)	sturz-cântător (m)	[sturz kintə'tor]
melro-preto (m)	mierlă (f) sură	['merlə 'surə]

andorinhão (m)	lăstun (m)	[ləs'tun]
cotovia (f)	ciocârlie (f)	[ʧiokir'lie]
codorna (f)	prepeliţă (f)	[prepe'liʦə]

pica-pau (m)	ciocănitoare (f)	[ʧiokənito'are]
cuco (m)	cuc (m)	[kuk]
coruja (f)	bufniţă (f)	['bufniʦə]
bufo-real (m)	buha mare (f)	['buhə 'mare]
tetraz-grande (m)	cocoş (m) de munte	[ko'koʃ de 'munte]
tetraz-lira (m)	cocoş (m) sălbatic	[ko'koʃ səlba'tik]
perdiz-cinzenta (f)	potârniche (f)	[potir'nike]

estorninho (m)	graur (m)	['graur]
canário (m)	canar (m)	[ka'nar]
galinha-do-mato (f)	găinuşă de alun (f)	[gəi'nuʃə de a'lun]
tentilhão (m)	cinteză (f)	[ʧin'tezə]
dom-fafe (m)	botgros (m)	[bot'gros]

gaivota (f)	pescăruş (m)	[peskə'ruʃ]
albatroz (m)	albatros (m)	[alba'tros]
pinguim (m)	pinguin (m)	[pigu'in]

217. Pássaros. Canto e sons

cantar (vi)	a cânta	[a kin'ta]
gritar, chamar (vi)	a striga	[a stri'ga]
cantar (o galo)	a cânta cucurigu	[a kin'ta kuku'rigu]
cocorocó (m)	cucurigu (m)	[kuku'rigu]

cacarejar (vi)	a cotcodăci	[a kotkodə'ʧi]
crocitar (vi)	a croncăni	[a kronkə'ni]
grasnar (vi)	a măcăi	[a məkə'i]
piar (vi)	a piui	[a pju'i]
chilrear, gorjear (vi)	a ciripi	[a ʧiri'pi]

218. Peixes. Animais marinhos

brema (f)	plătică (f)	[plə'tikə]
carpa (f)	crap (m)	[krap]
perca (f)	biban (m)	[bi'ban]
siluro (m)	somn (m)	[somn]
lúcio (m)	ştiucă (f)	['ʃtjukə]

salmão (m)	somon (m)	[so'mon]
esturjão (m)	nisetru (m)	[ni'setru]
arenque (m)	scrumbie (f)	[skrum'bie]
salmão (m) do Atlântico	somon (m)	[so'mon]

cavala, sarda (f)	macrou (n)	[ma'krou]
solha (f), linguado (m)	cambulă (f)	[kam'bulə]
lúcio perca (m)	şalău (m)	[ʃa'ləu]
bacalhau (m)	batog (m)	[ba'tog]
atum (m)	ton (m)	[ton]
truta (f)	păstrăv (m)	[pəs'trəv]
enguia (f)	ţipar (m)	[tsi'par]
raia (f) elétrica	peşte-torpilă (m)	['peʃte tor'pilə]
moreia (f)	murenă (f)	[mu'renə]
piranha (f)	piranha (f)	[pi'ranija]
tubarão (m)	rechin (m)	[re'kin]
golfinho (m)	delfin (m)	[del'fin]
baleia (f)	balenă (f)	[ba'lenə]
caranguejo (m)	crab (m)	[krab]
água-viva (f)	meduză (f)	[me'duzə]
polvo (m)	caracatiţă (f)	[kara'katitsə]
estrela-do-mar (f)	stea de mare (f)	[st'a de 'mare]
ouriço-do-mar (m)	arici de mare (m)	[a'ritʃi de 'mare]
cavalo-marinho (m)	căluţ (m) de mare (f)	[ka'luts de 'mare]
ostra (f)	stridie (f)	['stridie]
camarão (m)	crevetă (f)	[kre'vetə]
lagosta (f)	stacoj (m)	[sta'koʒ]
lagosta (f)	langustă (f)	[lan'gustə]

219. Anfíbios. Répteis

cobra (f)	şarpe (m)	['ʃarpe]
venenoso (adj)	veninos	[veni'nos]
víbora (f)	viperă (f)	['viperə]
naja (f)	cobră (f)	['kobrə]
píton (m)	piton (m)	[pi'ton]
jiboia (f)	şarpe (m) boa	['ʃarpe bo'a]
cobra-de-água (f)	şarpe (m) de casă	['ʃarpe de 'kasə]
cascavel (f)	şarpe (m) cu clopoţei	['ʃarpe ku klopo'tsej]
anaconda (f)	anacondă (f)	[ana'kondə]
lagarto (m)	şopârlă (f)	[ʃo'pɨrlə]
iguana (f)	iguană (f)	[igu'anə]
varano (m)	şopârlă (f)	[ʃo'pɨrlə]
salamandra (f)	salamandră (f)	[sala'mandrə]
camaleão (m)	cameleon (m)	[kamele'on]
escorpião (m)	scorpion (m)	[skorpi'on]
tartaruga (f)	broască (f) ţestoasă	[bro'askə tsesto'asə]
rã (f)	broască (f)	[bro'askə]
sapo (m)	broască (f) râioasă	[bro'askə rijo'asə]
crocodilo (m)	crocodil (m)	[kroko'dil]

220. Insetos

inseto (m)	insectă (f)	[in'sektə]
borboleta (f)	fluture (m)	['fluture]
formiga (f)	furnică (f)	[fur'nikə]
mosca (f)	muscă (f)	['muskə]
mosquito (m)	ţânţar (m)	[tsin'tsar]
escaravelho (m)	gândac (m)	[gin'dak]

vespa (f)	viespe (f)	['vespe]
abelha (f)	albină (f)	[al'binə]
mamangaba (f)	bondar (m)	[bon'dar]
moscardo (m)	tăun (m)	[tə'un]

aranha (f)	păianjen (m)	[pə'janʒen]
teia (f) de aranha	pânză (f) de păianjen	['pinzə de pə'janʒen]

libélula (f)	libelulă (f)	[libe'lulə]
gafanhoto (m)	greier (m)	['greer]
traça (f)	fluture (m)	['fluture]

barata (f)	gândac (m)	[gin'dak]
carrapato (m)	căpuşă (f)	[kə'puʃə]
pulga (f)	purice (m)	['puritʃe]
borrachudo (m)	musculiţă (f)	[musku'litsə]

gafanhoto (m)	lăcustă (f)	[lə'kustə]
caracol (m)	melc (m)	[melk]
grilo (m)	greier (m)	['greer]
pirilampo, vaga-lume (m)	licurici (m)	[liku'ritʃi]
joaninha (f)	buburuză (f)	[bubu'ruzə]
besouro (m)	cărăbuş (m)	[kərə'buʃ]

sanguessuga (f)	lipitoare (f)	[lipito'are]
lagarta (f)	omidă (f)	[o'midə]
minhoca (f)	vierme (m)	['verme]
larva (f)	larvă (f)	['larvə]

221. Animais. Partes do corpo

bico (m)	cioc (n)	[tʃiok]
asas (f pl)	aripi (f pl)	[a'ripi]
pata (f)	labă (f)	['labə]
plumagem (f)	penaj (n)	[pe'naʒ]
pena, pluma (f)	pană (f)	['panə]
crista (f)	moţ (n)	[mots]

brânquias, guelras (f pl)	branhii (f pl)	[bran'hij]
ovas (f pl)	icre (f pl)	['ikre]
larva (f)	larvă (f)	['larvə]
barbatana (f)	aripioară (f)	[ari'pjoarə]
escama (f)	solzi (m pl)	[solzi]
presa (f)	dinte (m) canin	['dinte ka'nin]

pata (f)	labă (f)	['labə]
focinho (m)	bot (n)	[bot]
boca (f)	bot (n)	[bot]
cauda (f), rabo (m)	coadă (f)	[ko'adə]
bigodes (m pl)	mustăţi (f pl)	[mus'təʦʲ]
casco (m)	copită (f)	[ko'pitə]
corno (m)	corn (n)	[korn]
carapaça (f)	carapace (f)	[kara'paʧe]
concha (f)	schelet (n)	[ske'let]
casca (f) de ovo	găoace (f)	[gəo'aʧe]
pelo (m)	blană (f)	['blanə]
pele (f), couro (m)	piele (f)	['pjele]

222. Ações dos animais

voar (vi)	a zbura	[a zbu'ra]
dar voltas	a se roti	[a se ro'ti]
voar (para longe)	a-şi lua zborul	[aʃ lu'a 'zborul]
bater as asas	a bate din aripi	[a 'bate din 'aripʲ]
bicar (vi)	a ciuguli	[a ʧiugu'li]
incubar (vt)	a cloci	[a klo'ʧi]
sair do ovo	a ieşi din ou	[a e'ʃi din ow]
fazer o ninho	a face cuib	[a 'faʧe kujb]
rastejar (vi)	a se târî	[a se tɨ'ri]
picar (vt)	a înţepa	[a ɨnʦe'pa]
morder (cachorro, etc.)	a muşca	[a muʃ'ka]
cheirar (vt)	a mirosi	[a miro'si]
latir (vi)	a lătra	[a lə'tra]
silvar (vi)	a sâsâi	[a sɨsɨ'i]
assustar (vt)	a speria	[a speri'ja]
atacar (vt)	a ataca	[a ata'ka]
roer (vt)	a roade	[a ro'ade]
arranhar (vt)	a zgâria	[a zgɨri'ja]
esconder-se (vr)	a se ascunde	[a se as'kunde]
brincar (vi)	a juca	[a ʒu'ka]
caçar (vi)	a vâna	[a vɨ'na]
hibernar (vi)	a hiberna	[a hiber'na]
extinguir-se (vr)	a dispărea	[a dispə'rʲa]

223. Animais. Habitats

hábitat (m)	mediu (n) ambiant	['medju am'bjant]
migração (f)	migraţie (f)	[mi'graʦie]
montanha (f)	munte (m)	['munte]

recife (m)	recif (m)	[re'ʧif]
falésia (f)	stâncă (f)	['stinkə]

floresta (f)	pădure (f)	[pə'dure]
selva (f)	junglă (f)	['ʒunglə]
savana (f)	savană (f)	[sa'vanə]
tundra (f)	tundră (f)	['tundrə]

estepe (f)	stepă (f)	['stepə]
deserto (m)	deşert (n)	[de'ʃert]
oásis (m)	oază (f)	[o'azə]

mar (m)	mare (f)	['mare]
lago (m)	lac (n)	[lak]
oceano (m)	ocean (n)	[oʧə'an]

pântano (m)	mlaştină (f)	['mlaʃtinə]
de água doce	de apă dulce	[de 'apə 'dulʧe]
lagoa (f)	iaz (n)	[jaz]
rio (m)	râu (n)	['riu]

toca (f) do urso	bârlog (n)	[bir'log]
ninho (m)	cuib (n)	[kujb]
buraco (m) de árvore	scorbură (f)	['skorburə]
toca (f)	vizuină (f)	[vizu'ine]
formigueiro (m)	furnicar (n)	[furni'kar]

224. Cuidados com os animais

jardim (m) zoológico	grădină (f) zoologică	[grə'dine zoo'lodʒike]
reserva (f) natural	rezervaţie (f) naturală	[rezer'vatsie natu'rale]

viveiro (m)	pepinieră (f)	[pepi'njere]
jaula (f) de ar livre	volieră (f)	[voli'ere]
jaula, gaiola (f)	cuşcă (f)	['kuʃke]
casinha (f) de cachorro	coteţ (n) de câine	[ko'tets de 'kine]

pombal (m)	porumbărie (f)	[porumbə'rie]
aquário (m)	acvariu (n)	[ak'varju]
delfinário (m)	delfinariu (n)	[delfi'narju]

criar (vt)	a creşte	[a 'kreʃto]
cria (f)	pui (m pl)	[puj]
domesticar (vt)	a domestici	[a domesti'ʧi]
adestrar (vt)	a dresa	[a dre'sa]

ração (f)	hrană (f)	['hrane]
alimentar (vt)	a hrăni	[a hrə'ni]

loja (f) de animais	magazin (n) zoo	[maga'zin 'zoo]
focinheira (m)	botniţă (f)	['botnitse]
coleira (f)	zgardă (f)	['zgarde]
nome (do animal)	porecla (f)	[po'rekle]
pedigree (m)	genealogie (f)	[dʒenealo'dʒie]

225. Animais. Diversos

alcateia (f)	haită (f)	['hajtə]
bando (pássaros)	stol (n)	[stol]
cardume (peixes)	banc (n)	[bank]
manada (cavalos)	herghelie (f)	[herge'lie]
macho (m)	mascul (m)	[mas'kul]
fêmea (f)	femelă (f)	[fe'melə]
faminto (adj)	flămând	[flə'mɨnd]
selvagem (adj)	sălbatic	[səl'batik]
perigoso (adj)	periculos	[periku'los]

226. Cavalos

cavalo (m)	cal (m)	[kal]
raça (f)	rasă (f)	['rasə]
potro (m)	mânz (m)	[mɨnz]
égua (f)	iapă (f)	['japə]
mustangue (m)	mustang (m)	[mus'tang]
pônei (m)	ponei (m)	['ponej]
cavalo (m) de tiro	cal (m) de tracţiune	[kal de traktsi'une]
crina (f)	coamă (f)	[ko'amə]
rabo (m)	coadă (f)	[ko'adə]
casco (m)	copită (f)	[ko'pitə]
ferradura (f)	potcoavă (f)	[potko'avə]
ferrar (vt)	a potcovi	[a potko'vi]
ferreiro (m)	fierar (m)	[fe'rar]
sela (f)	şa (f)	[ʃa]
estribo (m)	scară (f)	['skarə]
brida (f)	frâu (n)	['frɨu]
rédeas (f pl)	hăţuri (n pl)	[hətsurʲ]
chicote (m)	bici (n)	[bitʃʲ]
cavaleiro (m)	călăreţ (m)	[kələ'rets]
colocar sela	a înşeua	[a inʃeu'a]
montar no cavalo	a se aşeza în şa	[a se aʃe'za 'ɨn 'ʃa]
galope (m)	galop (n)	[ga'lop]
galopar (vi)	a galopa	[a galo'pa]
trote (m)	trap (n)	[trap]
a trote	la trap	[la trap]
cavalo (m) de corrida	cal (m) de curse	[kal de 'kurse]
corridas (f pl)	cursă (f) de cai	['kursə de kaj]
estábulo (m)	grajd (n)	[graʒd]
alimentar (vt)	a hrăni	[a hrə'ni]

feno (m)	fân (n)	[fin]
dar água	a adăpa	[a adə'pa]
limpar (vt)	a ţesăla	[a tsesə'la]

pastar (vi)	a paşte	[a 'paʃte]
relinchar (vi)	a necheza	[a neke'za]
dar um coice	a zvârli cu copita	[a zvɨr'li ku ko'pita]

Flora

227. Árvores

árvore (f)	copac (m)	[ko'pak]
decídua (adj)	foios	[fo'jos]
conífera (adj)	conifer	[koni'fere]
perene (adj)	veşnic verde	['veʃnik 'verde]
macieira (f)	măr (m)	[mər]
pereira (f)	păr (m)	[pər]
cerejeira (f)	cireş (m)	[ʧi're∫]
ginjeira (f)	vişin (m)	['viʃin]
ameixeira (f)	prun (m)	[prun]
bétula (f)	mesteacăn (m)	[mes'tʲakən]
carvalho (m)	stejar (m)	[ste'ʒar]
tília (f)	tei (m)	[tej]
choupo-tremedor (m)	plop tremurător (m)	['plop tremurə'tor]
bordo (m)	arţar (m)	[ar'ʦar]
espruce (m)	brad (m)	[brad]
pinheiro (m)	pin (m)	[pin]
alerce, lariço (m)	zadă (f)	['zadə]
abeto (m)	brad (m) alb	['brad 'alb]
cedro (m)	cedru (m)	['ʧedru]
choupo, álamo (m)	plop (m)	[plop]
tramazeira (f)	sorb (m)	[sorb]
salgueiro (m)	salcie (f)	['salʧie]
amieiro (m)	arin (m)	[a'rin]
faia (f)	fag (m)	[fag]
ulmeiro, olmo (m)	ulm (m)	[ulm]
freixo (m)	frasin (m)	['frasin]
castanheiro (m)	castan (m)	[kas'tan]
magnólia (f)	magnolie (f)	[mag'nolie]
palmeira (f)	palmier (m)	[palmi'er]
cipreste (m)	chiparos (m)	[kipa'ros]
mangue (m)	manglier (m)	[mangli'jer]
embondeiro, baobá (m)	baobab (m)	[bao'bab]
eucalipto (m)	eucalipt (m)	[euka'lipt]
sequoia (f)	secvoia (m)	[sek'voja]

228. Arbustos

arbusto (m)	tufă (f)	['tufə]
arbusto (m), moita (f)	arbust (m)	[ar'bust]

| videira (f) | viţă (f) de vie | ['vitsə de 'vie] |
| vinhedo (m) | vie (f) | ['vie] |

framboeseira (f)	zmeură (f)	['zmeurə]
groselheira-vermelha (f)	coacăz (m) roşu	[ko'akəz 'roʃu]
groselheira (f) espinhosa	agriş (m)	[a'griʃ]

acácia (f)	salcâm (m)	[sal'kɨm]
bérberis (f)	lemn (m) galben	['lemn 'galben]
jasmim (m)	iasomie (f)	[jaso'mie]

junípero (m)	ienupăr (m)	[je'nupər]
roseira (f)	tufă (f) de trandafir	['tufə de tranda'fir]
roseira (f) brava	măceş (m)	[mə'tʃeʃ]

229. Cogumelos

cogumelo (m)	ciupercă (f)	[tʃiu'perkə]
cogumelo (m) comestível	ciupercă (f) comestibilă	[tʃiu'perkə komes'tibilə]
cogumelo (m) venenoso	ciupercă (f) otrăvitoare	[tʃiu'perkə otrəvito'are]
chapéu (m)	pălărie (f)	[pələ'rie]
pé, caule (m)	picior (n)	[pi'tʃior]

boleto, porcino (m)	hrib (m)	[hrib]
boleto (m) alaranjado	pitărcuţă (f)	[pitər'kutsə]
boleto (m) de bétula	pitarcă (f)	[pi'tarkə]
cantarelo (m)	gălbior (m)	[gəlbi'or]
rússula (f)	vineţică (f)	[vine'tsikə]

morchella (f)	zbârciog (m)	[zbɨr'tʃiog]
agário-das-moscas (m)	burete (m) pestriţ	[bu'rete pes'trits]
cicuta (f) verde	ciupercă (f) otrăvitoare	[tʃiu'perkə otrəvito'are]

230. Frutos. Bagas

maçã (f)	măr (n)	[mər]
pera (f)	pară (f)	['parə]
ameixa (f)	prună (f)	['prunə]

morango (m)	căpşună (f)	[kəp'ʃunə]
ginja (f)	vişină (f)	['viʃinə]
cereja (f)	cireaşă (f)	[tʃi'rʲaʃə]
uva (f)	struguri (m pl)	['strugurʲ]

framboesa (f)	zmeură (f)	['zmeurə]
groselha (f) negra	coacăză (f) neagră	[ko'akəzə 'nʲagrə]
groselha (f) vermelha	coacăză (f) roşie	[ko'akəzə 'roʃie]
groselha (f) espinhosa	agrişă (f)	[a'griʃə]
oxicoco (m)	răchiţele (f pl)	[rəki'tsele]

| laranja (f) | portocală (f) | [porto'kalə] |
| tangerina (f) | mandarină (f) | [manda'rinə] |

203

abacaxi (m)	ananas (m)	[ana'nas]
banana (f)	banană (f)	[ba'nanə]
tâmara (f)	curmală (f)	[kur'malə]

limão (m)	lămâie (f)	[lə'mie]
damasco (m)	caisă (f)	[ka'isə]
pêssego (m)	piersică (f)	['pjersikə]
quiuí (m)	kiwi (n)	['kivi]
toranja (f)	grepfrut (n)	['grepfrut]

baga (f)	boabă (f)	[bo'abə]
bagas (f pl)	fructe (n pl) de pădure	['frukte de pə'dure]
arando (m) vermelho	merişor (m)	[meri'ʃor]
morango-silvestre (m)	frag (m)	[frag]
mirtilo (m)	afină (f)	[a'finə]

231. Flores. Plantas

| flor (f) | floare (f) | [flo'are] |
| buquê (m) de flores | buchet (n) | [bu'ket] |

rosa (f)	trandafir (m)	[tranda'fir]
tulipa (f)	lalea (f)	[la'lʲa]
cravo (m)	garoafă (f)	[garo'afə]
gladíolo (m)	gladiolă (f)	[gladi'olə]

centáurea (f)	albăstrea (f)	[albəs'trʲa]
campainha (f)	clopoţel (m)	[klopo'tsel]
dente-de-leão (m)	păpădie (f)	[pəpə'die]
camomila (f)	romaniţă (f)	[roma'nitsə]

aloé (m)	aloe (f)	[a'loe]
cacto (m)	cactus (m)	['kaktus]
fícus (m)	ficus (m)	['fikus]

lírio (m)	crin (m)	[krin]
gerânio (m)	muşcată (f)	[muʃ'katə]
jacinto (m)	zambilă (f)	[zam'bilə]

mimosa (f)	mimoză (f)	[mi'mozə]
narciso (m)	narcisă (f)	[nar'tʃisə]
capuchinha (f)	condurul-doamnei (m)	[kon'durul do'amnej]

orquídea (f)	orhidee (f)	[orhi'dee]
peônia (f)	bujor (m)	[bu'ʒor]
violeta (f)	toporaş (m)	[topo'raʃ]

amor-perfeito (m)	pansele (f)	[pan'sele]
não-me-esqueças (m)	nu-mă-uita (f)	[nu mə uj'ta]
margarida (f)	margaretă (f)	[marga'retə]

papoula (f)	mac (m)	[mak]
cânhamo (m)	cânepă (f)	['kinepə]
hortelã, menta (f)	mentă (f)	['mentə]

lírio-do-vale (m)	lăcrămioară (f)	[ləkrəmjo'arə]
campânula-branca (f)	ghiocel (m)	[gio'ʧel]
urtiga (f)	urzică (f)	[ur'zikə]
azedinha (f)	măcriş (m)	[mə'kriʃ]
nenúfar (m)	nufăr (m)	['nufər]
samambaia (f)	ferigă (f)	['ferigə]
líquen (m)	lichen (m)	[li'ken]
estufa (f)	seră (f)	['serə]
gramado (m)	gazon (n)	[ga'zon]
canteiro (m) de flores	strat (n) de flori	[strat de 'flor']
planta (f)	plantă (f)	['plantə]
grama (f)	iarbă (f)	['jarbə]
folha (f) de grama	fir (n) de iarbă	[fir de 'jarbə]
folha (f)	frunză (f)	['frunzə]
pétala (f)	petală (f)	[pe'talə]
talo (m)	tulpină (f)	[tul'pinə]
tubérculo (m)	tubercul (m)	[tu'berkul]
broto, rebento (m)	mugur (m)	['mugur]
espinho (m)	ghimpe (m)	['gimpe]
florescer (vi)	a înflori	[a inflo'ri]
murchar (vi)	a se ofili	[a se ofe'li]
cheiro (m)	miros (n)	[mi'ros]
cortar (flores)	a tăia	[a tə'ja]
colher (uma flor)	a rupe	[a 'rupe]

232. Cereais, grãos

grão (m)	grăunțe (n pl)	[grə'untse]
cereais (plantas)	cereale (f pl)	[ʧere'ale]
espiga (f)	spic (n)	[spik]
trigo (m)	grâu (n)	['griu]
centeio (m)	secară (f)	[se'karə]
aveia (f)	ovăz (n)	[ovəz]
painço (m)	mei (m)	[mej]
cevada (f)	orz (n)	[orz]
milho (m)	porumb (m)	[po'rumb]
arroz (m)	orez (n)	[o'rez]
trigo-sarraceno (m)	hrişcă (f)	['hriʃkə]
ervilha (f)	mazăre (f)	['mazəre]
feijão (m) roxo	fasole (f)	[fa'sole]
soja (f)	soia (f)	['soja]
lentilha (f)	linte (n)	['linte]
feijão (m)	boabe (f pl)	[bo'abe]

233. Vegetais. Verduras

vegetais (m pl)	legume (f pl)	[le'gume]
verdura (f)	verdeață (f)	[ver'dⁱatsə]
tomate (m)	roşie (f)	['roʃie]
pepino (m)	castravete (m)	[kastra'vete]
cenoura (f)	morcov (m)	['morkov]
batata (f)	cartof (m)	[kar'tof]
cebola (f)	ceapă (f)	['ʧapə]
alho (m)	usturoi (m)	[ustu'roj]
couve (f)	varză (f)	['varzə]
couve-flor (f)	conopidă (f)	[kono'pidə]
couve-de-bruxelas (f)	varză (f) de Bruxelles	['varzə de bruk'sel]
beterraba (f)	sfeclă (f)	['sfeklə]
berinjela (f)	vânătă (f)	['vinətə]
abobrinha (f)	dovlecel (m)	[dovle'ʧel]
abóbora (f)	dovleac (m)	[dov'lⁱak]
nabo (m)	nap (m)	[nap]
salsa (f)	pătrunjel (m)	[pətrun'ʒel]
endro, aneto (m)	mărar (m)	[mə'rar]
alface (f)	salată (f)	[sa'latə]
aipo (m)	țelină (f)	['tselinə]
aspargo (m)	sparanghel (m)	[sparan'gel]
espinafre (m)	spanac (m)	[spa'nak]
ervilha (f)	mazăre (f)	['mazəre]
feijão (~ soja, etc.)	boabe (f pl)	[bo'abe]
milho (m)	porumb (m)	[po'rumb]
feijão (m) roxo	fasole (f)	[fa'sole]
pimentão (m)	piper (m)	[pi'per]
rabanete (m)	ridiche (f)	[ri'dike]
alcachofra (f)	anghinare (f)	[angi'nare]

GEOGRAFIA REGIONAL

Países. Nacionalidades

234. Europa Ocidental

Europa (f)	Europa (f)	[eu'ropa]
União (f) Europeia	Uniunea (f) Europeană	[uni'unʲa euro'pʲanə]
europeu (m)	european (m)	[euro'pʲan]
europeu (adj)	european	[euro'pʲan]
Áustria (f)	Austria (f)	[a'ustrija]
austríaco (m)	austriac (m)	[austri'ak]
austríaca (f)	austriacă (f)	[austri'akə]
austríaco (adj)	austriac	[austri'ak]
Grã-Bretanha (f)	Marea Britanie (f)	['marʲa bri'tanie]
Inglaterra (f)	Anglia (f)	['anglija]
inglês (m)	englez (m)	[en'glez]
inglesa (f)	englezoaică (f)	[englezo'ajkə]
inglês (adj)	englez	[en'glez]
Bélgica (f)	Belgia (f)	['beldʒia]
belga (m)	belgian (m)	[beldʒi'an]
belga (f)	belgiană (f)	[beldʒi'anə]
belga (adj)	belgian	[beldʒi'an]
Alemanha (f)	Germania (f)	[dʒer'manija]
alemão (m)	neamț (m)	['nʲamts]
alemã (f)	nemțoaică (f)	[nemtso'ajkə]
alemão (adj)	nemțesc	[nem'tsesk]
Países Baixos (m pl)	Țările de Jos (f pl)	['tsərile de ʒos]
Holanda (f)	Olanda (f)	[o'landa]
holandês (m)	olandez (m)	[olan'dez]
holandesa (f)	olandeză (f)	[olan'dezə]
holandês (adj)	olandez	[olan'dez]
Grécia (f)	Grecia (f)	['gretʃia]
grego (m)	grec (m)	[grek]
grega (f)	grecoaică (f)	[greko'ajkə]
grego (adj)	grecesc	[gre'tʃesk]
Dinamarca (f)	Danemarca (f)	[dane'marka]
dinamarquês (m)	danez (m)	[da'nez]
dinamarquesa (f)	daneză (f)	[da'nezə]
dinamarquês (adj)	danez	[da'nez]
Irlanda (f)	Irlanda (f)	[ir'landa]
irlandês (m)	irlandez (m)	[irlan'dez]

irlandesa (f)	irlandeză (f)	[irlan'dezə]
irlandês (adj)	irlandez	[irlan'dez]
Islândia (f)	Islanda (f)	[is'landa]
islandês (m)	islandez (m)	[islan'dez]
islandesa (f)	islandeză (f)	[islan'dezə]
islandês (adj)	islandez	[islan'dez]
Espanha (f)	Spania (f)	['spania]
espanhol (m)	spaniol (m)	[spa'njol]
espanhola (f)	spanioloaică (f)	[spanjolo'ajkə]
espanhol (adj)	spaniol	[spa'njol]
Itália (f)	Italia (f)	[i'talia]
italiano (m)	italian (m)	[itali'an]
italiana (f)	italiancă (f)	[itali'ankə]
italiano (adj)	italian	[itali'an]
Chipre (m)	Cipru (n)	['tʃipru]
cipriota (m)	cipriot (m)	[tʃipri'ot]
cipriota (f)	cipriotă (f)	[tʃipri'otə]
cipriota (adj)	cipriot	[tʃipri'ot]
Malta (f)	Malta (f)	['malta]
maltês (m)	maltez (m)	[mal'tez]
maltesa (f)	malteză (f)	[mal'tezə]
maltês (adj)	maltez	[mal'tez]
Noruega (f)	Norvegia (f)	[nor'vedʒia]
norueguês (m)	norvegian (m)	[norvedʒi'an]
norueguesa (f)	norvegiancă (f)	[norvedʒi'ankə]
norueguês (adj)	norvegian	[norvedʒi'an]
Portugal (m)	Portugalia (f)	[portu'galia]
português (m)	portughez (m)	[portu'gez]
portuguesa (f)	portugheză (f)	[portu'gezə]
português (adj)	portughez	[portu'gez]
Finlândia (f)	Finlanda (f)	[fin'landa]
finlandês (m)	finlandez (m)	[finlan'dez]
finlandesa (f)	finlandeză (f)	[finlan'dezə]
finlandês (adj)	finlandez	[finlan'dez]
França (f)	Franţa (f)	['frantsa]
francês (m)	francez (m)	[fran'tʃez]
francesa (f)	franţuzoaică (f)	[frantsuzo'ajkə]
francês (adj)	francez	[fran'tʃez]
Suécia (f)	Suedia (f)	[su'edia]
sueco (m)	suedez (m)	[sue'dez]
sueca (f)	suedeză (f)	[sue'dezə]
sueco (adj)	suedez	[sue'dez]
Suíça (f)	Elveţia (f)	[el'vetsia]
suíço (m)	elveţian (m)	[elvetsi'an]
suíça (f)	elveţiancă (f)	[elvetsi'ankə]

suíço (adj)	elvețian	[elvetsi'an]
Escócia (f)	Scoția (f)	['skotsia]
escocês (m)	scoțian (m)	[skotsi'an]
escocesa (f)	scoțiancă (f)	[skotsi'ankə]
escocês (adj)	scoțian	[skotsi'an]

Vaticano (m)	Vatican (m)	[vati'kan]
Liechtenstein (m)	Liechtenstein (m)	[lihten'ʃtajn]
Luxemburgo (m)	Luxemburg (m)	[luksem'burg]
Mônaco (m)	Monaco (m)	[mo'nako]

235. Europa Central e de Leste

Albânia (f)	Albania (f)	[al'banija]
albanês (m)	albanez (m)	[alba'nez]
albanesa (f)	albaneză (f)	[alba'nezə]
albanês (adj)	albanez	[alba'nez]

Bulgária (f)	Bulgaria (f)	[bul'garia]
búlgaro (m)	bulgar (m)	[bul'gar]
búlgara (f)	bulgăroaică (f)	[bulgəro'ajkə]
búlgaro (adj)	bulgăresc	[bulgə'resk]

Hungria (f)	Ungaria (f)	[un'garia]
húngaro (m)	ungur (m)	['ungur]
húngara (f)	unguroaică (f)	[unguro'ajkə]
húngaro (adj)	unguresc	[ungu'resk]

Letônia (f)	Letonia (f)	[le'tonia]
letão (m)	leton (m)	[le'ton]
letã (f)	letonă (f)	[le'tonə]
letão (adj)	leton	[le'ton]

Lituânia (f)	Lituania (f)	[litu'ania]
lituano (m)	lituanian (m)	[lituani'an]
lituana (f)	lituaniană (f)	[lituani'anə]
lituano (adj)	lituanian	[lituani'an]

Polônia (f)	Polonia (f)	[po'lonia]
polonês (m)	polonez (m)	[polo'nez]
polonesa (f)	poloneză (f)	[polo'nezə]
polonês (adj)	polonez	[polo'nez]

Romênia (f)	România (f)	[rominia]
romeno (m)	român (m)	[ro'min]
romena (f)	româncă (f)	[ro'minkə]
romeno (adj)	român	[ro'min]

Sérvia (f)	Serbia (f)	['serbija]
sérvio (m)	sârb (m)	[sirb]
sérvia (f)	serbă (f)	['serbə]
sérvio (adj)	sârb	[sirb]
Eslováquia (f)	Slovacia (f)	[slo'vatʃia]
eslovaco (m)	slovac (m)	[slo'vak]

eslovaca (f)	slovacă (f)	[slo'vakə]
eslovaco (adj)	slovac	[slo'vak]
Croácia (f)	Croaţia (f)	[kro'atsia]
croata (m)	croat (m)	[kro'at]
croata (f)	croată (f)	[kro'atə]
croata (adj)	croat	[kro'at]
República (f) Checa	Cehia (f)	['t͡ʃehija]
checo (m)	ceh (m)	[t͡ʃeh]
checa (f)	cehă (f)	['t͡ʃehə]
checo (adj)	ceh	[t͡ʃeh]
Estônia (f)	Estonia (f)	[es'tonia]
estônio (m)	estonian (m)	[estoni'an]
estônia (f)	estoniană (f)	[estoni'anə]
estônio (adj)	estonian	[estoni'an]
Bósnia e Herzegovina (f)	Bosnia şi Herţegovina (f)	['bosnia ʃi hertsego'vina]
Macedônia (f)	Macedonia (f)	[matʃe'donia]
Eslovênia (f)	Slovenia (f)	[slo'venia]
Montenegro (m)	Muntenegru (m)	[munte'negru]

236. Países da ex-URSS

Azerbaijão (m)	Azerbaidjan (m)	[azerbaj'dʒan]
azeri (m)	azerbaidjan (m)	[azerbaj'dʒan]
azeri (f)	azerbaidjană (f)	[azerbaj'dʒanə]
azeri, azerbaijano (adj)	azerbaidjan	[azerbaj'dʒan]
Armênia (f)	Armenia (f)	[ar'menia]
armênio (m)	armean (m)	[ar'mʲan]
armênia (f)	armeancă (f)	[ar'mʲankə]
armênio (adj)	armenesc	[arme'nesk]
Belarus	Belarus (f)	[bela'rus]
bielorrusso (m)	bielorus (m)	[belo'rus]
bielorrussa (f)	bielorusă (f)	[belo'rusə]
bielorrusso (adj)	bielorus	[belo'rus]
Geórgia (f)	Georgia (f)	['dʒordʒia]
georgiano (m)	gruzin (m)	[gru'zin]
georgiana (f)	georgiană (f)	[dʒordʒi'anə]
georgiano (adj)	gruzin	[gru'zin]
Cazaquistão (m)	Kazahstan (n)	[kazah'stan]
cazaque (m)	kazah (m)	[ka'zah]
cazaque (f)	kazahă (f)	[ka'zahə]
cazaque (adj)	kazah	[ka'zah]
Quirguistão (m)	Kîrgîzstan (m)	[kɨrgiz'stan]
quirguiz (m)	kirghiz (m)	[kir'giz]
quirguiz (f)	kirghiză (f)	[kir'gize]
quirguiz (adj)	kirghiz	[kir'giz]

Moldávia (f)	Moldova (f)	[mol'dova]
moldavo (m)	moldovean (m)	[moldo'vʲan]
moldava (f)	moldoveancă (f)	[moldo'vʲankə]
moldavo (adj)	moldovenesc	[moldove'nesk]

Rússia (f)	Rusia (f)	['rusia]
russo (m)	rus (m)	[rus]
russa (f)	rusoaică (f)	[ruso'ajkə]
russo (adj)	rusesc	[ru'sesk]

Tajiquistão (m)	Tadjikistan (m)	[tadʒiki'stan]
tajique (m)	tadjic (m)	[ta'dʒik]
tajique (f)	tadjică (f)	[ta'dʒikə]
tajique (adj)	tadjic	[ta'dʒik]

Turquemenistão (m)	Turkmenistan (n)	[turkmeni'stan]
turcomeno (m)	turkmen (m)	[turk'men]
turcomena (f)	turkmenă (f)	[turk'menə]
turcomeno (adj)	turkmen	[turk'men]

Uzbequistão (f)	Uzbekistan (n)	[uzbeki'stan]
uzbeque (m)	uzbec (m)	[uz'bek]
uzbeque (f)	uzbecă (f)	[uz'bekə]
uzbeque (adj)	uzbec	[uz'bek]

Ucrânia (f)	Ucraina (f)	[ukra'ina]
ucraniano (m)	ucrainean (m)	[ukrai'nʲan]
ucraniana (f)	ucraineancă (f)	[ukrai'nʲankə]
ucraniano (adj)	ucrainean	[ukrai'nʲan]

237. Asia

| Ásia (f) | Asia (f) | ['asia] |
| asiático (adj) | asiatic | [asi'atik] |

Vietnã (m)	Vietnam (n)	[viet'nam]
vietnamita (m)	vietnamez (m)	[vetna'mez]
vietnamita (f)	vietnameză (f)	[vetna'mezə]
vietnamita (adj)	vietnamez	[vetna'mezə]

Índia (f)	India (f)	['india]
indiano (m)	indian (m)	[Indi'an]
indiana (f)	indiancă (f)	[indi'ankə]
indiano (adj)	indian	[indi'an]

Israel (m)	Israel (n)	[isra'el]
israelense (m)	israelian (m)	[israeli'an]
israelita (f)	israeliană (f)	[israeli'anə]
israelense (adj)	israelit	[israe'lit]

judeu (m)	evreu (m)	[e'vreu]
judia (f)	evreică (f)	[e'vrejkə]
judeu (adj)	evreiesc	[evre'esk]
China (f)	China (f)	['kina]

chinês (m)	chinez (m)	[ki'nez]
chinesa (f)	chineză (f)	[ki'neze]
chinês (adj)	chinezesc	[kine'zesk]
coreano (m)	coreean (m)	[kore'an]
coreana (f)	coreeancă (f)	[kore'anke]
coreano (adj)	coreean	[kore'an]
Líbano (m)	Liban (n)	[li'ban]
libanês (m)	libanez (m)	[liba'nez]
libanesa (f)	libaneză (f)	[liba'neze]
libanês (adj)	libanez	[liba'nez]
Mongólia (f)	Mongolia (f)	[mon'golia]
mongol (m)	mongol (m)	[mon'gol]
mongol (f)	mongolă (f)	[mon'gole]
mongol (adj)	mongol	[mon'gol]
Malásia (f)	Malaezia (f)	[mala'ezia]
malaio (m)	malaezian (f)	[malaezi'an]
malaia (f)	malaeziană (f)	[malaezi'ane]
malaio (adj)	malaez	[mala'ez]
Paquistão (m)	Pakistan (n)	[paki'stan]
paquistanês (m)	pakistanez (m)	[pakista'nez]
paquistanesa (f)	pakistaneză (f)	[pakista'neze]
paquistanês (adj)	pakistanez	[pakista'nez]
Arábia (f) Saudita	Arabia (f) Saudită	[a'rabia sau'dite]
árabe (m)	arab (m)	[a'rab]
árabe (f)	arăboaică (f)	[arebo'ajke]
árabe (adj)	arab	[a'rab]
Tailândia (f)	Thailanda (f)	[taj'landa]
tailandês (m)	thailandez (m)	[tajlan'dez]
tailandesa (f)	thailandeză (f)	[tajlan'deze]
tailandês (adj)	thailandez	[tajlan'dez]
Taiwan (m)	Taiwan (m)	[taj'van]
taiwanês (m)	taiwanez (m)	[tajva'nez]
taiwanesa (f)	taiwaneză (f)	[tajva'neze]
taiwanês (adj)	taiwanez	[tajva'nez]
Turquia (f)	Turcia (f)	['turtʃia]
turco (m)	turc (m)	[turk]
turca (f)	turcoaică (f)	[turko'ajke]
turco (adj)	turcesc	[tur'tʃesk]
Japão (m)	Japonia (f)	[ʒa'ponia]
japonês (m)	japonez (m)	[ʒapo'nez]
japonesa (f)	japoneză (f)	[ʒapo'neze]
japonês (adj)	japonez	[ʒapo'nez]
Afeganistão (m)	Afganistan (n)	[afganis'tan]
Bangladesh (m)	Bangladeş (m)	[bangla'deʃ]
Indonésia (f)	Indonezia (f)	[indo'nezia]

Jordânia (f)	Iordania (f)	[jor'dania]
Iraque (m)	Irak (n)	[i'rak]
Irã (m)	Iran (n)	[i'ran]
Camboja (f)	Cambodgia (f)	[kam'bodʒia]
Kuwait (m)	Kuweit (n)	[kuve'it]

Laos (m)	Laos (n)	['laos]
Birmânia (f)	Myanmar (m)	[mjan'mar]
Nepal (m)	Nepal (n)	[ne'pal]
Emirados Árabes Unidos	Emiratele (n pl) Arabe Unite	[emi'ratele a'rabe u'nite]

Síria (f)	Siria (f)	['sirija]
Palestina (f)	Palestina (f)	[pales'tina]
Coreia (f) do Sul	Coreea (f) de Sud	[ko'rea de 'sud]
Coreia (f) do Norte	Coreea (f) de Nord	[ko'rea de 'nord]

238. América do Norte

Estados Unidos da América	Statele (n pl) Unite ale Americii	['statele u'nite 'ale a'meritʃij]
americano (m)	american (m)	[ameri'kan]
americana (f)	americancă (f)	[ameri'kankə]
americano (adj)	american	[ameri'kan]

Canadá (m)	Canada (f)	[ka'nada]
canadense (m)	canadian (m)	[kanadi'an]
canadense (f)	canadiancă (f)	[kanadi'ankə]
canadense (adj)	canadian	[kanadi'an]

México (m)	Mexic (n)	['meksik]
mexicano (m)	mexican (m)	[meksi'kan]
mexicana (f)	mexicancă (f)	[meksi'kankə]
mexicano (adj)	mexican	[meksi'kan]

239. América Central do Sul

Argentina (f)	Argentina (f)	[arʒen'tina]
argentino (m)	argentinian (m)	[arʒentini'an]
argentina (f)	argentiniană (f)	[ardʒentini'anə]
argentino (adj)	argentinian	[arʒentini'an]

Brasil (m)	Brazilia (f)	[bra'zilia]
brasileiro (m)	brazilian (m)	[brazili'an]
brasileira (f)	braziliancă (f)	[brazili'ankə]
brasileiro (adj)	brazilian	[brazili'an]

Colômbia (f)	Columbia (f)	[ko'lumbia]
colombiano (m)	columbian (m)	[kolumbi'an]
colombiana (f)	columbiană (f)	[kolumbi'anə]
colombiano (adj)	columbian	[kolumbi'an]
Cuba (f)	Cuba (f)	['kuba]
cubano (m)	cubanez (m)	[kuba'nez]

| cubana (f) | cubaneză (f) | [kuba'nezə] |
| cubano (adj) | cubanez | [kuba'nez] |

Chile (m)	Chile (n)	['ʧile]
chileno (m)	chilian (m)	[ʧili'an]
chilena (f)	chiliană (f)	[ʧili'anə]
chileno (adj)	chilian	[ʧili'an]

Bolívia (f)	Bolivia (f)	[bo'livia]
Venezuela (f)	Venezuela (f)	[venezu'ela]
Paraguai (m)	Paraguay (n)	[paragu'aj]
Peru (m)	Peru (n)	['peru]

Suriname (m)	Surinam (n)	[suri'nam]
Uruguai (m)	Uruguay (n)	[urugu'aj]
Equador (m)	Ecuador (m)	[ekua'dor]

Bahamas (f pl)	Insulele (f pl) Bahamas	['insulele ba'hamas]
Haiti (m)	Haiti (n)	[ha'iti]
República Dominicana	Republica (f) Dominicană	[re'publika domini'kanə]
Panamá (m)	Panama (f)	[pana'ma]
Jamaica (f)	Jamaica (f)	[ʒa'majka]

240. Africa

Egito (m)	Egipt (n)	[e'ʤipt]
egípcio (m)	egiptean (m)	[eʤip'tʲan]
egípcia (f)	egipteancă (f)	[eʤip'tʲankə]
egípcio (adj)	egiptean	[eʤip'tʲan]

Marrocos	Maroc (n)	[ma'rok]
marroquino (m)	marocan (m)	[maro'kan]
marroquina (f)	marocană (f)	[maro'kanə]
marroquino (adj)	marocan	[maro'kan]

Tunísia (f)	Tunisia (f)	[tu'nisia]
tunisiano (m)	tunisian (m)	[tunisi'an]
tunisiana (f)	tunisiancă (f)	[tunisi'ankə]
tunisiano (adj)	tunisian	[tunisi'an]

Gana (f)	Ghana (f)	['gana]
Zanzibar (m)	Zanzibar (n)	[zanzi'bar]
Quênia (f)	Kenia (f)	['kenia]
Líbia (f)	Libia (f)	['libia]
Madagascar (m)	Madagascar (n)	[madagas'kar]

Namíbia (f)	Namibia (f)	[na'mibia]
Senegal (m)	Senegal (n)	[sene'gal]
Tanzânia (f)	Tanzania (f)	[tan'zania]
África (f) do Sul	Africa de Sud (f)	['afrika de sud]

africano (m)	african (m)	[afri'kan]
africana (f)	africană (f)	[afri'kanə]
africano (adj)	african	[afri'kan]

241. Austrália. Oceania

Austrália (f)	Australia (f)	[au'stralia]
australiano (m)	australian (m)	[australi'an]
australiana (f)	australiană (f)	[australi'anə]
australiano (adj)	australian	[australi'an]

Nova Zelândia (f)	Noua Zeelandă (f)	['nowa zee'landə]
neozelandês (m)	neozeelandez (m)	[neozeelan'dez]
neozelandesa (f)	neozeelandeză (f)	[neozeelan'dezə]
neozelandês (adj)	neozeelandez	[neozeelan'dez]

| Tasmânia (f) | Tasmania (f) | [tas'mania] |
| Polinésia (f) Francesa | Polinezia (f) | [poli'nezia] |

242. Cidades

Amesterdã, Amsterdã	Amsterdam (n)	['amsterdam]
Ancara	Ankara (f)	[an'kara]
Atenas	Atena (f)	[a'tena]
Bagdade	Bagdad (n)	[bag'dad]
Bancoque	Bangkok (m)	[ba'nkok]

Barcelona	Barcelona (f)	[barse'lona]
Beirute	Beirut (n)	[bej'rut]
Berlim	Berlin (n)	[ber'lin]
Bonn	Bonn (n)	[bon]
Bordéus	Bordeaux (n)	[bor'do]

Bratislava	Bratislava (f)	[bratislava]
Bruxelas	Bruxelles (n)	[bruk'sel]
Bucareste	Bucure ti (n)	[buku'reʃtʲ]
Budapeste	Budapesta (f)	[buda'pesta]
Cairo	Cairo (n)	[ka'iro]

Calcutá	Calcutta (f)	[kal'kuta]
Chicago	Chicago (n)	[tʃi'kago]
Cidade do México	Mexico City (n)	['meksiko 'siti]
Copenhague	Copenhaga (f)	[kopen'haga]
Dar es Salaam	Dar es Salaam (n)	[dar es sala'am]

Deli	Delhi, New Delhi (m)	['deli], [nju 'deli]
Dubai	Dubai (n)	[du'baj]
Dublim	Dublin (n)	[dub'lin]
Düsseldorf	Düsseldorf (m)	[djusel'dorf]
Estocolmo	Stockholm (m)	['stokholm]

Florença	Florența (f)	[flo'rentsa]
Frankfurt	Frankfurt (m)	['frankfurt]
Genebra	Geneva (f)	[dʒe'neva]
Haia	Haga (f)	['haga]
Hamburgo	Hamburg (n)	['hamburg]
Hanói	Hanoi (n)	[ha'noj]

Havana	Havana (f)	[ha'vana]
Helsinque	Helsinki (n)	['helsinki]
Hiroshima	Hiroşima (f)	[hiro'ʃima]
Hong Kong	Hong-Kong (n)	['hong 'kong]
Istambul	Istanbul (n)	[istan'bul]
Jerusalém	Ierusalim (n)	[jerusa'lim]
Kiev, Quieve	Kiev (n)	[ki'ev]
Kuala Lumpur	Kuala Lumpur (m)	[ku'ala lum'pur]
Lion	Lyon (m)	[li'on]
Lisboa	Lisabona (f)	[lisa'bona]
Londres	Londra (f)	['londra]
Los Angeles	Los Angeles (n)	['los 'andʒeles]
Madrid	Madrid (n)	[ma'drid]
Marselha	Marsilia (f)	[mar'silia]
Miami	Miami (n)	[ma'jami]
Montreal	Montreal (m)	[monre'al]
Moscou	Moscova (f)	['moskova]
Mumbai	Bombay (n)	[bom'bej]
Munique	Munchen (m)	['mʲunhen]
Nairóbi	Nairobi (n)	[naj'robi]
Nápoles	Napoli (m)	['napoli]
Nice	Nisa (f)	['nisa]
Nova York	New York (n)	[nju 'jork]
Oslo	Oslo (n)	['oslo]
Ottawa	Ottawa (f)	[ot'tava]
Paris	Paris (n)	[pa'ris]
Pequim	Beijing (n)	[bej'ʒing]
Praga	Praga (f)	['praga]
Rio de Janeiro	Rio de Janeiro (n)	['rio de ʒa'nejro]
Roma	Roma (f)	['roma]
São Petersburgo	Sankt Petersburg (n)	['sankt peters'burg]
Seul	Seul (n)	[se'ul]
Singapura	Singapore (n)	[singa'pore]
Sydney	Sydney (m)	['sidnej]
Taipé	Taipei (m)	[taj'pej]
Tóquio	Tokio (n)	['tokio]
Toronto	Toronto (n)	[to'ronto]
Varsóvia	Varşovia (f)	[var'ʃovia]
Veneza	Veneţia (f)	[ve'netsia]
Viena	Viena (f)	[vi'ena]
Washington	Washington (n)	['waʃington]
Xangai	Shanghai (m)	[ʃan'haj]

243. Política. Governo. Parte 1

política (f)	politică (f)	[po'litikə]
político (adj)	politic	[po'litik]

político (m)	politician (m)	[politit͡ʃi'an]
estado (m)	stat (n)	[stat]
cidadão (m)	cetăţean (m)	[t͡ʃetə'ts'an]
cidadania (f)	cetăţenie (f)	[t͡ʃetətse'nie]

| brasão (m) de armas | stemă (f) naţională | ['stemə natsio'nalə] |
| hino (m) nacional | imn (n) de stat | [imn de stat] |

governo (m)	guvern (n)	[gu'vern]
Chefe (m) de Estado	conducătorul (m) ţării	[konduke'torul tsərij]
parlamento (m)	parlament (n)	[parla'ment]
partido (m)	partid (n)	[par'tid]

| capitalismo (m) | capitalism (n) | [kapita'lism] |
| capitalista (adj) | capitalist | [kapita'list] |

| socialismo (m) | socialism (n) | [sot͡ʃia'lizm] |
| socialista (adj) | socialist | [sot͡ʃia'list] |

comunismo (m)	comunism (n)	[komu'nizm]
comunista (adj)	comunist	[komu'nist]
comunista (m)	comunist (m)	[komu'nist]

democracia (f)	democraţie (f)	[demokra'tsie]
democrata (m)	democrat (m)	[demo'krat]
democrático (adj)	democrat	[demo'krat]
Partido (m) Democrático	partid (n) democrat	[par'tid demo'krat]

| liberal (m) | liberal (m) | [libe'ral] |
| liberal (adj) | liberal | [libe'ral] |

| conservador (m) | conservator (m) | [konserva'tor] |
| conservador (adj) | conservator | [konserva'tor] |

república (f)	republică (f)	[re'publikə]
republicano (m)	republican (m)	[republi'kan]
Partido (m) Republicano	partid (n) republican	[par'tid republi'kan]

eleições (f pl)	alegeri (f pl)	[a'led͡ʒer']
eleger (vt)	a alege	[a a'led͡ʒe]
eleitor (m)	alegător (m)	[alegə'tor]
campanha (f) eleitoral	campanie (f) electorală	[kam'panie elekto'ralə]

votação (f)	votare (f)	[vo'tare]
votar (vi)	a vota	[a vo'ta]
sufrágio (m)	drept (n) de vot	[drept de vot]

candidato (m)	candidat (m)	[kandi'dat]
candidatar-se (vi)	a candida	[a kandi'da]
campanha (f)	campanie (f)	[kam'panie]

| da oposição | de opoziţie | [de opo'zitsie] |
| oposição (f) | opoziţie (f) | [opo'zitsie] |

| visita (f) | vizită (f) | ['vizitə] |
| visita (f) oficial | vizită (f) oficială | ['vizitə ofit͡ʃi'alə] |

internacional (adj)	internaţional	[internatsio'nal]
negociações (f pl)	tratative (n pl)	[trata'tive]
negociar (vi)	a purta tratative	[a pur'ta trata'tive]

244. Política. Governo. Parte 2

sociedade (f)	societate (f)	[soţie'tate]
constituição (f)	constituţie (f)	[konsti'tutsie]
poder (ir para o ~)	autoritate (f)	[autori'tate]
corrupção (f)	corupţie (f)	[ko'ruptsie]

| lei (f) | lege (f) | ['ledʒe] |
| legal (adj) | legal | [le'gal] |

| justeza (f) | dreptate (f) | [drep'tate] |
| justo (adj) | echitabil | [eki'tabil] |

comitê (m)	comitet (n)	[komi'tet]
projeto-lei (m)	proiect (n) de lege	[pro'ekt de 'ledʒe]
orçamento (m)	buget (n)	[bu'dʒet]
política (f)	politică (f)	[po'litikə]
reforma (f)	reformă (f)	[re'formə]
radical (adj)	radical	[radi'kal]

força (f)	putere (f)	[pu'tere]
poderoso (adj)	puternic	[pu'ternik]
partidário (m)	adept (m)	[a'dept]
influência (f)	influenţă (f)	[influ'entsə]

regime (m)	regim (n)	[re'dʒim]
conflito (m)	conflict (n)	[kon'flikt]
conspiração (f)	conspiraţie (f)	[konspi'ratsie]
provocação (f)	provocare (f)	[provo'kare]

derrubar (vt)	a răsturna	[a rəstur'na]
derrube (m), queda (f)	răsturnare (f)	[rəstur'nare]
revolução (f)	revoluţie (f)	[revo'lutsie]

| golpe (m) de Estado | lovitură (f) de stat | [lovi'tura də stat] |
| golpe (m) militar | lovitură (f) de stat militară | [lovi'tura də stat mili'tarə] |

crise (f)	criză (f)	['krizə]
recessão (f) econômica	scădere (f) economică	[skə'dere eko'nomikə]
manifestante (m)	manifestant (m)	[manifes'tant]
manifestação (f)	manifestaţie (f)	[manifes'tatsie]
lei (f) marcial	stare (f) de război	['stare de rəz'boj]
base (f) militar	bază (f) militară	['bazə mili'tarə]

| estabilidade (f) | stabilitate (f) | [stabili'tatə] |
| estável (adj) | stabil | [sta'bil] |

exploração (f)	exploatare (f)	[ekploa'tare]
explorar (vt)	a exploata	[a eksploa'ta]
racismo (m)	rasism (n)	[ra'sism]

racista (m)	rasist (m)	[ra'sist]
fascismo (m)	fascism (n)	[fas'ʧism]
fascista (m)	fascist (m)	[fas'ʧist]

245. Países. Diversos

estrangeiro (m)	cetățean (m) străin	[ʧetə'ʦʲan strə'in]
estrangeiro (adj)	străin	[strə'in]
no estrangeiro	peste hotare	['peste ho'tare]
emigrante (m)	emigrant (m)	[emi'grant]
emigração (f)	emigrare (f)	[emi'grare]
emigrar (vi)	a emigra	[a emi'gra]
Ocidente (m)	Vest (n)	[vest]
Oriente (m)	Est (n)	[est]
Extremo Oriente (m)	Extremul Orient (n)	[eks'tremul o'rjent]
civilização (f)	civilizație (f)	[ʧivili'zaʦie]
humanidade (f)	umanitate (f)	[umani'tate]
mundo (m)	lume (f)	['lume]
paz (f)	pace (f)	['paʧe]
mundial (adj)	mondial	[mon'djal]
pátria (f)	patrie (f)	['patrie]
povo (população)	popor (n)	[po'por]
população (f)	populație (f)	[popu'laʦie]
gente (f)	oameni (m pl)	[o'amenʲ]
nação (f)	națiune (f)	[naʦi'une]
geração (f)	generație (f)	[dʒene'raʦie]
território (m)	teritoriu (n)	[teri'torju]
região (f)	regiune (f)	[redʒi'une]
estado (m)	stat (n)	[stat]
tradição (f)	tradiție (f)	[tra'diʦie]
costume (m)	obicei (n)	[obi'ʧej]
ecologia (f)	ecologie (f)	[ekolo'dʒie]
índio (m)	indian (m)	[indi'an]
cigano (m)	țigan (m)	[ʦi'gan]
cigana (f)	țigancă (f)	[ʦi'gankə]
cigano (adj)	țigănesc	[ʦigə'nesk]
império (m)	imperiu (n)	[im'perju]
colônia (f)	colonie (f)	[kolo'nie]
escravidão (f)	sclavie (f)	[skla'vie]
invasão (f)	invazie (f)	[in'vazie]
fome (f)	foamete (f)	[fo'amete]

246. Grupos religiosos mais importantes. Confissões

religião (f)	religie (f)	[re'lidʒie]
religioso (adj)	religios	[relidʒi'os]

crença (f)	credinţă (f)	[kre'dintsə]
crer (vt)	a crede	[a 'krede]
crente (m)	credincios (m)	[kredin'tʃios]

| ateísmo (m) | ateism (n) | [ate'izm] |
| ateu (m) | ateu (m) | [a'teu] |

cristianismo (m)	creştinism (n)	[kreʃti'nism]
cristão (m)	creştin (m)	[kreʃ'tin]
cristão (adj)	creştin	[kreʃ'tin]

catolicismo (m)	Catolicism (n)	[katoli'tʃism]
católico (m)	catolic (m)	[ka'tolik]
católico (adj)	catolic	[ka'tolik]

protestantismo (m)	Protestantism (n)	[protestan'tizm]
Igreja (f) Protestante	Biserica (f) Protestantă	[bi'serika protes'tantə]
protestante (m)	protestant (m)	[protes'tant]

ortodoxia (f)	Ortodoxie (f)	[ortodok'sie]
Igreja (f) Ortodoxa	Biserica (f) Ortodoxă	[bi'serika orto'doksə]
ortodoxo (m)	ortodox (m)	[orto'doks]

presbiterianismo (m)	calvinism (n)	[kalvi'nism]
Igreja (f) Presbiteriana	Biserica (f) Calvinistă	[bi'serika kalvi'nistə]
presbiteriano (m)	calvinist (m)	[kalvi'nist]

| luteranismo (m) | Biserica (f) Luterană | [bi'serika lute'ranə] |
| luterano (m) | luteran (m) | [lute'ran] |

| Igreja (f) Batista | Baptism (n) | [bap'tism] |
| batista (m) | baptist (m) | [bap'tist] |

| Igreja (f) Anglicana | Biserica (f) Anglicană | [bi'serika angli'kanə] |
| anglicano (m) | anglican (m) | [angli'kan] |

| mormonismo (m) | Mormonism (n) | [mormo'nism] |
| mórmon (m) | mormon (m) | [mor'mon] |

| Judaísmo (m) | Iudaism (n) | [juda'izm] |
| judeu (m) | iudeu (m) | [ju'deu] |

| budismo (m) | Budism (n) | [bu'dizm] |
| budista (m) | budist (m) | [bu'dist] |

| hinduísmo (m) | Hinduism (n) | [hindu'izm] |
| hindu (m) | hindus (m) | [hin'dus] |

Islã (m)	Islamism (n)	[isla'mizm]
muçulmano (m)	musulman (m)	[musul'man]
muçulmano (adj)	musulman	[musul'man]

xiismo (m)	Şiism (n)	[ʃi'ism]
xiita (m)	şiit (m)	[ʃi'it]
sunismo (m)	Sunnism (n)	[su'nism]
sunita (m)	sunnit (m)	[su'nit]

247. Religiões. Padres

| padre (m) | preot (m) | ['preot] |
| Papa (m) | Papa Romei (m) | ['papa 'romej] |

monge (m)	călugăr (m)	[kə'lugər]
freira (f)	călugăriţă (f)	[kə'lugəritsə]
pastor (m)	pastor (m)	['pastor]

abade (m)	abate (m)	[a'bate]
vigário (m)	vicar (m)	[vi'kar]
bispo (m)	episcop (m)	[e'piskop]
cardeal (m)	cardinal (m)	[kardi'nal]

pregador (m)	propovăduitor (m)	[propovədui'tor]
sermão (m)	predică (f)	['predikə]
paroquianos (pl)	enoriaşi (m pl)	[enori'aʃ]

| crente (m) | credincios (m) | [kredin'ʧios] |
| ateu (m) | ateu (m) | [a'teu] |

248. Fé. Cristianismo. Islão

| Adão | Adam (m) | [a'dam] |
| Eva | Eva (f) | ['eva] |

Deus (m)	Dumnezeu (m)	[dumne'zeu]
Senhor (m)	Domnul (m)	['domnulʲ]
Todo Poderoso (m)	Atotputernic (m)	[atotpu'ternik]

pecado (m)	păcat (n)	[pə'kat]
pecar (vi)	a păcătui	[a pəkətu'i]
pecador (m)	păcătos (m)	[pəkə'tos]
pecadora (f)	păcătoasă (f)	[pəkəto'asə]

| inferno (m) | iad (n) | [jad] |
| paraíso (m) | rai (f) | [raj] |

| Jesus | Isus (m) | [i'sus] |
| Jesus Cristo | Isus Hristos (m) | [i'sus hris'tos] |

Espírito (m) Santo	Sfântul Duh (m)	['sfintul 'duh]
Salvador (m)	Salvator (m)	[salva'tor]
Virgem Maria (f)	Maica Domnului (f)	['majka 'domnuluj]

Diabo (m)	Diavol (m)	['djavol]
diabólico (adj)	diavolesc	[djavo'lesk]
Satanás (m)	Satana (f)	[sa'tana]
satânico (adj)	satanic	[sa'tanik]

anjo (m)	înger (m)	['indʒer]
anjo (m) da guarda	înger (m) păzitor	['indʒer pəzi'tor]
angelical	îngeresc	[indʒe'resk]

apóstolo (m)	apostol (m)	[a'postol]
arcanjo (m)	arhanghel (m)	[ar'hangel]
anticristo (m)	antihrist (m)	[anti'hrist]

Igreja (f)	Biserică (f)	[bi'serikə]
Bíblia (f)	Biblie (f)	['biblie]
bíblico (adj)	biblic	['biblik]

Velho Testamento (m)	Vechiul Testament (n)	['vekjul testa'ment]
Novo Testamento (m)	Noul testament (n)	['noul testa'ment]
Evangelho (m)	Evanghelie (f)	[eva'ngelie]
Sagradas Escrituras (f pl)	Sfânta Scriptură (f)	['sfinta skrip'turə]
Céu (sete céus)	Împărăția Cerului (f)	[impərə'tsia 'tʃeruluj]

mandamento (m)	poruncă (f)	[po'runkə]
profeta (m)	profet (m)	[pro'fet]
profecia (f)	profeție (f)	[profe'tsie]

Alá (m)	Allah (m)	[al'lah]
Maomé (m)	Mohamed (m)	[moha'med]
Alcorão (m)	Coran (n)	[ko'ran]

mesquita (f)	moschee (f)	[mos'kee]
mulá (m)	hoge (m)	['hodʒe]
oração (f)	rugăciune (f)	[rugə'tʃiune]
rezar, orar (vi)	a se ruga	[a se ru'ga]

peregrinação (f)	pelerinaj (n)	[peleri'naʒ]
peregrino (m)	pelerin (m)	[pele'rin]
Meca (f)	Mecca (f)	['meka]

igreja (f)	biserică (f)	[bi'serikə]
templo (m)	templu (n)	['templu]
catedral (f)	catedrală (f)	[kate'dralə]
gótico (adj)	gotic	['gotik]
sinagoga (f)	sinagogă (f)	[sina'gogə]
mesquita (f)	moschee (f)	[mos'kee]

capela (f)	capelă (f)	[ka'pelə]
abadia (f)	abație (f)	[a'batsie]
convento (m)	mănăstire (f) de călugărițe	[mənəs'tire de kə'lugəritse]
monastério (m)	mănăstire (f) de călugări	[mənəs'tire de kə'lugəri]

sino (m)	clopot (n)	['klopot]
campanário (m)	clopotniță (f)	[klo'potnitsə]
repicar (vi)	a bate	[a 'bate]

cruz (f)	cruce (f)	['krutʃe]
cúpula (f)	boltă (f)	['boltə]
ícone (m)	icoană (f)	[iko'anə]

alma (f)	suflet (n)	['suflet]
destino (m)	soartă (f)	[so'artə]
mal (m)	rău (n)	[rəu]
bem (m)	bine (n)	['bine]
vampiro (m)	vampir (m)	[vam'pir]

bruxa (f)	vrăjitoare (f)	[vrəʒito'are]
demônio (m)	demon (m)	['demon]
espírito (m)	spirit (n)	['spirit]
redenção (f)	ispăşire (f)	[ispə'ʃire]
redimir (vt)	a ispăşi	[a ispə'ʃi]
missa (f)	slujbă (f)	['sluʒbə]
celebrar a missa	a sluji	[a slu'ʒi]
confissão (f)	spovedanie (f)	[spove'danie]
confessar-se (vr)	a se spovedi	[a se spove'di]
santo (m)	sfânt (m)	[sfint]
sagrado (adj)	sfânt	[sfint]
água (f) benta	apă (f) sfinţită	['apə sfin'tsitə]
ritual (m)	ritual (n)	[ritu'al]
ritual (adj)	de rit	[de rit]
sacrifício (m)	jertfă (f)	['ʒertfə]
superstição (f)	superstiţie (f)	[supers'titsie]
supersticioso (adj)	superstiţios	[superstitsi'os]
vida (f) após a morte	viaţa (f) de după moarte	['vjatsa de 'dupə mo'arte]
vida (f) eterna	viaţă (f) veşnică	['vjatsə 'veʃnikə]

TEMAS DIVERSOS

249. Várias palavras úteis

ajuda (f)	ajutor (n)	[aʒu'tor]
barreira (f)	barieră (f)	[ba'rjerə]
base (f)	bază (f)	['bazə]
categoria (f)	categorie (f)	[katego'rie]
causa (f)	cauză (f)	['kauzə]
coincidência (f)	coincidenţă (f)	[kointʃi'dentsə]
coisa (f)	obiect (n)	[o'bjekt]
começo, início (m)	început (n)	[intʃe'put]
cômodo (ex. poltrona ~a)	confortabil	[konfor'tabil]
comparação (f)	comparaţie (f)	[kompa'ratsie]
compensação (f)	compensaţie (f)	[kompen'satsie]
crescimento (m)	creştere (f)	['kreʃtere]
desenvolvimento (m)	dezvoltare (f)	[dezvol'tare]
diferença (f)	deosebire (f)	[deose'bire]
efeito (m)	efect (n)	[e'fekt]
elemento (m)	element (n)	[ele'ment]
equilíbrio (m)	balanţă (f)	[ba'lantsə]
erro (m)	greşeală (f)	[gre'ʃalə]
esforço (m)	efort (n)	[e'fort]
estilo (m)	stil (n)	[stil]
exemplo (m)	exemplu (n)	[e'gzemplu]
fato (m)	fapt (n)	[fapt]
fim (m)	sfârşit (n)	[sfir'ʃit]
forma (f)	formă (f)	['formə]
frequente (adj)	des	[des]
fundo (ex. ~ verde)	fundal (n)	[fun'dal]
gênero (tipo)	aspect (n)	[as'pekt]
grau (m)	grad (n)	[grad]
ideal (m)	ideal (n)	[ide'al]
labirinto (m)	labirint (n)	[labi'rint]
modo (m)	mod (n)	[mod]
momento (m)	moment (n)	[mo'mənt]
objeto (m)	obiect (n)	[o'bjekt]
obstáculo (m)	obstacol (n)	[ob'stakol]
original (m)	original (n)	[oridʒi'nal]
padrão (adj)	standardizat	[standardi'zat]
padrão (m)	standard (n)	[stan'dard]
paragem (pausa)	pauză (f)	['pauzə]
parte (f)	parte (f)	['parte]

partícula (f)	bucată (f)	[bu'katə]
pausa (f)	pauză (f)	['pauzə]
posição (f)	poziție (f)	[po'zitsie]
princípio (m)	principiu (n)	[prin'tʃipju]
problema (m)	problemă (f)	[pro'blemə]
processo (m)	proces (n)	[pro'tʃes]
progresso (m)	progres (n)	[pro'gres]
propriedade (qualidade)	însușire (f)	[insu'ʃire]
reação (f)	reacție (f)	[re'aktsie]
risco (m)	risc (n)	[risk]
ritmo (m)	ritm (n)	[ritm]
segredo (m)	taină (f)	['tajnə]
série (f)	serie (f)	['serie]
sistema (m)	sistem (n)	[sis'tem]
situação (f)	situație (f)	[situ'atsie]
solução (f)	soluție (f)	[so'lutsie]
tabela (f)	tabel (n)	[ta'bel]
termo (ex. ~ técnico)	termen (n)	['termen]
tipo (m)	tip (n)	[tip]
urgente (adj)	urgent	[ur'dʒent]
urgentemente	urgent	[ur'dʒent]
utilidade (f)	folos (n)	[fo'los]
variante (f)	variantă (f)	[vari'antə]
variedade (f)	alegere (f)	[a'ledʒere]
verdade (f)	adevăr (n)	[ade'vər]
vez (f)	rând (n)	[rind]
zona (f)	zonă (f)	['zonə]

250. Modificadores. Adjetivos. Parte 1

aberto (adj)	deschis	[des'kis]
afetuoso (adj)	gingaș	['dʒingaʃ]
afiado (adj)	ascuțit	[asku'tsit]
agradável (adj)	plăcut	[plə'kut]
agradecido (adj)	recunoscător	[rekunoskə'tor]
alegre (adj)	vesel	['vesel]
alto (ex. voz ~a)	cu voce tare	[ku 'votʃe 'tare]
amargo (adj)	amar	[a'mar]
amplo (adj)	spațios	[spatsi'os]
antigo (adj)	antic	['antik]
apropriado (adj)	folositor	[folosi'tor]
arriscado (adj)	riscant	[ris'kant]
artificial (adj)	artificial	[artifitʃi'al]
azedo (adj)	acru	['akru]
baixo (voz ~a)	încet	[in'tʃet]
barato (adj)	ieftin	['jeftin]

belo (adj)	minunat	[minu'nat]
bom (adj)	bun	[bun]
bondoso (adj)	bun	[bun]
bonito (adj)	frumos	[fru'mos]
bronzeado (adj)	bronzat	[bron'zat]
burro, estúpido (adj)	prost	[prost]
calmo (adj)	liniştit	[liniʃ'tit]
cansado (adj)	obosit	[obo'sit]
cansativo (adj)	obositor	[obosi'tor]
carinhoso (adj)	grijuliu	[griʒu'lju]
caro (adj)	scump	[skump]
cego (adj)	orb	[orb]
central (adj)	central	[ʧen'tral]
cerrado (ex. nevoeiro ~)	des	[des]
cheio (xícara ~a)	plin	[plin]
civil (adj)	civil	[ʧi'vil]
clandestino (adj)	ilegal	[ile'gal]
claro (explicação ~a)	clar	[klar]
claro (pálido)	de nuanţă deschisă	[de nu'antsə des'kisə]
compatível (adj)	compatibil	[kompa'tibil]
comum, normal (adj)	obişnuit	[obiʃnu'it]
congelado (adj)	congelat	[kondʒe'lat]
conjunto (adj)	comun	[ko'mun]
considerável (adj)	considerabil	[konside'rabil]
contente (adj)	mulţumit	[mulʦu'mit]
contínuo (adj)	îndelungat	[ɨndelu'ngat]
contrário (ex. o efeito ~)	opus	[o'pus]
correto (resposta ~a)	corect	[ko'rekt]
cru (não cozinhado)	crud	[krud]
curto (adj)	scurt	[skurt]
de curta duração	de scurtă durată	[de 'skurtə du'ratə]
de sol, ensolarado	însorit	[ɨnso'rit]
de trás	posterior	[posteri'or]
denso (fumaça ~a)	des	[des]
desanuviado (adj)	fără nori	['fərə 'norⁱ]
descuidado (adj)	neglijent	[negli'ʒent]
diferente (adj)	diferit	[dife'rit]
difícil (decisão)	greu	['greu]
difícil, complexo (adj)	complex	[kom'pleks]
direito (lado ~)	drept	[drept]
distante (adj)	îndepărtat	[ɨndepər'tat]
diverso (adj)	distinct	[dis'tinkt]
doce (açucarado)	dulce	['dulʧe]
doce (água)	nesărat	[nesə'rat]
doente (adj)	bolnav	[bol'nav]
duro (material ~)	tare	['tare]
educado (adj)	politicos	[politi'kos]

encantador (agradável)	simpatic	[sim'patik]
enigmático (adj)	enigmatic	[enig'matik]
enorme (adj)	uriaş	[uri'aʃ]
escuro (quarto ~)	întunecat	[intune'kat]
especial (adj)	special	[spetʃi'al]
esquerdo (lado ~)	stâng	[stiŋg]

estrangeiro (adj)	străin	[strə'in]
estreito (adj)	îngust	[in'gust]
exato (montante ~)	exact	[e'gzakt]
excelente (adj)	excelent	[ekstʃe'lent]
excessivo (adj)	excesiv	[ekstʃe'siv]

externo (adj)	exterior	[eksteri'or]
fácil (adj)	simplu	['simplu]
faminto (adj)	flămând	[flə'mind]
fechado (adj)	închis	[in'kis]
feliz (adj)	fericit	[feri'tʃit]

fértil (terreno ~)	roditor	[rodi'tor]
forte (pessoa ~)	puternic	[pu'ternik]
fraco (luz ~a)	şters	[ʃters]
frágil (adj)	fragil	[fra'dʒil]
fresco (pão ~)	proaspăt	[pro'aspət]

fresco (tempo ~)	răcoros	[rəko'ros]
frio (adj)	rece	['retʃe]
gordo (alimentos ~s)	gras	[gras]
gostoso, saboroso (adj)	gustos	[gus'tos]

grande (adj)	mare	['mare]
gratuito, grátis (adj)	gratis	['gratis]
grosso (camada ~a)	gras	[gras]
hostil (adj)	duşmănos	[duʃmə'nos]

251. Modificadores. Adjetivos. Parte 2

igual (adj)	asemenea	[a'semenʲa]
imóvel (adj)	imobil	[imo'bil]
importante (adj)	important	[impor'tant]
impossível (adj)	imposibil	[impo'sibil]
incompreensível (adj)	neclar	[ne'klar]

indigente (muito pobre)	sărac	[sə'rak]
indispensável (adj)	necesar	[netʃe'sar]
inexperiente (adj)	lipsit de experienţă	[lip'sit de ekspe'rjentsə]
infantil (adj)	pentru copii	['pentru ko'pij]

ininterrupto (adj)	neîntrerupt	[neintre'rupt]
insignificante (adj)	neînsemnat	[neinsem'nat]
inteiro (completo)	întreg	[in'treg]
inteligente (adj)	deştept	[deʃ'tept]
interno (adj)	interior	[interi'or]
jovem (adj)	tânăr	['tinər]

largo (caminho ~)	larg	[larg]
legal (adj)	legal	[le'gal]
leve (adj)	uşor	[u'ʃor]
limitado (adj)	limitat	[limi'tat]
limpo (adj)	curat	[ku'rat]
líquido (adj)	lichid	[li'kid]
liso (adj)	neted	['neted]
liso (superfície ~a)	neted	['neted]
livre (adj)	liber	['liber]
longo (ex. cabelo ~)	lung	[lung]
maduro (ex. fruto ~)	copt	[kopt]
magro (adj)	slab	[slab]
mais próximo (adj)	cel mai apropiat	['ʧel 'maj apropi'at]
mais recente (adj)	trecut	[tre'kut]
mate (adj)	mat	[mat]
mau (adj)	rău	['rəu]
meticuloso (adj)	ordonat	[ordo'nat]
míope (adj)	miop	[mi'op]
mole (adj)	moale	[mo'ale]
molhado (adj)	ud	[ud]
moreno (adj)	negricios	[negri'ʧios]
morto (adj)	mort	[mort]
muito magro (adj)	slab	[slab]
não difícil (adj)	uşor	[u'ʃor]
não é clara (adj)	neclar	[ne'klar]
não muito grande (adj)	nu prea mare	['nu pr'a 'mare]
natal (país ~)	natal	[na'tal]
necessário (adj)	necesar	[neʧe'sar]
negativo (resposta ~a)	negativ	[nega'tiv]
nervoso (adj)	nervos	[ner'vos]
normal (adj)	normal	[nor'mal]
novo (adj)	nou	['nou]
o mais importante (adj)	cel mai important	[ʧel maj impor'tant]
obrigatório (adj)	obligatoriu	[obliga'torju]
original (incomum)	original	[oridʒi'nal]
passado (adj)	trecut	[tre'kut]
pequeno (adj)	mic	[mik]
perigoso (adj)	periculos	[periku'los]
permanente (adj)	stabil	[sta'bil]
perto (adj)	apropiat	[apropi'jat]
pesado (adj)	greu	['greu]
pessoal (adj)	personal	[perso'nal]
plano (ex. ecrã ~ a)	neted	['neted]
pobre (adj)	sărac	[sə'rak]
pontual (adj)	punctual	[punktu'al]
possível (adj)	posibil	[po'sibil]
pouco fundo (adj)	mărunt	[mə'runt]

presente (ex. momento ~)	prezent	[pre'zent]
primeiro (principal)	fundamental	[fundamen'tal]
principal (adj)	principal	[printʃi'pal]
privado (adj)	personal	[perso'nal]
provável (adj)	probabil	[pro'babil]
próximo (adj)	vecin	[ve'tʃin]
público (adj)	social	[sotʃi'al]
quente (cálido)	fierbinte	[fier'binte]
quente (morno)	cald	[kald]
rápido (adj)	rapid	[ra'pid]
raro (adj)	rar	[rar]
remoto, longínquo (adj)	îndepărtat	[indepər'tat]
reto (linha ~a)	drept	[drept]
salgado (adj)	sărat	[sə'rat]
satisfeito (adj)	satisfăcut	[satisfə'kut]
seco (roupa ~a)	uscat	[us'kat]
seguinte (adj)	următor	[urmə'tor]
seguro (não perigoso)	neprimejdios	[neprimeʒdi'os]
similar (adj)	asemănător	[asemənə'tor]
simples (fácil)	simplu	['simplu]
soberbo, perfeito (adj)	superb	[su'perb]
sólido (parede ~a)	durabil	[du'rabil]
sombrio (adj)	întunecat	[intune'kat]
sujo (adj)	murdar	[mur'dar]
superior (adj)	cel mai înalt	[tʃel maj i'nalt]
suplementar (adj)	suplimentar	[suplimen'tar]
tranquilo (adj)	liniştit	[liniʃ'tit]
transparente (adj)	transparent	[transpa'rent]
triste (pessoa)	trist	[trist]
triste (um ar ~)	trist	[trist]
último (adj)	ultimul	['ultimul]
úmido (adj)	umed	['umed]
único (adj)	unic	['unik]
usado (adj)	la mâna a doua	[la 'mina a 'dowa]
vazio (meio ~)	gol	[gol]
velho (adj)	bătrân	[bə'trin]
vizinho (adj)	vecin	[ve'tʃin]

500 VERBOS PRINCIPAIS

252. Verbos A-B

abraçar (vt)	a îmbrățișa	[a imbrətsi'ʃa]
abrir (vt)	a deschide	[a des'kide]
acalmar (vt)	a liniști	[a liniʃ'ti]
acariciar (vt)	a mângâia	[a mingi'ja]
acenar (com a mão)	a flutura	[a flutu'ra]
acender (~ uma fogueira)	a aprinde	[a a'prinde]
achar (vt)	a crede	[a 'krede]
acompanhar (vt)	a acompania	[a akompani'ja]
aconselhar (vt)	a sfătui	[a sfətu'i]
acordar, despertar (vt)	a deștepta	[a deʃtep'ta]
acrescentar (vt)	a adăuga	[a adəu'ga]
acusar (vt)	a învinui	[a invinu'i]
adestrar (vt)	a dresa	[a dre'sa]
adivinhar (vt)	a ghici	[a gi'tʃi]
admirar (vt)	a fi încântat	[a fi inkin'tat]
adorar (~ fazer)	a plăcea	[a plə'tʃa]
advertir (vt)	a preveni	[a preve'ni]
afirmar (vt)	a susține	[a sus'tsine]
afogar-se (vr)	a se îneca	[a se ine'ka]
afugentar (vt)	a goni	[a go'ni]
agir (vi)	a acționa	[a aktsio'na]
agitar, sacudir (vt)	a scutura	[a skutu'ra]
agradecer (vt)	a mulțumi	[a multsu'mi]
ajudar (vt)	a ajuta	[a aʒu'ta]
alcançar (objetivos)	a reuși	[a reu'ʃi]
alimentar (dar comida)	a hrăni	[a hrə'ni]
almoçar (vi)	a lua prânzul	[a lu'a 'prinzul]
alugar (~ o barco, etc.)	a închiria	[a inkiri'ja]
alugar (~ um apartamento)	a închiria	[a inkiri'ja]
amar (pessoa)	a iubi	[a ju'bi]
amarrar (vt)	a lega	[a le'ga]
ameaçar (vt)	a amenința	[a amenin'tsa]
amputar (vt)	a amputa	[a ampu'ta]
anotar (escrever)	a însemna	[a insem'na]
anotar (escrever)	a nota	[a no'ta]
anular, cancelar (vt)	a anula	[a anu'la]
apagar (com apagador, etc.)	a șterge	[a 'ʃterdʒe]
apagar (um incêndio)	a stinge	[a 'stindʒe]

apaixonar-se ...	a se îndrăgosti	[a se îndrəgos'ti]
aparecer (vi)	a apărea	[a apə'r'a]
aplaudir (vi)	a aplauda	[a aplau'da]

apoiar (vt)	a susține	[a sus'tsine]
apontar para ...	a ținti	[a tsin'ti]
apresentar (alguém a alguém)	a face cunoştință	[a 'fatʃe kunoʃ'tintsə]
apresentar (Gostaria de ~)	a reprezenta	[a reprezen'ta]

apressar (vt)	a grăbi	[a grə'bi]
apressar-se (vr)	a se grăbi	[a se grə'bi]
aproximar-se (vr)	a se apropia	[a se apropi'a]
aquecer (vt)	a încălzi	[a înkəl'zi]

arrancar (vt)	a smulge	[a 'smuldʒe]
arranhar (vt)	a zgâria	[a zgiri'ja]
arrepender-se (vr)	a regreta	[a regre'ta]
arriscar (vt)	a risca	[a ris'ka]

arrumar, limpar (vt)	a face ordine	[a 'fatʃe 'ordine]
aspirar a ...	a aspira	[a aspi'ra]
assinar (vt)	a semna	[a sem'na]
assistir (vt)	a asista	[a asis'ta]
atacar (vt)	a ataca	[a ata'ka]

atar (vt)	a lega	[a le'ga]
atracar (vi)	a acosta	[a akos'ta]
aumentar (vi)	a se mări	[a se mə'ri]
aumentar (vt)	a mări	[a mə'ri]

avançar (vi)	a progresa	[a progre'sa]
avistar (vt)	a vedea	[a ve'd'a]
baixar (guindaste, etc.)	a lăsa în jos	[a lə'sa 'in 'ʒos]
barbear-se (vr)	a se bărbieri	[a se bərbie'ri]
basear-se (vr)	a se baza pe	[a se ba'za pe]

bastar (vi)	a ajunge	[a a'ʒundʒe]
bater (à porta)	a bate	[a 'bate]
bater (espancar)	a bate	[a 'bate]
bater-se (vr)	a se bate	[a se 'bate]

beber, tomar (vt)	a bea	[a b'a]
brilhar (vi)	a străluci	[a strəlu'tʃi]
brincar, jogar (vi, vt)	a juca	[a ʒu'ka]
buscar (vt)	a căuta	[a kəu'ta]

253. Verbos C-D

caçar (vi)	a vâna	[a vi'na]
calar-se (parar de falar)	a tăcea	[a tə'tʃa]
calcular (vt)	a calcula	[a kalku'la]
carregar (o caminhão, etc.)	a încărca	[a înkər'ka]
carregar (uma arma)	a încărca	[a înkər'ka]

casar-se (vr)	a se căsători	[a se kəsəto'ri]
causar (vt)	a cauza ...	[a kau'za]
cavar (vt)	a săpa	[a sə'pa]
ceder (não resistir)	a ceda	[a tʃe'da]
cegar, ofuscar (vt)	a orbi	[a or'bi]
censurar (vt)	a reproşa	[a repro'ʃa]
chamar (~ por socorro)	a chema	[a ke'ma]
chamar (alguém para ...)	a chema	[a ke'ma]
chegar (a algum lugar)	a atinge	[a a'tindʒe]
chegar (vi)	a sosi	[a so'si]
cheirar (~ uma flor)	a mirosi	[a miro'si]
cheirar (tem o cheiro)	a mirosi	[a miro'si]
chorar (vi)	a plânge	[a 'plindʒe]
citar (vt)	a cita	[a tʃi'ta]
colher (flores)	a rupe	[a 'rupe]
colocar (vt)	a pune	[a 'pune]
combater (vi, vt)	a se lupta	[a se lup'ta]
começar (vt)	a începe	[a in'tʃepe]
comer (vt)	a mânca	[a min'ka]
comparar (vt)	a compara	[a kompa'ra]
compensar (vt)	a compensa	[a kompen'sa]
competir (vi)	a concura	[a konku'ra]
complicar (vt)	a complica	[a kompli'ka]
compor (~ música)	a crea	[a 'krʲa]
comportar-se (vr)	a se comporta	[a se kompor'ta]
comprar (vt)	a cumpăra	[a kumpə'ra]
comprometer (vt)	a compromite	[a kompro'mite]
concentrar-se (vr)	a se concentra	[a se kontʃen'tra]
concordar (dizer "sim")	a fi de acord	[a fi de a'kord]
condecorar (dar medalha)	a decora	[a deko'ra]
confessar-se (vr)	a mărturisi	[a mərturi'si]
confiar (vt)	a avea încredere	[a a'vʲa in'kredere]
confundir (equivocar-se)	a încurca	[a inkur'ka]
conhecer (vt)	a cunoaşte	[a kuno'aʃte]
conhecer-se (vr)	a face cunoştinţă	[a 'fatʃe kunoʃ'tintsə]
consertar (vt)	a pune în ordine	[a 'pune in 'ordine]
consultar ...	a se consulta cu ...	[a se konsul'ta 'ku]
contagiar-se com ...	a se contamina	[a se kontami'na]
contar (vt)	a povesti	[a poves'ti]
contar com ...	a conta pe ...	[a kon'ta pe]
continuar (vt)	a continua	[a kontinu'a]
contratar (vt)	a angaja	[a anga'ʒa]
controlar (vt)	a controla	[a kontro'la]
convencer (vt)	a convinge	[a kon'vindʒe]
convidar (vt)	a invita	[a invi'ta]
cooperar (vi)	a colabora	[a kolabo'ra]

coordenar (vt)	a coordona	[a koordo'na]
corar (vi)	a se înroși	[a se înro'ʃi]
correr (vi)	a alerga	[a aler'ga]
corrigir (~ um erro)	a corecta	[a korek'ta]
cortar (com um machado)	a tăia	[a tə'ja]
cortar (com uma faca)	a tăia	[a tə'ja]
cozinhar (vt)	a găti	[a gə'ti]
crer (pensar)	a crede	[a 'krede]
criar (vt)	a crea	[a 'krʲa]
cultivar (~ plantas)	a cultiva	[a kulti'va]
cuspir (vi)	a scuipa	[a skuj'pa]
custar (vt)	a costa	[a kos'ta]
dar banho, lavar (vt)	a face baie	[a 'fatʃe 'bae]
datar (vi)	a data	[a da'ta]
decidir (vt)	a hotărî	[a hotə'rî]
decorar (enfeitar)	a decora	[a deko'ra]
dedicar (vt)	a dedica	[a dedi'ka]
defender (vt)	a apăra	[a apə'ra]
defender-se (vr)	a se apăra	[a se apə'ra]
deixar (~ a mulher)	a părăsi	[a pərə'si]
deixar (esquecer)	a lăsa	[a lə'sa]
deixar (permitir)	a permite	[a per'mite]
deixar cair (vt)	a scăpa	[a skə'pa]
denominar (vt)	a numi	[a nu'mi]
denunciar (vt)	a denunța	[a denun'tsa]
depender de ...	a depinde de ...	[a de'pinde de]
derramar (~ líquido)	a vărsa	[a vər'sa]
desaparecer (vi)	a dispărea	[a dispə'rʲa]
desatar (vt)	a dezlega	[a dezle'ga]
desatracar (vi)	a demara	[a dema'ra]
descansar (um pouco)	a se odihni	[a se odih'ni]
descer (para baixo)	a coborî	[a kobo'rî]
descobrir (novas terras)	a descoperi	[a deskope'ri]
descolar (avião)	a decola	[a deko'la]
desculpar (vt)	a scuza	[a sku'za]
desculpar-se (vr)	a cere scuze	[a 'tʃere 'skuze]
desejar (vt)	a dori	[a do'ri]
desempenhar (papel)	a juca	[a ʒu'ka]
desligar (vt)	a stinge	[a 'stindʒe]
desprezar (vt)	a disprețui	[a dispretsu'i]
destruir (documentos, etc.)	a distruge	[a dis'trudʒe]
dever (vi)	a fi dator	[a fi da'tor]
devolver (vt)	a expedia destinatarului	[a ekspedi'ja destina'taruluj]
direcionar (vt)	a îndrepta spre ...	[a îndrep'ta spre]
dirigir (~ um carro)	a conduce mașina	[a kon'dutʃe ma'ʃina]
dirigir (~ uma empresa)	a conduce	[a kon'dutʃe]

dirigir-se (a um auditório, etc.)	a se adresa	[a se adre'sa]
discutir (notícias, etc.)	a discuta	[a disku'ta]

disparar, atirar (vi)	a trage	[a 'tradʒə]
distribuir (folhetos, etc.)	a răspândi	[a rəspin'di]
distribuir (vt)	a distribui	[a distribu'i]
divertir (vt)	a distra	[a dis'tra]

divertir-se (vr)	a se veseli	[a se vese'li]
dividir (mat.)	a împărţi	[a impər'tsi]
dizer (vt)	a spune	[a 'spune]
dobrar (vt)	a dubla	[a dub'la]
duvidar (vt)	a se îndoi	[a se indo'i]

254. Verbos E-J

elaborar (uma lista)	a alcătui	[a alkətu'i]
elevar-se acima de ...	a se înălţa	[a se inəl'tsa]
eliminar (um obstáculo)	a înlătura	[a inlətu'ra]
embrulhar (com papel)	a împacheta	[a impake'ta]

emergir (submarino)	a ieşi la suprafaţă	[a e'ʃi la supra'fatsə]
emitir (~ cheiro)	a împrăştia	[a imprəʃti'a]
empreender (vt)	a întreprinde	[a intre'prinde]
empurrar (vt)	a împinge	[a im'pindʒe]

encabeçar (vt)	a conduce	[a kon'dutʃe]
encher (~ a garrafa, etc.)	a umple	[a 'umple]
encontrar (achar)	a găsi	[a gə'si]
enganar (vt)	a minţi	[a min'tsi]

ensinar (vt)	a învăţa pe cineva	[a invə'tsa pe tʃine'va]
entediar-se (vr)	a se plictisi	[a se plikti'si]
entender (vt)	a înţelege	[a intse'ledʒe]
entrar (na sala, etc.)	a intra	[a in'tra]

enviar (uma carta)	a trimite	[a tri'mite]
equipar (vt)	a utila	[a uti'la]
errar (enganar-se)	a greşi	[a gre'ʃi]
escolher (vt)	a alege	[a a'ledʒe]

esconder (vt)	a ascunde	[a as'kunde]
escrever (vt)	a scrie	[a 'skrie]
escutar (vt)	a asculta	[a askul'ta]
escutar atrás da porta	a trage cu urechea	[a 'tradʒe ku u'rekʲa]
esmagar (um inseto, etc.)	a strivi	[a stri'vi]

esperar (aguardar)	a aştepta	[a aʃtep'ta]
esperar (contar com)	a aştepta	[a aʃtep'ta]
esperar (ter esperança)	a spera	[a spe'ra]
espreitar (vi)	a urmări pe furiş	[a urmə'ri pe fu'riʃ]
esquecer (vt)	a uita	[a uj'ta]
estar	a sta	[a sta]

estar convencido	a se convinge	[a se kon'vindʒe]
estar deitado	a sta culcat	[a sta kul'kat]
estar perplexo	a fi nedumerit	[a fi nedume'rit]
estar preocupado	a se nelinişti	[a se neliniʃ'ti]
estar sentado	a şedea	[a ʃe'dʲa]
estremecer (vi)	a tresări	[a tresə'ri]
estudar (vt)	a studia	[a studi'a]
evitar (~ o perigo)	a evita	[a evi'ta]
examinar (~ uma proposta)	a analiza	[a anali'za]
exigir (vt)	a cere	[a 'tʃere]
existir (vi)	a exista	[a ekzis'ta]
explicar (vt)	a explica	[a ekspli'ka]
expressar (vt)	a exprima	[a ekspri'ma]
expulsar (~ da escola, etc.)	a exclude	[a eks'klude]
facilitar (vt)	a uşura	[a uʃu'ra]
falar com ...	a vorbi cu ...	[a vor'bi ku]
faltar (a la escuela, etc.)	a lipsi	[a lip'si]
fascinar (vt)	a fermeca	[a ferme'ka]
fatigar (vt)	a obosi	[a obo'si]
fazer (vt)	a face	[a 'fatʃe]
fazer lembrar	a aminti	[a amin'ti]
fazer piadas	a glumi	[a glu'mi]
fazer publicidade	a face reclamă	[a 'fatʃe re'klamə]
fazer uma tentativa	a încerca	[a intʃer'ka]
fechar (vt)	a închide	[a i'nkide]
felicitar (vt)	a felicita	[a felitʃi'ta]
ficar cansado	a obosi	[a obo'si]
ficar em silêncio	a tăcea	[a tə'tʃa]
ficar pensativo	a cădea pe gânduri	[a kə'dʲa pe 'gindurʲ]
forçar (vt)	a forţa	[a for'tsa]
formar (vt)	a forma	[a for'ma]
gabar-se (vr)	a se lăuda	[a se ləu'da]
garantir (vt)	a garanta	[a garan'ta]
gostar (apreciar)	a plăcea	[a plə'tʃa]
gritar (vi)	a striga	[a stri'ga]
guardar (fotos, etc.)	a păstra	[a pəs'tra]
guardar (no armário, etc.)	a ascunde	[a as'kunde]
guerrear (vt)	a lupta	[a lup'ta]
herdar (vt)	a moşteni	[a moʃte'ni]
iluminar (vt)	a lumina	[a lumi'na]
imaginar (vt)	a-şi imagina	[aʃ imadʒi'na]
imitar (vt)	a imita	[a imi'ta]
implorar (vt)	a ruga	[a ru'ga]
importar (vt)	a importa	[a impor'ta]
indicar (~ o caminho)	a arăta	[a arə'ta]
indignar-se (vr)	a se indigna	[a se indig'na]

infetar, contagiar (vt)	a molipsi	[a molip'si]
influenciar (vt)	a influența	[a influen'tsa]
informar (~ a policia)	a anunța	[a anun'tsa]
informar (vt)	a informa	[a infor'ma]
informar-se (~ sobre)	a afla	[a af'la]
inscrever (na lista)	a înscrie	[a in'skrie]
inserir (vt)	a pune	[a 'pune]
insinuar (vt)	a face aluzie	[a 'fatʃe a'luzie]
insistir (vi)	a insista	[a insis'ta]
inspirar (vt)	a stimula	[a stimu'la]
instruir (ensinar)	a da instrucțiuni	[a da instruktsi'unʲ]
insultar (vt)	a jigni	[a ʒig'ni]
interessar (vt)	a interesa	[a intere'sa]
interessar-se (vr)	a se interesa	[a se intere'sa]
intervir (vi)	a interveni	[a interve'ni]
invejar (vt)	a invidia	[a invidi'a]
inventar (vt)	a inventa	[a inven'ta]
ir (a pé)	a merge	[a 'merdʒe]
ir (de carro, etc.)	a merge	[a 'merdʒe]
ir nadar	a se scălda	[a se skəl'da]
ir para a cama	a se culca	[a se kul'ka]
irritar (vt)	a irita	[a iri'ta]
irritar-se (vr)	a se irita	[a se iri'ta]
isolar (vt)	a izola	[a izo'la]
jantar (vi)	a cina	[a tʃi'na]
jogar, atirar (vt)	a arunca	[a arun'ka]
juntar, unir (vt)	a uni	[a u'ni]
juntar-se a ...	a adera	[a ade'ra]

255. Verbos L-P

lançar (novo projeto, etc.)	a porni	[a por'ni]
lavar (vt)	a spăla	[a spə'la]
lavar a roupa	a spăla	[a spə'la]
lavar-se (vr)	a se spăla	[a se spə'la]
lembrar (vt)	a ține minte	[a 'tsine 'minte]
ler (vt)	a citi	[a tʃi'ti]
levantar-se (vr)	a se ridica	[a se ridi'ka]
levar (ex. leva isso daqui)	a duce cu sine	[a 'dutʃe ku 'sine]
libertar (cidade, etc.)	a elibera	[a elibe'ra]
ligar (~ o radio, etc.)	a conecta	[a konek'ta]
limitar (vt)	a limita	[a limi'ta]
limpar (eliminar sujeira)	a curăța	[a kurə'tsa]
limpar (tirar o calcário, etc.)	a curăța	[a kurə'tsa]
lisonjear (vt)	a flata	[a fla'ta]
livrar-se de ...	a scăpa	[a skə'pa]

lutar (combater)	a lupta	[a lup'ta]
lutar (esporte)	a lupta	[a lup'ta]
marcar (com lápis, etc.)	a semnala	[a semna'la]
matar (vt)	a omorî	[a omo'ri]
memorizar (vt)	a memora	[a memo'ra]
mencionar (vt)	a aminti	[a amin'ti]
mentir (vi)	a minți	[a min'tsi]
merecer (vt)	a merita	[a meri'ta]
mergulhar (vi)	a se cufunda	[a se kufun'da]
misturar (vt)	a amesteca	[a ameste'ka]
morar (vt)	a trăi	[a trə'i]
mostrar (vt)	a arăta	[a arə'ta]
mover (vt)	a mișca	[a miʃ'ka]
mudar (modificar)	a schimba	[a skim'ba]
multiplicar (mat.)	a înmulți	[a inmul'tsi]
nadar (vi)	a înota	[a ino'ta]
negar (vt)	a nega	[a ne'ga]
negociar (vi)	a purta tratative	[a pur'ta trata'tive]
nomear (função)	a numi	[a nu'mi]
obedecer (vt)	a se supune	[a se su'pune]
objetar (vt)	a contrazice	[a kontra'zitʃe]
observar (vt)	a observa	[a obser'va]
ofender (vt)	a jigni	[a ʒig'ni]
olhar (vt)	a privi	[a pri'vi]
omitir (vt)	a omite	[a o'mite]
ordenar (mil.)	a ordona	[a ordo'na]
organizar (evento, etc.)	a organiza	[a organi'za]
ousar (vt)	a îndrăzni	[a indrəz'ni]
ouvir (vt)	a auzi	[a au'zi]
pagar (vt)	a plăti	[a plə'ti]
parar (para descansar)	a se opri	[a se o'pri]
parar, cessar (vt)	a pune capăt	[a 'pune 'kapət]
parecer-se (vr)	a semăna cu	[a semə'na ku]
participar (vi)	a participa	[a partitʃi'pa]
partir (~ para o estrangeiro)	a pleca	[a ple'ka]
passar (vt)	a trece	[a 'tretʃe]
passar a ferro	a călca	[a kəl'ka]
pecar (vi)	a păcătui	[a pəkətu'i]
pedir (comida)	a comanda	[a koman'da]
pedir (um favor, etc.)	a cere	[a 'tʃere]
pegar (tomar com a mão)	a prinde	[a 'prinde]
pegar (tomar)	a lua	[a lu'a]
pendurar (cortinas, etc.)	a atârna	[a atir'na]
penetrar (vt)	a pătrunde	[a pə'trunde]
pensar (vi, vt)	a se gândi	[a se gin'di]
pentear-se (vr)	a se pieptăna	[a se peptə'na]

| perceber (ver) | a observa | [a obser'va] |
| perder (o guarda-chuva, etc.) | a pierde | [a 'pjerde] |

perdoar (vt)	a ierta	[a er'ta]
permitir (vt)	a permite	[a per'mite]
pertencer a ...	a aparţine	[a apar'tsine]
perturbar (vt)	a deranja	[a deran'ʒa]

pesar (ter o peso)	a cântări	[a kintə'ri]
pescar (vt)	a pescui	[a pesku'i]
planejar (vt)	a planifica	[a planifi'ka]
poder (~ fazer algo)	a putea	[a pu'tʲa]

pôr (posicionar)	a instala	[a insta'la]
possuir (uma casa, etc.)	a poseda	[a pose'da]
predominar (vi, vt)	a predomina	[a predomi'na]
preferir (vt)	a prefera	[a prefe'ra]

preocupar (vt)	a nelinişti	[a neliniʃ'ti]
preocupar-se (vr)	a se nelinişti	[a se neliniʃ'ti]
preparar (vt)	a pregăti	[a pregə'ti]
preservar (ex. ~ a paz)	a păstra	[a pəs'tra]

prever (vt)	a prevedea	[a preve'dʲa]
privar (vt)	a priva	[a pri'va]
proibir (vt)	a interzice	[a inter'zitʃe]
projetar, criar (vt)	a proiecta	[a proek'ta]
prometer (vt)	a promite	[a pro'mite]

pronunciar (vt)	a pronunţa	[a pronun'tsa]
propor (vt)	a propune	[a pro'pune]
proteger (a natureza)	a apăra	[a apə'ra]
protestar (vi)	a protesta	[a protes'ta]

provar (~ a teoria, etc.)	a dovedi	[a dove'di]
provocar (vt)	a provoca	[a provo'ka]
punir, castigar (vt)	a pedepsi	[a pedep'si]
puxar (vt)	a trage	[a 'tradʒe]

256. Verbos Q-Z

quebrar (vt)	a rupe	[a 'rupe]
queimar (vt)	a arde	[a 'arde]
queixar-se (vr)	a se plânge	[a se 'plindʒe]
querer (desejar)	a vrea	[a vrʲa]

rachar-se (vr)	a crăpa	[a krə'pa]
ralhar, repreender (vt)	a certa	[a tʃer'ta]
realizar (vt)	a realiza	[a reali'za]
recomendar (vt)	a recomanda	[a rekoman'da]

reconhecer (identificar)	a recunoaşte	[a rekuno'aʃte]
reconhecer (o erro)	a recunoaşte	[a rekuno'aʃte]
recordar, lembrar (vt)	a-şi aminti	['aʃ amin'ti]

recuperar-se (vr)	a se vindeca	[a se vinde'ka]
recusar (~ alguém)	a refuza	[a refu'za]
reduzir (vt)	a micşora	[a mikʃo'ra]
refazer (vt)	a reface	[a re'fatʃe]
reforçar (vt)	a consolida	[a konsoli'da]
refrear (vt)	a reţine	[a re'tsine]
regar (plantas)	a uda	[a u'da]
remover (~ uma mancha)	a scoate	[a sko'ate]
reparar (vt)	a repara	[a repa'ra]
repetir (dizer outra vez)	a repeta	[a repe'ta]
reportar (vt)	a raporta	[a rapor'ta]
reservar (~ um quarto)	a rezerva	[a rezer'va]
resolver (o conflito)	a aranja	[a aran'ʒa]
resolver (um problema)	a rezolva	[a rezol'va]
respirar (vi)	a respira	[a respi'ra]
responder (vt)	a răspunde	[a rəs'punde]
rezar, orar (vi)	a se ruga	[a se ru'ga]
rir (vi)	a râde	[a 'ride]
romper-se (corda, etc.)	a se rupe	[a se 'rupe]
roubar (vt)	a fura	[a fu'ra]
saber (vt)	a şti	[a ʃti]
sair (~ de casa)	a ieşi	[a e'ʃi]
sair (ser publicado)	a apărea	[a apə'rʲa]
salvar (resgatar)	a salva	[a sal'va]
satisfazer (vt)	a satisface	[a satis'fatʃe]
saudar (vt)	a saluta	[a salu'ta]
secar (vt)	a usca	[a uska]
seguir (~ alguém)	a urma	[a ur'ma]
selecionar (vt)	a lua înapoi	[a lu'a ina'poj]
semear (vt)	a semăna	[a semə'na]
sentar-se (vr)	a se aşeza	[a se aʃe'za]
sentenciar (vt)	a condamna	[a kondam'na]
sentir (vt)	a simţi	[a sim'tsʲ]
ser diferente	a se deosebi de ...	[a se deose'bi de]
ser indispensável	a fi necesar	[a fi netʃe'sar]
ser necessário	a fi nevoie	[a fi ne'voje]
ser preservado	a se păstra	[a se pəs'tra]
ser, estar	a fi	[a fi]
servir (restaurant, etc.)	a servi	[a ser'vi]
servir (roupa, caber)	a plăcea	[a plə'tʃa]
significar (palavra, etc.)	a avea sens	[a a'vʲa sens]
significar (vt)	a însemna	[a insem'na]
simplificar (vt)	a simplifica	[a simplifi'ka]
sofrer (vt)	a suferi	[a sufe'ri]
sonhar (~ com)	a visa	[a vi'sa]
sonhar (ver sonhos)	a visa	[a vi'sa]

soprar (vi)	a sufla	[a su'fla]
sorrir (vi)	a zâmbi	[a zim'bi]
subestimar (vt)	a subaprecia	[a subapretʃi'a]
sublinhar (vt)	a sublinia	[a sublini'a]
sujar-se (vr)	a se murdări	[a se murde'ri]
superestimar (vt)	a reevalua	[a reevalu'a]
supor (vt)	a presupune	[a presu'pune]
suportar (as dores)	a răbda	[a reb'da]
surpreender (vt)	a mira	[a mi'ra]
surpreender-se (vr)	a se mira	[a se mi'ra]
suspeitar (vt)	a suspecta	[a suspek'ta]
suspirar (vi)	a ofta	[a of'ta]
tentar (~ fazer)	a se strădui	[a se stredu'i]
ter (vt)	a avea	[a a'vʲa]
ter medo	a se teme	[a se 'teme]
terminar (vt)	a termina	[a termi'na]
tirar (vt)	a scoate	[a sko'ate]
tirar cópias	a multiplica	[a multipli'ka]
tirar fotos, fotografar	a fotografia	[a fotografi'ja]
tirar uma conclusão	a trage o concluzie	[a 'tradʒe o kon'kluzie]
tocar (com as mãos)	a se referi	[a se refe'ri]
tomar café da manhã	a lua micul dejun	[a lu'a 'mikul de'ʒun]
tomar emprestado	a împrumuta	[a imprumu'ta]
tornar-se (ex. ~ conhecido)	a deveni	[a deve'ni]
trabalhar (vi)	a lucra	[a lu'kra]
traduzir (vt)	a traduce	[a tra'dutʃe]
transformar (vt)	a transforma	[a transfor'ma]
tratar (a doença)	a trata	[a tra'ta]
trazer (vt)	a aduce	[a a'dutʃe]
treinar (vt)	a antrena	[a antre'na]
treinar-se (vr)	a se antrena	[a se antre'na]
tremer (de frio)	a tremura	[a tremu'ra]
trocar (vt)	a face schimb	[a 'fatʃe 'skimb]
trocar, mudar (vt)	a schimba	[a skim'ba]
usar (uma palavra, etc.)	a folosi	[a folo'si]
utilizar (vt)	a se folosi	[a se folo'si]
vacinar (vt)	a vaccina	[a vaktʃi'na]
vender (vt)	a vinde	[a 'vinde]
verter (encher)	a turna	[a tur'na]
vingar (vt)	a răzbuna	[a rezbu'na]
virar (~ para a direita)	a întoarce	[a into'artʃe]
virar (pedra, etc.)	a întoarce	[a into'artʃe]
virar as costas	a se întoarce	[a se into'artʃe]
viver (vi)	a exista	[a ekzis'ta]
voar (vi)	a zbura	[a zbu'ra]
voltar (vi)	a se întoarce	[a se into'artʃe]

votar (vi)	a vota	[a vo'ta]
zangar (vt)	a supăra	[a supǝ'ra]
zangar-se com ...	a se supăra	[a se supǝ'ra]
zombar (vt)	a-şi bate joc	[aʃ 'bate ʒok]